Research
on Theory of
Entrepreneurial Economy

创业型

>>> >

张茉楠 著

经济论

人民出版社

策划编辑:郑海燕

封面设计:徐　晖

图书在版编目(CIP)数据

创业型经济论/张茉楠 著. -北京:人民出版社,2009.6
ISBN 978－7－01－007902－8

Ⅰ. 创…　Ⅱ. 张…　Ⅲ. 企业经济-经济理论　Ⅳ. F270

中国版本图书馆 CIP 数据核字(2009)第 064377 号

创业型经济论

CHUANGYE XING JINGJI LUN

张茉楠　著

人民出版社 出版发行
(100706　北京朝阳门内大街 166 号)

北京新魏印刷厂印刷　新华书店经销

2009 年 6 月第 1 版　2009 年 6 月北京第 1 次印刷
开本:710 毫米×1000 毫米 1/16　印张:16
字数:252 千字　印数:0,001－3,000 册

ISBN 978－7－01－007902－8　定价:34.00 元

邮购地址 100706　北京朝阳门内大街 166 号
人民东方图书销售中心　电话 (010)65250042　65289539

序

　　创业是经济社会发展的永恒动力。20世纪70年代以来,世界上一些国家相继出现了创业型经济形态。创业型经济以创业精神和创业活动作为经济增长的关键驱动因素。当人类社会进入21世纪,越来越多的国家和地区致力于发展创业型经济,创新、创业、创造成为经济社会生活中的主流。创业型经济具有增强自主创新能力、推动先导产业发展、转变经济增长方式和扩大社会就业的显著作用,因而引发了政界、学术界和实业界的广泛关注。

　　2008年,中国经济遭遇了全球金融危机的严重冲击与自身周期性、结构性调整的双重挑战。金融危机将世界经济的中心区域拖入全面衰退的泥沼,全球就业前景不断恶化。然而危机带来变革,变革带来进步。纵观世界近代历史,一个个强国的崛起,都是在世界平衡打破和世界竞争格局调整后,抓住重大历史机遇期,迅速转变产业结构和经济运行方式,赢得在全球的竞争优势,从而居于领先地位,实现跨越式发展的。

　　在继往开来新的历史节点上,中国如何突破内外相交之困,如何缓解前所未有的就业压力? 中国能否成为全球经济的报春者? 应该说,创业型经济这一新引擎的启动,将是具有战略性的关键举措。因此,作为走在创业型经济研究前沿的学者之一,其在国家信息中心博士后科研工作站期间研究的主要成果——《创业型经济论》,就更加凸显理论研究的前瞻性和重要的现实意义。此课题得到了国家社会科学基金的资助,并被评定为2008国家社会科学基金优秀项目。

　　创业型经济研究属于多学科交叉研究的一个复杂领域,它的研究涉及创新经济学、新制度经济学、社会学、内生经济增长理论、知识创新理论等诸多学科的知识,涉及创业活动的经济规律、创业活动与经济增长的关联性分析等,该书中诸多课题的研究显示了作者敢于独立思考、不断探索的精神。作为国内最早提出创业型经济理论的学者之一,作者从宏观的视角,对中国创业型经济的战略规划、模式选择、发展路径以及宏观政策框架的创新性和系统性研究,为贯彻落实科学发展观、不断优化经济结构、抵御全球经济危机、启动新一轮经济增长找到了新的实践路径与答案。

《创业型经济论》是国内第一部系统阐述创业型经济产生背景、发展模式以及政策框架的理论专著。可以说,该书选题意义重大,思路清晰,研究深入,框架合理,资料翔实,具有较强的创新性和实践指导性,我相信,这部著作的问世,对创业时代致力于中国创业型经济研究的学者、决策者和自主创业者将具有很强的参考借鉴作用。含苞欲放的创业型经济之花,必定结出惠及世人的累累硕果。

魏礼群

二〇〇九年二月

目　　录

导　论

一、发展创业型经济的历史机遇

从世界经验看,创业是经济社会发展的永恒动力。20 世纪 70 年代中期以来,技术进步、经济全球化、放松规制、劳动力供给、需求多样性,以及由此引起的高度不确定性的推动,使得产业结构有从高集中度向低集中度方向变迁的趋势,经济增长的范式发生了变化,大多数西方国家创业率上升,创业活动日益成为国家或地区经济活力的源泉。创业活动对经济增长的贡献是长期的和潜在的,经济学家熊彼特(Schumpeter,1942)认为,"创业是经济过程本身的主要推动力",经济体系发展的根源在于创业活动,创业活动在创新、新兴产业成长、区域经济发展等方面做出了突出的贡献,对一国(地区)生产率增长至关重要。正是在这种背景下,世界各国政府无不把促进鼓励创业、发展以创新为依托的创业型经济作为其国家战略和政策取向,如欧盟委员会就于2003年 1 月发表了以创业企业为核心的《欧洲创业》绿皮书,旨在为提高欧洲社会对创业的认知、扶持初创企业和新兴企业的持续增长、平衡创业风险与收益提供一个有利于创业的政策环境,从而掀起了欧洲的创业浪潮。创业型经济以创业精神和创业活动作为经济增长的关键驱动因素,日益成为比传统管理型经济更为优越的一种经济发展模式。因而引发了政界、学术界和实业界的全球性关注。

当前全球金融风暴加剧,经济增长放缓,就业前景黯淡,使全球经济步入一个风险释放的经济下行过程。对于中国而言,所遭遇的是经济周期和结构转型的双重冲击。格局之变让我们重新审视和调整未来的增长之路,中国经济高增长能否持续? 中国宏观经济走向何方? 金融危机能否倒逼中国经济成功转型? 当传统比较优势下降,经济内生原动力明显不足时,关键在于寻找到启动新经济增长的发展引擎。创业是经济增长的内生原动力和发展引擎,因此发展创业型经济,科学认识创业型经济的成长规律,探索适合中国创业型经济的发展路径,显得尤为重要和紧迫。从这个意义上讲,创业型经济的发展不仅关乎中国未来发展的可持续性,也将成为全球经济下一轮经济增长浪潮中的"风向标"和中国经济社会实现多元复合转型的必然选择。

从全球创业型经济发展现状看,中国是全球创业活动高活跃地区,然而创业的成功率和成长率却不高,中国企业在创业与成长过程中面临着种种矛盾和困难,这里既有理论层面的,如对创业经济发展规律和内在动力认识不清的问题,也有现实层面的,如宏观环境障碍和体制机制问题。特别是实践层面的现实约束,如激励创业的制度建设落后,知识、技术、人力资源、产权等创业高级生产要素的有效供给不足,政府缺乏指导创业型经济发展的战略规划和总体政策指导等深层次问题,这些都成为制约中国创业型经济发展的长期潜在障碍。为此,我们亟须以科学理论为指导,科学认识创业型经济的成长规律,探索适合中国创业型经济的发展路径,加快建设以制度创新为核心的创业发展体系和宏观政策框架。在这种情况下,将创业型经济相关理论与政策研究作为本研究的选题,从创业的视角寻求推进我国经济结构调整和经济增长方式转变的解决之道,无疑具有现实的理论指导意义和实践参考价值。

在发展创业型经济方面,中国政府给予了高度重视,为创业型经济发展提供了指引和有力的政策支撑。党的十六大报告明确鼓励"自主创业",指出必须最广泛、最充分地调动一切积极因素,发挥各方面的创造活力,不断推动经济社会发展;要形成与社会主义初级阶段基本经济制度相适应的思想观念和创业机制,营造鼓励人们干事业、支持人们干成事业的社会氛围,放手让一切劳动、知识、技术、管理和资本的活力竞相迸发,让一切创造社会财富的源泉充分涌流;党的十七大报告鲜明地指出必须加强经济结构调整,大力发展创业企业以及个体、私营等非公有制经济,引导个体、私营企业制度创新。要从经济和社会发展的战略高度,对形成创业机制,特别是鼓励人们创业和干事业的精神,加以深入理解,并且在战略部署、体制安排和政策设计及制定方面予以贯彻和落实;"十一五"规划中,中央再一次明确各级要为企业技术创新提供体制、机制和政策保障,大力扶持科技型中小企业的技术创新活动,增强企业的技术集成与产业化能力。

国家一系列宏观政策在促进创业型经济发展方面取得了很大成效,创业型经济在中国也呈现出蓬勃发展的态势。中国创业活动的活跃程度达到了新的高度,根据全球创业观察报告(Global Entrepreneurial Monitor, GEM),2006年我国的创业活动指数为16.2%,处于最活跃的国家之列。在参与该项目的亚洲国家中,超过印度、泰国、日本和新加坡。中国的整体水平优于GEM的平均水平,科技园和孵化器对新创企业的支持作用明显。2006年,中国的创业活动活跃程度高于创业GDP曲线,表明我国的创业活动对GDP贡献的潜力在增加,对未来经济稳定发展起积极作用。但是总体来讲,与发达国家相比,中国还有一定差距。

从实践层面看,差距体现在:

成效性上的差距。创业在中国社会经济发展中的作用有待进一步发挥。联合国开发计划署发布的《2006亚洲太平洋地区发展报告》指出,整个东亚地区都在经历"无就业增长"时期,中国的情况尤其严重。这种现象是20世纪90年代以来一直奉行的政府主导、出口导向、投资驱动的经济增长模式直接导致的结果。新兴科技企业虽然作为经济新的增长点进行了大量技术创新、创造了许多就业机会,但在国民经济中所占的比率仍然相对很小,创业在中国经济发展中的效率还没有充分发挥。

发展观上的差距。由于传统经济发展观、产业发展导向以及企业规模发展使我国长期以来忽视中小企业和新企业的发展,重大轻小。

整体性上的差距。创业体制机制方面,功能性创业政策安排较少,以制度化实施的政策较少;特别是尚未构建国家的创业发展体系,缺乏长效性、引导性和整体带动性的创业战略。在这种情况下,如何加快构建创业型经济理论与实践体系,并积极探索我国创业型经济发展战略及政策框架就是迫切要解决的问题。

从理论层面看,差距表现在:

从20世纪90年代中期开始,经济合作与发展组织(OECD)、欧洲委员会、亚太经合组织(APEC)等开始认真研究各国发展创业型经济的途径,试图为提高本地区创业活动水平寻找解决方案。国内学界虽然已经认识到小企业和创业活动对解决就业和促进经济增长与发展的重要性,但创业型经济的理论与实证研究还不够深入,针对转型经济和落后地区的有关研究还相当匮乏。

通过对各国创业型经济的发展态势、发展模式、政策措施等方面进行比较研究,积极总结启发性经验,对于中国发展创业型经济,选择战略发展路径、实施相应政策等各方面都具有重要参考价值。而目前国内相关资料和经验介绍为数寥寥,更没有人进行系统的比较并总结出规律,进而运用到实际中指导我国的创业型经济发展实践。因此,将创业型经济相关理论与政策研究作为本研究的选题,在当前具有现实的理论指导意义和实践参考价值。

二、研究目标及意义

(一)研究目标

目前,我国已经意识到大力促进创业型经济的发展异常重要,但是在战略实施过程中由于缺乏相应的政策安排和机制构建,遇到很多困难。这既有现实层面的问题,也存在理论层面的问题。本研究力图从内生增长理论出发,挖掘传统经济学在解释创业与经济增长之间关联机制方面的理论缺陷,探索创业型经济发展规律及影响因素,特别是制度因素,挖掘创业型经济的驱动力,对国际国内的创业态势、特征、创业环境和政策等进行系统分析和解读,并建立起符合创业型经济发展规律和中国经济转型时期国情的创业推进战略和政策框架。

第一,通过对传统相关理论的梳理分析研究其适用性和局限性,批判地吸收内生经济增长理论中有关创业的理论精华,旨在为创业型经济发展提供科学的理论支撑。

第二,在系统分析全球创业型经济的动因、趋势、规律、发展模式及主要特点的基础上,提炼出若干影响创业型经济发展的重要因素及启发式经验,为中国创业型经济未来发展提供判断依据。

第三,探究创业影响经济增长的机制、机理,分析创业对经济增长的基础性作用和宏观效应,以此提高创业型经济的效率。

第四,识别制约中国创业型经济发展的瓶颈与现实约束,挖掘中国创业型经济的驱动力,并在对中国创业型经济发展实证研究与国际比较鉴别基础上,探求适合中国现实特征的创业型经济发展的战略路径。

第五,系统梳理与评估全球典型国家创业政策的取向、政策模式、特点及其实施效果,试图为构建中国创业政策体系提供有益的框架及对策建议。

(二)研究意义

1. 创业在经济发展中的功能和作用

创业,尤其是高技术领域的创业,是社会经济发展中最具创新动力、最活跃的领域。创业在现代经济中扮演核心角色。从经济增长的驱动力来看,经济增长存在着两套互补的机制。第一套机制反映了作为一国经济与贸易代表的大企业和成熟企业的地位和作用。当经济环境非常稳定时,产品创新不容易向新企业和新市场开放,产业结构相对集中,进入也有限制,因此成熟企业对经济增长的推动作用很明显。第二套推动经济增长的机制强调的是创立和发展新企业的创业活动的地位和作用。当市场环境处于动荡变革状态中、基础性的技术科学进步很快时,企业若想成功就必须具备更高程度的创造性、创新性和对市场变化的反应速度,创业对经济增长的推动作用就更为显著。

具体而言,创业活动对经济增长的影响主要体现在六个方面:

第一,创业者将经济资源带到创业活动中,提高了资源的动态效率和转化效率,优化了资源配置。

第二,创业活动对 GDP 贡献的潜力在增加,创业活动从根本上促进了经济的内生可持续增长,对未来经济稳定发展起到积极作用。

第三,从新企业进入来看,通过增加新企业数量,使经济体不断地新陈代谢,推动了市场结构趋向于分散化和整体经济活力的增强。

第四,创业是知识经济时代技术创新的主要实现形式,国际上平均85%的新增专利、70%以上的新产品开发,都是由创业企业完成的。

第五,创业活动加速科技成果向生产力的转化,推动着技术进步,成为知识溢出和技术扩散的主要载体。

第六,创业企业是新兴产业的主要缔造者。英国《经济学家》杂志的研究表明,新兴快速成长性企业主要分布在软件/芯片、电子/通信产品、网络运营、网络产品、生物制药、传媒娱乐、机械制造、新能源、新材料等行业,是这些产业发展的主力军。

2. 研究的实践意义与理论价值

创业型经济理论研究和实践发展在中国还处于探索阶段,研判当前国际国内创业型经济的发展状况,积极借鉴发达国家创业型经济的发展模式、政策经验,探寻其战略路径,并总结创业型经济发展的一般性规律,对正致力于经济增长方式转变、推进创新型国家建设、实现可持续发展的中国来说,具有重要的参考价值。

(1)实践意义

第一,研究发展创业型经济是推进创新型国家建设的必然选择。科技进步贡献率、研发和创新投入、对外技术依存度等指标并不能完全代表创新型国家的本质特征。创新型国家的本质特征是经济增长的可持续性。衡量一个创新型国家还有一个十分重要的尺度,就是创业水平的高低,也就是创新成果能否很好地被商业化,顺利地进入生产力系统,提高知识的扩散转化速度和效率并转化为经济价值的水平。2000年《全球竞争力报告》在测度经济成长性的指标构成中,引入了一个反映国家和地区科技创业难易程度的"经济创造力指标"。根据世界经济论坛《全球竞争力报告》对中国最新的评估我们发现,在创新投入和研发效率上,中国正在赶超 OECD 国家;而中国技术向经济转化效率的经济创造力指标却明显低于 OECD 国家的平均效率。中国虽然拥有独立的科研体系和较强的上游创新能力,但代表创业能力的经济创造力指数却相对落后,排名在 30 位左右,这表明中国创业型经济发展比较滞后,创业是国家创新体系中比较薄弱的环节。因此,大力推进创业型经济的发展,进行全面的"社会创新",不仅是转变经济增长方式、构建创新型国家的重要战略举措,也是创新型国家自身演进的必然要求。

第二,研究发展创业型经济是中国经济转型时期增强经济活力的需要。经济转型和发展创业型经济具有内在的互动机理。一方面,经济转型为创业型经济发展提供了更多的机会。经济转型时期具有以下典型特征:经济转型环境下,渐进增量改革路径造就大量激励企业进行生产性寻租活动的因素和机会,从而形成较强的创业和创新活动的激励;经济转型环境下,部门、地区经济发展的不均衡,构成刺激经济主体进行创业和创新的激励;经济转型环境更意味着更大程度的动态性和不确定性,蕴藏着大量商机,为创业活动提供了广阔的空间。另一方面,创业型经济的发展有利于中国经济结构的顺利转型,提高经济活力。中国当前有许多"高技术"、"快增长"、"强扩张"、"广就业"的创业企业成为行业的"隐形冠军",创业型经济成为拉动地区经济新的增长点。许多地方的产业集群中，民营资本、创业资本成为资本外溢的主力军。创业企业集聚产业集群，使市场竞争力达到空前高度。因此，大力发展本土创业型经济，不仅有利于增强经济活力，同时也有利于促进创业企业的不断创生，从而成长为与国际大企业抗衡的新兴力量，而这也正是发展创业型经济的战略目标。

第三，探究创业型经济发展规律是促进国家产业成长的关键路径。从经济增长的结构看，发达国家的创业型经济普遍出现了高端化、知识化和融合化的趋势。以知识要素为主要比较优势的创业型经济，尤其是高端创业活动，在创业产业选择上主要关注于高科技制造业、知识密集型服务业和内容创意型产业等高端产业。

新科技与产业革命也正在中国蓬勃发展，从这一点上看，中国发展创业型经济面临着难得的历史机遇。经过30多年的改革，国家综合国力大增，提高了战略投资能力。特别是"十一五"期间，中国应建立起具有国际水平、拥有自主创新能力的产业群体，实现跨越式发展。创业企业要担当起孵化新兴产业、新经济群的历史使命，从中国经济未来发展趋势和自主创新基础来看，电子信息、通信元器件、计算机设备、生物制药以及知识密集型服务等行业的创业企业有加速崛起的趋势。可以预见，随着一批具有高速发展潜力、成长前景好的创业企业脱颖而出，将逐步壮大中国的新兴民族产业，并形成"科技成果—创业企业—产业集群"的现代高科技产业发展链，为产业突破性发展提供契机。

第四，大力发展创业型经济是破除就业瓶颈的解决之道。创业会产生促进就业的倍增效应。创业型就业是美国经济发展的主要动力之一，是美国就业政策成功的核心，鼓励创业是带动就业增长的主要措施。创业企业在提高欧洲竞争力以及创造就业方面也扮演了十分重要的角色，仅5%的年轻、快速成长型公司就创造了77%的新就业机会。在荷兰，新创立企业和高速增长公司创造了80%的新工作。

当前经济转型、体制转轨时期的中国社会面临着较之以前更大的就业压力，原有吸纳就业的渠道和容量越来越小，新的就业增长点有待进一步开发、新的吸纳领域和渠道尚未得到充分开拓，这使得就业问题成为未来一段时期内中国社会经济发展的难点问题，也成为本届政府关注的焦点。特别是在全球金融危机持续恶化,中国就业市场遭受前所未有冲击的大背景下,2009 年的政府工作报告,已经明确把扩大就业摆在经济社会发展和解决民生问题的突出位置,促进就业将成为未来宏观经济政策的重要取向。就业问题的根本解决在于自主创业,因此大力倡导创业型就业为主导的多种就业形式,靠各类创业带动就业,是突破就业瓶颈的根本解决之道。

(2)理论价值

随着创业活动的蓬勃发展,创业研究的取向也逐步从注重微观层面提炼创业活动的科学规律向注重以宏观层面研究创业的经济功能迅速转变。客观实践的发展和理论研究的需要促使人们深入考虑创业型经济发展的一些根本性问题。虽然国外关于创业型经济的论述越来越多,但大多是素描式的特征轮廓描述或是对经验性实证调查的简单综合,主要以政府创业规划等非研究文献的形式体现出来,而在宏观创业理论研究方面缺乏统一的理论框架。

本书的创业型经济发展与政策研究对构建中国创业型经济理论与实践体系具有一定的理论参考价值:

首先,无论国外还是国内,对创业理论的系统性研究都处于起步阶段,这一阶段的研究特点十分鲜明,表现为多种不同的创业定义和不同的分析框架相互争鸣。本书在对全球创业统计方法进行分类与评估的基础上,系统梳理创业、内生经济增长以及创业与内生经济增长的理论,为指导和制定创业型经济发展政策提供较为科学的解释。

其次,本书通过包含知识溢出机制的经济内生增长模型,进一步阐释了知识溢出的过程和机理——确定创业和增长之间的关系,利用创业内生化的经济增长动态计量模型,探讨了创业对经济增长的基础性作用和宏观效应,这在很大程度上解释了经济增长的"黑箱",论证了创业是联结宏观经济增长与国家创新绩效脱节的一环。从而也从理论上证明了为什么像日本、瑞典这些创新型国家虽然拥有独立的科学技术体系和较强的上游创新能力,但经济创造力却相对落后的原因。

再次,在目前各类创业研究中,对创业的态势研究和创业与经济增长的关系等问题缺乏全球和区域层面的共性研究,更缺乏不同国家的战略规划、模式选择以及环境建设等方面的比较研究。本书在评估世界各国发展创业型经济的总体态势和中国发展创业型经济的现实基础和客观约束方面取得了一定进展。

最后,本书并没有止步于创业型经济的理论方法的研究,而是进一步对创业型经济的成因、效应、机制等方面进行深入研究。在此基础上,本书还对中国整体创业型经济发展态势及发展瓶颈进行问题诊断与实证研究,并提出了从制度建设入手的创业型经济发展体系和政策框架的设想。

由于创业型经济理论研究起步较晚,更由于研究人员的能力、水平的局限性,因此本书所做的国家创业发展体系和政策框架研究还只是一种理论上的探索,要全面把握创业型经济发展的内在规律,深入探讨其增长机制,并真正为实践服务,还需做更有效、更科学的研究。

三、国内现有研究评价

国内学界虽然已经认识到创业活动对解决就业和促进经济增长与发展的重要性,但创业型经济的理论与实证研究还不深入。迄今为止,中国的创业活动总体呈现一种模仿式的赶超型创业模式,与学者林毅夫所讲的诱导式变迁相呼应,而目前和将来我们面临或将要面临的是深层次的立足制度创新的原创型创业研究。

中国在经济转型的过程中,社会中的企业及个人表现出的对于创业的巨大热情和积极参与,折射出中国转型经济的一个重要特征——创业型特征。中国 GDP 持续稳定增长为企业创业提供了充满活力的经济增长环境、丰富的创业机会和广阔的创业空间。在当前中国经济转型环境下,活跃的创业活动为开展相应的理论研究提供了丰富的研究素材,创业研究日益受到国内外研究者的关注。

从目前国内研究来看,从以下研究视角展开的研究居多:

一是从中小创业企业的创立角度,主要研究初创企业、小企业如何进行创业,如何克服创业瓶颈,获取创业成功;

二是从创业者(企业家)的角度,主要研究创业者的个人特质和能力、素质,什么样的创业者能成为成功的创业者;

三是从产品创新和技术创新的角度,主要研究产品和技术创新的途径、机制和创业战略等。

对中国本土创业活动的实证研究：

一是从宏观层面研究中国的创业态势。清华大学中国创业研究中心姜彦福等（2003）简要介绍了 GEM（Global Entrepreneurship Monitor，全球创业观察）模型及其研究概况，连续发布了《"GEM2002"》、《"GEM2003"》、《"GEM2005"》中国报告，以大量的第一手资料和丰富的数据对中国创业活动态势、创业活动环境和创业政策等方面进行研究，相关结论对中国创业活动具有一定的指导意义和参考价值，也为创业的区域差异研究提供了很好的平台和数据积累。

二是立足本土创业实践，挖掘中国更为本质的创业活动规律，在切入点上结合中国转型经济对创业活动的影响、中国独特的文化价值观对创业活动的影响和创业环境等特点，同时从多个维度继续探索中国创业活动的特殊规律。例如，对国有经济、民营经济和外资经济互动基础上的创业演化规律的研究；从内在机制研究创业活动与创业绩效间的转化路径等（林嵩，2004）。

从以往研究文献看，研究大多集中在创业的微观层面，而忽略了其宏观经济层面。我们把 1997～2007 年在欧美地区的三个权威创业期刊《创业理论与实践》、《企业创业》、《创业与区域发展》上发表的 127 篇有关创业研究的文章进行了对比分析，发现创业研究主要集中在微观层面，大部分文献是从公司和企业家层面展开分析的。同时笔者对 1997～2007 年内发表的 406 篇创业文献进行了分析，其统计结果表明，35% 的文献是从企业家层面进行创业研究的，53% 的文献是从公司层面进行创业研究的，缺乏中宏观的研究，而对于国内创业型经济的研究更显薄弱和滞后且尚未上升到国家层面。而本书的重点是从宏观经济层面，主要研究经济增长和创业，研究在整体经济中影响创业的要素、创业机制与驱动力问题以及制定创业政策以促进经济的增长的相关问题。

四、研究方法与逻辑路线

（一）主要理论研究方法

创业型经济研究属于多学科交叉研究的复杂领域，它的研究涉及知识经济学、创新经济学、社会学、管理学、技术创新理论等诸多学科的知识，涉及创业活动的经济规律、创业活动与经济增长的关联性分析等。鉴于创业型经济研究内容的复杂性,在研究中,本书利用了内生经济增长理论、创业知识溢出理论、技术创新理论、新制度经济学等理论与方法对创业型经济的一些相关问题进行了研究。

本研究在研究方法上力求理论阐述与实践归纳相结合,纵向的历史概括与横向的比较研究相结合,规范的理论分析与实证分析、数理分析与经验分析、定性分析与定量研究相结合,从多方位、多角度、多层次阐述创业与经济增长、创业型经济自身发展规律、中国创业发展的驱动力以及政策措施方面的问题。

1. 运用基于微观分析的宏观研究方法

基于微观分析的宏观研究方法强调宏观经济的运行内生地取决于所有微观行为变量的运动轨迹的思想,是现代主流宏观经济学源自对传统凯恩斯主义宏观经济学体系长期缺乏微观基础这一缺陷的批判后做出的选择。这种研究方法的特点是基于微观主体最优行为加总推导出一国整体宏观运行,强调宏观问题的微观基础。

本研究在微观上从创业企业层面阐述了创业对宏观经济增长的影响效应;从宏观层面上则把创业作为一个整体去研究,以便寻找出创业型经济的总体效应。从微观到宏观的分析路径,把握了从创业到宏观经济增长的机理,使分析更为深入。本研究也将较多地运用新内生经济增长理论的基于微观分析的宏观分析方法,如创业的知识溢出模型,为解释宏观层面的增长机制提供了微观经济学基础。

2. 运用经济计量模型及其分析方法

为了使本书的分析更符合经济现实,更吻合中国的现实国情,本研究在对各经济变量关系进行理论分析、数理分析的基础上,更多地采用经济计量分析。

宏观经济计量模型是采用经济计量学方法来建立宏观经济数量分析模型,并对宏观经济问题进行数量分析的一类宏观经济数量分析模型。宏观经济计量模型能反映宏观经济行为理论,解释宏观经济现象中的因果关系和运行规律。

本书在阐述创业的知识溢出机制对经济内生增长的影响时,选取了多种分析体系中的多个变量,建立了创业与经济内生增长的宏观效应模型,对创业对经济增长的影响等进行建模及模型检验等定量研究,以全面深刻地揭示创业对经济增长影响的效应。此外,在分析全球创新绩效以及中国区域创业活动差异时,也运用宏观计量方法进行科学评估。

3. 运用比较分析方法

本研究采用比较经济学的比较分析方法。把比较法系统地运用于国别创业型经济的比较研究,对全球发达国家的创业型经济发展模式、创业发展战略、各国的创业政策框架及其工具选择分别进行了比较分析研究,鉴别共性和个性,阐明创业型经济发展中的共同规律,特别是共同规律的不同表现形式与作用形式,以及在不同国家起作用的一些特殊规律,并在此基础上为中国创业型经济发展提供可资参考的经验。

4. 新制度经济学分析方法

新制度经济学的核心假设之一是:内在制度和外在制度的相互协调是经济增长的一个必要条件,而对于制度因素,由于内在制度与外在制度的相互关联,其实际意义上的度量是十分困难的。当人们面对制度变化问题时,需要相对直接地把微观领域的分析运用到宏观问题中去,因为政策行为不只是宏观层面的问题,它的根源在微观层面。新制度经济学强调制度是内生变量,它对经济增长有着重大影响。因此,深入探讨制度的基本功能、影响制度变迁的主要要素、经济行为主体做出不同制度安排选择的原因,是经济学发展的必然要求。新制度经济学分析中的注重制度分析、强调制度约束和制度激励在本书中都得以体现。

(二)逻辑路线

本书按照理论研究→实证研究→比较研究→政策研究的逻辑路线和总体框架设计思路(见图0-1),分别对创业型经济的理论基础、问题识别、国际比较、发展路径与政策设计方面进行了重点研究。

五、研究内容与结构框架

(一)研究范围界定

创业是一个跨越多个学科的复杂现象,冠以"创业"标题的各种研究体现

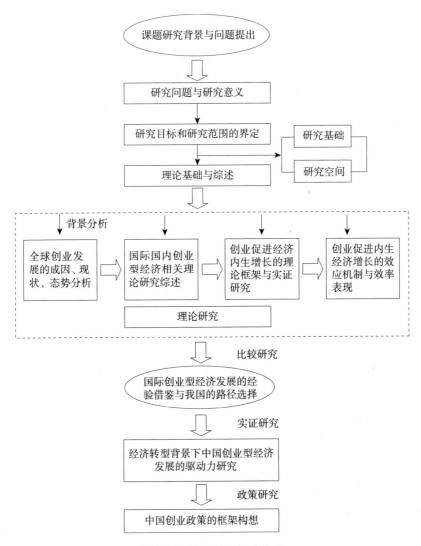

图 0-1 研究的逻辑路线图

了不同的研究目标。不同学科都从其特有的研究视角,运用本领域的概念和相关术语对创业现象进行观察和研究,这些学科包括经济学、社会学、历史学、心理学、人类学、管理学等。随着创业活动的纵深发展,创业研究的焦点不断扩展和转移。创业研究近来已从个体创业即传统意义上的企业创建范畴拓展到组织创业（Corporate Entrepreneurship）、社会创业（Social Entrepreneurship）或宏观创业等多个层面。由于篇幅、水平和时间的限制，本研究对创业型经济的研究，也不可能面面俱到。因此，在内容安排上，本研究主要着眼于宏观创业型经济层面，特别是解释哪些因素影响创业、创业活动的地区差异以及新企业（创业）在推动经济增长中的作用、机理等方面的经济学问题。

（二）相关术语的概念界定

1. 创业的界定

美国长期从事创业研究的著名学者加特纳曾调查了 36 位学者和 8 位商业领袖，归纳出 90 个创业属性，最终发现对创业活动强调最多的属性是新事业的创造、新企业的创建与发展、新事业附加价值的创造、通过整合资源和机会的产品或服务创新、为了把握机会的资源筹集和创新等。

本书继承了熊彼特有关创业的定义。熊彼特认为创业是一种新的组合：现存技术与新的过程、新技术应用与新的组织形式、提升产品的创新过程、新技术与新的市场。熊彼特从"生产函数"的角度加以区分，认为"创新"主要是通过改变函数的自变量来建立"新的生产函数"，而"创业"主要是通过改变函数式来建立"建立新的生产函数"，正是由于"创新"以在已有的企业组织框架下进行，而"创业"必然要涉及企业组织制度建设问题，任何促进创新产品商业化的企业家都可以说是创新家，但创业家却必须面临着将一个产品还不够成熟、市场营销模式尤其是企业组织架构还未定型的新创企业，因此只有深入研究创业企业的特点才能真正把握创业型经济的发展。

创业是一种行为，这种行为从创业活动开始，一直到企业的创建和成长这一阶段。为了符合本书的研究范围，本书的创业界定为"新企业及其创建过程"，它是发现、创造和利用创新成果，创建新企业实现创新成果潜在价值的高风险的一系列创新活动。本研究中创业这一活动不仅仅是创办这一简单阶段（起点），而是一个创办、建立、成长的持续过程（全过程）。创业企业是涵盖种子期、初创期和成长期的新企业。

2. 创业企业、风险企业与中小企业

具体的界定按照全球创业观察（GEM）将成立时间不长于 42 个月的企业视为创业企业，故而将企业创办和经营的前期看做创业企业。从现有文献资

料看,对于创业企业尚无明确的界定,很多文献中,将创业企业等同于风险企业、中小企业,本书认为这种说法欠准确。因为这两类企业都有其特指的对象:风险企业指的是风险资本资助的企业。风险资本具有强烈的投资偏好,多在企业有了较大的赢利潜力后才进行投资,一般投资于经营 3 年或更长时间的公司。中小企业是从企业规模角度对企业的一种划分。按照国资厅评价函(2003)327 号文件,以法人企业或单位作为对企业规模的划分对象,以从业人员数、销售额和资产总额三项指标为划分依据,将企业划分为大型企业、中型企业和小型企业。

从上述各类企业的定义可以看出,创业企业是侧重从企业的生命周期考虑,关注企业发展的前期;风险企业是从风险资本资助的角度考虑,中小型企业侧重从企业规模考虑。在实际中,这三类企业有交叉,创业企业可能既是中小企业又是风险企业;同时又各有特点,其考察的角度和重点不同。

3. 创业型经济的内涵

"创业型经济"最早于 20 世纪 80 年代由彼得·德鲁克作为新经济概念提出。随后尽管国际上不乏关于创业型经济的理论和实证研究,但对于创业型经济的概念国际国内始终没有特别明确的界定,只是较为模糊的定性描述。本书吸收以往的一些研究成果,基于本研究的研究范围,认为创业型经济概念本身具有其一般内涵和特殊内涵。

创业型经济的一般内涵:从本质上讲,创业现象是经济现象,它不同于一般的市场进入,也不同于创新活动,它是创业者发现机会、整合资源、创立企业,并促进经济增长的经济活动,因此创业型经济体现为要素结合为新企业、提高生产效率、实现经济增长的过程。

创业型经济的特殊内涵:创业型经济是以创业和创新为驱动的经济。作为建立在创新经营与新创事业基础上的经济形态,创业型经济的特征表现为:创业活动异常活跃、新企业大量涌现、高科技产业和知识密集型产业迅速成长、整体经济更加充满活力。

综上,本研究的"创业"是指知识经济时代技术创新的主要实现形式,本研究所指的"创业企业"则是指新兴产业的主要缔造者,新兴企业的创建。创业型经济抑或创业企业,都与技术与知识紧密相联。

(三)结构安排及其主要研究内容

本书除了导论外,正文部分共分七章,分别就全球创业型经济发展成因、态势、创业型经济相关理论研究现状、创业型经济内生增长的理论框架、创业促进经济增长的机制与效率、中国创业型经济发展的驱动力问题、国际创业型经济发展的经验比较与中国的路径选择以及中国创业政策框架的总体构想七个方面探讨了创业型经济的发展与政策问题。具体而言,本书的结构安排及主要内容如下:

第一章 新引擎:全球创业型经济发展的全景描述。不同经济发展阶段和发展水平的创业型经济的特征不同,其激励创业的发展战略也有很大差异。在宏观层面和微观层面上深入考察创业型经济兴起与发展成因、了解全球创业发展趋势和规律性特征的基础上,通过对典型国家创业型经济发展推进战略的比较,提炼出一些对促进创业型经济发展具有先导性、启发性的经验。

第二章 创业促进内生经济增长的研究综述。创业研究的基础是如何对创业进行科学的测度和统计。由于当前国际上尚缺乏研究创业与经济增长间关系的理论框架,也没有建立国家间横向比较的统一口径,因此本书基于现有国际知名的统计标准,对全球创业统计方法进行了分类与评估。在此基础上,系统梳理了创业及其促进经济增长相关理论的发展脉络,对传统内生经济增长理论存在的理论缺陷与理论困境进行了剖析,特别指出传统内生经济增长理论中创业机制的缺失,并对创业促进经济增长的机制与实证研究、GEM研究成果等国内外研究现状、研究程度进行了系统论述,作为课题研究的理论铺陈。

第三章 创业促进经济内生增长的理论框架与实证研究。通过对中国和OECD 20个国家的创新绩效进行了科学的评估,发现像日本、瑞典这些创新型国家虽然拥有独立的科学技术体系和较强的上游创新能力,但经济创造力却相对落后,进一步证实了创业是联结宏观经济增长与国家创新绩效脱节的一环;分别从不同角度阐释了创业活动与经济波动间的相关性、创业水平与经济发展阶段的相关性以及创业水平与产业结构的相关性,探索经济增长与创业活动之间存在的系统关系;将创业机制引入经济增长理论的宏观分析中,构建创业知识溢出机制下的宏观经济增长模型;深入考察创业活动效率对国际竞争力、宏观经济增长总量的影响,利用 GEM 的 TEA 指数对总体创业与经济增长以及高成长创业对经济增长的绩效分别做宏观计量分析,探讨不同经济体之间的创业差异及其不同经济发展阶段创业活动的不同影响。

第四章　创业促进经济内生增长的效应研究。本章分别从宏观、中观、微观层面进一步分析创业影响经济内生增长的途径。从理论上讲,创业影响经济增长的途径是多方面的,本章着重探讨了创业活动形成的溢出效应、集聚和配置效应以及乘数效应机制是如何促进经济内生增长的。与此相对,创业的效率也体现在三个层面:在微观层面,创业的微观效率表现为高成长企业的快速成长,对高成长创业企业(“瞪羚企业”)的主要特征、成长规律以及国际国内高成长企业的发展趋势进行分析,为中国创业政策取向提供了新的参考。在中观层面,创业效率体现为创新型、科技型以及新兴产业的迅速成长。从产业成长规律、产业价值规律和产业组织规律三个维度考察创业促进产业发展的机制,揭示影响创业产业选择的基本环境结构,如市场环境、竞争环境等。在宏观层面上,创业会通过产业关联、知识溢出等效应促进宏观和区域经济发展。关于创业企业与地区经济发展的联系,由于中国尚未建立常规的创业企业统计制度,缺少基本数据,因此利用 CPEA 指数(中国私营企业创业指数)作为代理变量,对中国各省、市、自治区计算了从 1997 年到 2006 年 10 年的 CPEA 指数。研究发现,不同地区的创业活跃程度呈现出明显差异,并将区域分成创业活动高活跃地区(大于 25)、比较活跃地区(12～25)、不活跃地区(7～12)、沉寂地区(低于 7)。

第五章　经济转型背景下中国创业型经济发展的驱动力研究。中国正处在经济结构转型相对快速的时期,这将从更深层次影响创业活动所依附的经济和制度结构。本章在剖析中国经济转型环境及现实基础上,从总体创业环境、创业活跃度以及发展所面临的现实约束三个角度对中国创业型经济发展现状的态势、差异以及主要问题进行总体评价。通过总体分析发现制约中国创业型经济发展的关键约束是制度环境,制度激励和制度创新是促进中国创业型经济发展的最大驱动力。为了科学评估制度变量的影响,利用计量经济模型来分析知识产权制度、创业融资制度、政府公共 R&D 投资制度及技术交易市场制度等是如何影响中国创业型经济发展的,本章的研究结论为破除创业型经济发展的制度性障碍提供了科学的理论和实证参考。

第六章 国际创业型经济发展的经验借鉴与中国的路径选择。本章从国际一些典型国家的战略规划、模式选择以及环境构筑等方面探讨各国促进创业发展的有益经验,并总结出具有启发意义的经验模式。本研究将国际创业型经济发展模式较为成熟的国家分为三类:一是以美国为代表的营造环境型;二是以日本、新加坡为代表的政府直接支持型;三是以欧洲为代表的介于二者之间的政策引导型。例如,发达国家中美国的创业发展循环体系模式、欧盟体系化的创业计划支持模式、日本官产学研互动的技术成果转化创业模式以及新兴经济体新加坡的政府引导的创业机制模式,这些国家在经济、科技、社会文化方面的国情不同,其发展模式各具特色。各国经验表明,国家创业型经济的成功一方面取决于经济、科技政策的协调配合,这对激励创业起到了至关重要的作用;另一方面也得益于创业要素的高效配置所产生的合力,这得益于政府构建的宏观创业生态环境和制度设计。发达国家在完善国家创新体系的同时也不断完善其国家创业发展体系,健全的公共 R&D 投入体系、灵活的科技成果转化体系、支持创业企业的技术创新体系以及多层次的创业融资体系对创业型经济发展起到了造血的功能。学习别人,是为了更好地发展自己,在国际创业型经济发展的启发借鉴基础上,本书提出了从制度建设出发的中国创业型经济发展战略体系等五点可行性选择。

第七章 中国创业政策的框架构想。宏观创业政策导向系统要考虑全球竞争、区域发展等因素,以规划中国的创业发展体系的总体走向。本章系统梳理了国际创业政策的演变与特征、创业政策类型及其管理组织体系以及发达国家具有代表性的创业政策体系。发达国家和新兴经济体国家根据本国自身发展阶段和制度环境采取了颇具特色的政策工具,取得了明显的激励效果,大大促进了创业型经济的发展,为中国制定创业政策的体系框架提供了启发性的思路。本研究认为,中国在支持创业型经济发展的实践过程中,政策框架和工具选择上均存在很大不足,中国应借鉴发达国家经验,从完善市场制度和确立特殊制度与政策两方面入手,从中国经济转型时期的发展阶段和特点出发,重视创业政策制定的系统性,明确政策着力点和对象,把构筑灵活创业机制、促进宏观创业水平作为创业政策的基本目标。本章从政策目标、总体框架、具体实施重点、工具选择等方面对发展创业型经济的政策体系进行了初步探讨,试图为构建中国创业政策体系提供一个有益的框架。

六、本书的创新性尝试

从国际国内的研究来看，由于创业型经济兴起较晚，且尚未发育成熟，可以说，创业型经济研究还处于探索阶段。特别是国内的大部分研究都是从中微观层面，很少触及宏观经济层面。本研究不仅系统梳理了不同视角下创业型经济的理论基础研究，也对不同国家创业型经济发展的战略规划、模式选择以及环境建设等方面进行了深入的比较研究与提炼，并对中国经济转型时期创业型经济发展面临的现实约束、驱动力问题、战略发展路径以及政策框架体系进行了较为全面的整体研究，相对来讲，具有一定的创新性价值，具体体现在：

第一，在理论研究方面。本研究从创业过程分析入手，将创业机制引入经济增长理论的宏观分析中，通过创业知识溢出机制下的宏观经济增长模型；深入考察创业活动效率对国际竞争力、宏观经济增长总量的影响，探讨不同经济体之间的创业差异及其不同经济发展阶段创业活动的不同影响，进一步从宏观、中观、微观层面对创业活动的溢出效应机制、集聚和配置效应机制以及乘数效应机制是如何促进经济内生增长进行理论与实证分析。这种从微观到宏观的分析路径，把握了创业影响宏观经济增长的内在机理，使研究更为系统深入。特别是创业知识溢出理论框架解决了传统内生经济增长模型中没有阐释知识溢出过程和传导机制的问题，弥补了创业与经济增长之间关联机制方面的理论缺陷，而且为探寻创业发展路径、制定创业政策提供了科学的理论依据。

第二，在国际比较方面。不同经济发展阶段和发展水平的创业型经济的特征不同，其激励创业的发展战略和政策体系也有很大差异。发达国家在完善国家创新体系的同时也不断完善其国家创业发展体系，健全的公共 R&D 投入体系、灵活的科技成果转化体系、支持创业企业的技术创新体系以及多层次的创业融资体系对创业型经济发展起到了造血的功能。本书从国际一些典型国家的战略规划、模式选择以及环境构筑等方面探讨各国促进创业发展的有益经验，并总结出具有启发意义的经验模式，提出适合中国创业型经济发展的战略路径和五点政策建议，体现了集成创新的特点。

第三,在政策设计方面。就传统创业政策的作用而言,单纯靠构筑经济环境的方式和扩大供给刺激需求的方式也难以完全达到对创业企业的支持目的。事实证明,绝大多数创业并不是"外部需求"拉动,而是一种"内生行为",因此传统的创业政策在支持的目标效果上就存在局限。借鉴发达国家经验,从政策目标、总体框架、具体实施重点、工具选择等方面对发展创业型经济的政策体系进行深入系统的探讨,提出了适合中国经济转型特征,包括政府创业管理机构、国家创业监测体系、核心政策架构、专项发展计划的"燕形"框架。在此框架下,从创业型经济生成的外部环境和创业型经济主体本身需求出发,遵循创业型经济增长的内生机制,构筑了涵盖面向创业主体、面向创业界面、面向创业环境三个维度的创业政策框架。本研究提出的政策设计是将微观与宏观、"总量"支持与"边际"支持结合起来,更加注重政策实效性和具体性的框架,特别是提出的政府创业项目规划、创业租赁、产权信用担保、技术转移计划、研发补贴以及中介支持服务(提供技术支持、市场开发等服务)等政策工具具有一定的创新性。

第一章　新引擎:全球创业型经济发展的全景描述

从世界经济发展历史看,尽管在市场机制的推动下,资本集聚程度不断提高,企业的生产规模不断扩大,大企业在国民经济中的地位日益突出,但是资本集聚与资本分散并存、大企业与中小创业企业共同发展的情况始终没有改变。20世纪50年代以来,随着新一轮技术革命的兴起,在资本集聚、大企业兼并浪潮汹涌澎湃的同时,创业企业的发展也显现出更加蓬勃的趋势。特别是20世纪70年代后,创业企业成为各国经济发展中的亮点,也可以说是最具有活力的增长点。

由于发达国家的创业型经济和创业企业处于引领地位,因此本研究将在全面、深入考察创业发展的成因、了解全球创业发展趋势和主要规律性特征的基础上,对典型国家促进创业发展经验进行比较,这对我国改善创业环境、发展创业政策、促进具有前瞻性和先导性的创业活动具有建设性意义。

一、全球创业活动的缘起与发展

信息技术革命大大加速了经济全球化进程,世界经济的所有领域,无论是微观层次的企业生产组织经营,还是宏观层次的经济增长等经济现象都呈现出新的特点,在这种背景下创业活动的蜂起就是深刻的例证。以下从创业型经济兴起的宏观层面和微观层面对其兴起和发展的动因进行分析。

(一)全球创业缘起的宏观层面分析

纵观全球创业发展的历史,大体经历过三次创业浪潮:第一次创业浪潮产生于资本主义的工业革命;第二次是第二次世界大战后复苏的商业经济使大量的创业活动不断出现;20 世纪 80 年代以来的新经济创业革命是以经济全球化扩张、信息技术高速发展以及知识时代的出现为背景的第三次创业浪潮。

1. 顺应新科技革命蓬勃发展的需求

20 世纪 80 年代科技发展突飞猛进,科技竞争愈演愈烈,世界新科技革命正在酝酿新的重大突破,新科技革命的出现使资源优势日益让位于技术优势、信息化经济导致地域壁垒日益让位于技术壁垒。以生物医药、光电子信息、航空航天技术、新材料、先进制造技术等为代表的高新技术主导技术群已经成为这个时代经济增长新的技术基础,因此相应产业领域的科技创业活动日益成为各国科技战略的主流。科技创业是技术创新与高技术产业化相结合的过程,是生产过程的"前移",即将高技术成果孵化并依托进行创业的过程。传统企业注重生产过程中生产要素的投入与产出,科技创业型企业则将重心放在生产前端的 R&D、技术项目转移和知识要素的配置方面。从时间段上看,第三次创业浪潮也是信息技术、生物技术等高技术产业迅猛发展的时期。创业企业依托高技术创新成果实现对创业资源的重新配置,形成了一种"新利润价值创造过程",即以高技术成果等为基础循环地孵化新兴企业。

在 20 世纪初以前,科学发现经应用研究转化为技术开发成果,进入生产力系统,需要很长的时间,信息技术革命使创业呈现出规模经济性弱、进入障碍低的特点,新经济体系中一些产业的最小规模经济点下降,创业门槛降低的产业日趋增多。例如,在以计算机、信息技术发展为先导的现代制造业领域,由于技术变革、行业和市场结构的改变、新知识新产业的兴起、流程的需要等方面的原因,为新企业的创建提供了大量的创业机会。从规模经济角度来看,这些行业领域适合创业企业进入是因为最佳规模比较小或者不存在规模经济的经验曲线,使得创业的进入壁垒较小,创业企业容易进入,或者市场范围直径较小,由于需求所限使得最佳经济规模受到限制。

在全球新技术、新产业大发展的背景下,包括美国在内的许多国家自主创业率上升,正步入一个创新/创业的"蜂聚期"。根据《经济学家》杂志 2005 年的数据显示,美国境内每年新创立的企业达 70 多万家,创业不仅造就了硅谷、旧金山、北卡等具有竞争力的新兴产业集群,也促进了美国持续增长的新经济奇迹和一轮又一轮的技术创新浪潮。因此,按照新技术革命内生演进的规律性要求,加速以高科技资本和新兴产业为主导的创业型经济的发展,已经成为拓展国家竞争优势的重要战略举措。

2. 迎接全球体制环境变革的需求

(1)经济体制的变革

第二次世界大战前,垄断体制在世界经济中占据统治地位。在垄断经济体制下,中小企业不能发挥其应有的竞争优势与发展潜力,因而中小企业的重要性得不到认同。第二次世界大战后,垄断经济体制的崩溃为广大中小企业的发展提供了广阔的空间,中小企业在吸纳社会冗员、提高市场竞争性、培养企业家等方面的作用得到了各国政府和社会的认可。

(2)市场体制的变革

由于自由化市场资源要素的全球化配置以及市场均衡的不断破坏,放松规制、需求多样性,以及由此引起的高度不确定性的推动,规模经济的优势正逐渐让位于信息、知识资源的优势。众多新兴创业型企业由于能把对科技发展的准确洞察和对市场需求的前瞻性把握创造性地对接起来,不仅满足了消费的个性化需求,开辟出许多新兴的利基市场,更催生出许多新兴的产业。可以说,创业型经济体的涌现,适应了资讯科技时代市场价值发现和竞争机制由"生产导向、供给推动"向"服务创造、需求驱动"转变的发展趋势。因此,那些注重培育创业活力的国家或地区,其市场体制和市场结构更趋于柔性和开放。

(3)金融体制的变革

对于一个创新型国家来说,当创新/创业成为其经济发展的主导因素的时候,当以技术为代表的知识型生产要素演进为首要生产要素之时,只有运用创业资本工具才能更有效地把物质资源配置到高科技创业的知识生产领域之中,这个国家的金融市场结构即以创业资本为主体的。科技型中小企业的发展需要社会风险资本和政府政策性融资的支持。20世纪80年代,美国科技型中小企业的成功,以及电子、信息等新兴产业的蓬勃发展,在很大程度上得益于风险资本和技术创新基金的资助,因而各国政府纷纷模仿美国政府的做法,出台扶持中小企业技术创新、促进新兴产业发展等的政策。

3. 利用世界产业转移的发展机遇

电子计算机技术、通信技术和生物技术等新兴技术的发明和发展,使得生产呈现分散化、小型化趋势,全球出现了产业结构逐步调整的态势。20世纪90年代以后,新兴发展中国家在第三次创业浪潮中表现出色,随着一批具有高速发展潜力、成长前景好的创业型企业脱颖而出,这些国家充分利用的经济全球化背景下世界产业转移带来的发展机遇,逐步壮大新兴产业,促进了经济高速增长。

知识经济在现实经济生活中表现为两种趋势:信息化和经济全球化,信息化是相对于生产力而言的,全球化是相对于生产关系而言的。经济全球化体现着一体化特征的世界经济增长关联、传递结构和依存体系。整个世界经济的增长在很大程度上得益于全球化程度的提高,同时,各国的经济增长已经在越来越大的程度上受制于世界经济的增长,世界经济的各个组成部分正在走向一个"增长条件共同体"。发达经济、新兴工业化经济和发展中经济共同构成了一个产业发展的阶梯型结构,产业的阶梯式转移成为世界经济不断发展的一个重要机制。产业转移成为三种类型经济体结构变动的共同机制,世界经济的各个组成部分已经形成了一个"结构进步共同体"。

发达国家由于高科技产业化程度高、技术成果积累多,与发展中国家形成了"势差",这种"发展势差"和"技术势差"往往存在着"互动机制",发达国家极可能"趋利而移",向发展中国家转移,特别是处于经济转型的新兴发展中国家。对于新兴发展中国家而言,它们已经认识到,如果既不能自主创造知识,又不能迅速有效地将这些知识和科技成果引入生产体系,并转化为现实生产力和经济价值,将快速拉大创新发展模式国家与传统发展模式国家的差距,必然增加发展的不均衡性。因此,包括中国、印度在内的许多新兴发展中国家,正积极利用经济全球化带来的机遇,通过培育和扶持新兴的创业企业,从而成长为与国际大企业抗衡的新兴力量,进而全面介入全球价值链高端环节。

(二)全球创业缘起微观层面的分析

1. 经济竞争要素的变化

以知识产权和专利为基础的创业资源成为新一代创业浪潮的关键要素,通过创业机制将科学技术转化为现实的生产力,正好迎合了现代经济竞争的需要。美国大批新企业问世的一个重要原因是,从20世纪80年代以来,美国大企业开始掀起一股以缩小规模、集中核心业务为主要内容的企业重构(Corporate Restructure)浪潮,这反映了大企业内部的组织创新和业务创新的内创业的兴起。伴随着企业的重构,有一部分技术型员工不仅有技术和管理经验，具备独立创立企业的条件，而且长期工作使其在经济上的积蓄又为他们创业或参与对高科技企业的风险投资提供了资金支持。美国大部分新企业是由大公司主动离职的雇员创立的。大企业内创业兴起的结果是创业企业因其经营灵活性而比大企业更具市场适应能力，因此中小创业企业成为各国技术创新政策的扶持对象。

　　与成熟企业相比，创业企业在经济的竞争要素方面具有一定优势。一方面，创业活动增加了传统生产要素（资本、劳动力、无形资产等）的投入；另一方面，由于新的生产要素——知识与信息的加入，资源的种类与传统相比有了更大的突破，如知识、社会资本、创新能力、商业模式等，同传统工业生产的规模化、标准化、定型化相比，他们更侧重于资源的整合和重组、技术的开发与创新和组织的革新。企业竞争焦点转变为产品的创新性、产品的多样化、组织的灵活性。在这种激励下"创业机制"的效用得以充分发挥：一是由于新创企业总是在不确定性中运行，生命周期短暂（大约 3～5 年）且生老更替频繁，从而易于建立不断寻求市场的机制，提高市场运行效率；二是创业企业成长速度很快，特别是科技型和创新型的创业企业，无疑会促进整个社会的技术步和生产率提高，从而实现其对经济增长的供给式的推动。

　　2. 经济竞争结构的变化

　　一些学者试图将产业结构变化与全球创业兴起联系起来，他们的研究表明，当前在经济全球化、放松规制（各国纷纷放松管制，降低各种税率，大力推行各种鼓励创业的措施）、劳动力过度供给、需求多样性，以及由此引起的高度不确定性的推动下，使得产业结构发生了从高集中度向低集中度方向变迁的趋势（Loveman and Sengenberger，1991；Acs and Audretsch，1993）。这种变迁表现为：一方面，产业结构向更能够发挥创业企业作用的方向变迁；另一方面，这种变迁普遍发生于不同国家。虽然产业结构向能够更好发挥创业企业作用的方向变迁，且各国由于受国家专有因素影响其变迁又有所不同，但一个国家通过相应的政策措施来促进以及适应这种变化，有助于其对经济全球化、加速的技术变化做出更快的反应，从而可能获得比其他国家更高的经济增长。关于这一点，德国学者奥璀兹（Audretsch，2002）对 OECD 国家的实证统计分析已证明：那些有着更多创业企业数量的国家具有更高的经济增长率，而有着较少创业企业数量的国家有着较低的增长率。

（三）全球创业型经济发展的动因分析

全球创业型经济发展遵循着技术创新和制度创新两条路径。

1. 技术创新与创业型经济发展

技术创新从供给与需求两个方面影响创业型经济结构的演进。

一方面，从供给的角度来看，在由传统的劳动密集型经济向知识和技术密集型经济转化的今天，技术进步直接改变了一些产业的技术基础和生产的技术结构，并使一些新兴产业不断形成和发展。大部分创业企业都出现在创新型产业部门中，创业企业在创新型产业中具有创新优势。新技术降低了产业部门的规模经济优势，出现了附加值明显高于传统产业的新兴知识密集型行业，这些新兴种类的出现，促进了创业型经济的产业结构演进。

另一方面，从需求的角度来看，技术进步创造了新的产出，新的产出满足了生产和生活中潜在的和更高层次的需求，这种旺盛的需求又刺激着新兴产业的扩张。由于需求旺盛，使消费品升级换代，又不断引发人们新的需求，从而使新的需求成为新兴产业成长的动力。许多新兴部门收入弹性很高，价格高扬，其获利水平远远高于全部产业平均水平，从而引起创业资源迅速流入该产业，使得许多新兴产业涌现出大量的创业企业。技术的演变与产品功能的新需求衍生新商机，即使是竞争激烈的成熟产业，如中国台湾的 PCB 产业，仍然存在创业的利基空间。

2. 制度创新与创业型经济发展

制度是整合各要素整体效率的重要装置。经济增长的制度变量已经被道·诺斯等人内生化了。新制度经济学认为，"制度是社会游戏的规则，是人们创造的、用以约束人们交流行为的框架……决定了社会和经济的激励结构"。作为经济理论的第四大基石——制度，是经济增长与发展重要的内生变量，土地、劳动、资本、技术等要素只有在有效的制度框架下才能发挥作用。创业制度的基本任务是对创业行为形成一个激励集，鼓励人们创业，并得到合理的利益分配。

为鼓励创业，各国政府制定适合于科技创业发展的政策和措施，强化政府制定必要的政策和制度条件。"产、学、研"一体化，提出有较好市场潜力和产业升级空间的一系列关键创业扶持计划；增加科研资金投入，强化政府在

R&D 中的宏观协调作用；完善商业基础设施，通过有针对性的、高效率的研发机构，加快技术成果商业化进程，提高专利和知识产权的效率和利用效益，刺激技术再生及催化、带动技术产业化形成，特别是形成一些能够促进微观活力和创业知识溢出的制度激励结构，如知识产权制度、风险资本制度、技术商业化制度、利润分配制度、股权激励制度等。

以硅谷和华尔街为代表，美国形成了以科技创业、风险投资和资本市场相互联动的一整套发现和筛选机制。事实证明，这套机制具有强大的制度优势。华尔街引领的科技创业浪潮，帮助美国实现其向创新经济的转型。强大的资本市场，成为美国最重要的国家竞争力之一。

二、全球创业型经济发展的总体态势与主要特征

（一）全球创业型经济发展的总体态势

1. 全球创业发展态势

创业活动正在世界范围内蓬勃兴起，以独特的姿态变革着这个时代。美国正在经历着一场"创业革命"，这场革命与工业革命相比毫不逊色。创业大师拉里·法雷尔指出："发展创业型经济是打赢 21 世纪这场全球经济战争的关键。"如今，在美国境内每年新创立的企业达 9 万多家，仅在硅谷就聚集了 7000 多家高技术公司，每天都有数十项技术成果衍生为公司。美国经济增长的 1/3 是由信息产业提供，而信息产业 90% 以上的企业都是在创业资本的支持下发展起来的创业企业完成的。1991～1995 年，美国创业企业销售收入年均增长 38%，而作为国民经济"支柱"的《财富》500 家大公司年均增长率仅为3.5%。此外，创业企业在促进经济增长方式上的作用也十分显著。

以创业比率为例，欧洲各国在 20 世纪七八十年代呈下降趋势，20 世纪 80 年代以后这种下降的趋势开始逆转，图 1-1 是 OECD 6 个成员国创业比率的变化情况。英国政府提出要把英国建成全世界最适宜创业的国家。据 1997 年英国某创业投资协会对 1984～1996 年受到创业基金支持的 15409 家企业进行的调查发现，创业资本所投资的创业型企业对经济做出的贡献突出：受创业资本支撑的企业，其就业岗位增长率为 24%，是 FT-ST 100 企业的 3 倍（FT-ST 100 是指伦敦股票交易所 100 家大型企业经济运行指标）；销售额增

长率为40%,是FT-ST 100企业的2倍;利润增长率是FT-ST 100企业的3倍;出口增长率为44%,而全国平均水平只有8%;根据外贸与企业国务秘书诺维利向法新社提供的数据,2007年法国新设立企业达到32.2万家,比2006年增长了13%,创下新纪录。2004~2008年新增企业数量增长了50%。

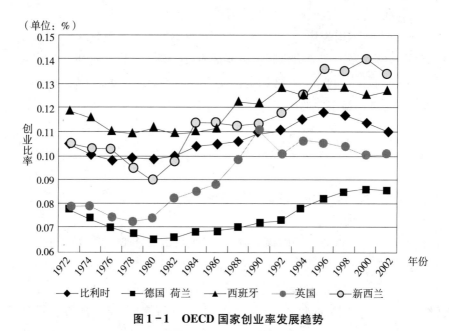

图1-1 OECD国家创业率发展趋势

2. 我国创业活动的总体态势

新兴创业活动也逐渐成为我国经济持续快速健康发展的"新动力"。中国的创业活动经过改革开放以来30多年的积累,已经形成了一定的规模效应。特别是在正形成科技创业中心的地区,创业进步对经济增长的贡献率,已成为经济增长的主要推动力。高科技创业在发达国家的实践证明,技术积累与资本积累相比,其积累的速度较慢,但技术积累一旦形成规模效应,对经济增长开始发挥作用时,其发挥作用的时间和力度比资本要大得多。如支撑美国20世纪90年代以来经济高速增长的创业积累,是从20世纪70代末就开始的。围绕电子信息技术进行的技术积累经过十多年的时间后,在20世纪90年代才开始发挥作用。不论是在政府主导下的一系列科技创业活动,还是在市场调节下民间和地方的创业活动，经过改革开放以来30多年的积累，在中国汇集成的规模效应，在未来的一段时期内对中国经济的增长将会发生持续性的推动作用。

目前，中国65%的新增专利、60%以上的新产品开发，是由创业企业完成的。无论是在电子信息、生物医药、新材料等高新技术领域，还是在信息咨询、创意设计、现代物流等新兴服务业，创业都十分活跃（曾培炎，2006）。截至2006年年底，全国科技创业企业数量为163991家，企业数量比2006年增加了2.87%。2006年全国科技创业企业资产总额达到70120亿元，比2005年增长了19.09%。2006年全国科技创业企业实现工业增加值15966亿元，比2005年增长了30.34%。2006年全年实现净利润6192亿元，比2005年增长了12.99%。

此外，从创业活跃程度来看，根据全球创业观察（GEM）的研究报告：2006年中国创业活动的活跃程度达到了新的高度，创业活动指数为16.2%，即每百名18～64岁的中国成年人中，有16.2人参与到了企业创办时间不超过3.5年的创业企业中。中国在全球创业观察项目的42个成员中排在第六位，相对于2005年的水平，排名稳定，且处于最活跃的国家之列。在参与该项目的亚洲国家中，中国超过印度、泰国、日本和新加坡。2006年，中国的创业活动活跃程度高于创业GDP曲线，表明中国的创业活动对GDP贡献的潜力在增加，对未来经济稳定发展起到积极作用。通过提供新颖的产品、新颖的工艺、更多的出口、更多的工作机会，创业活动成为经济增长的主要推动力。

（二）全球创业型经济发展的主要规律性特征

1. 高成长型创业企业发展态势迅猛

在美国、日本、德国等经济强国，都有一批竞争力很强的高成长型创业企业，很多大型企业、跨国公司也是从高成长型创业企业发展起来的。高成长型创业企业是新兴企业群体中的优秀代表，他们具有较高的技术创业效率，具备强劲的竞争力，并且勇于采用新的商业模式，是成长速度较快、能迅速进入市场的创业型高技术企业。一个地区的高成长型创业企业数量越多，表明这一地区的创业活力越强，发展速度越快。推动高成长型创业企业的快速增长，目的是将高成长型企业逐步培育为专业领域的"小巨人"和具有技术集成创业能力的"大公司"。这些高成长型企业在促进经济增长、创新、解决就业方面功效卓著。实践证明,新创的、年轻的企业是美国经济增长的发动机,其他国家的研究也证实了小公司对就业的贡献。DECD 统计表明:新创公司和少数迅速成长的年轻公司在提供就业岗位上起到很重要的作用。1997~1998 年,澳大利亚新工作岗位的 45% 是由新建公司创造的(1999 年澳大利亚的官方统计数字);1994~1998 年,在荷兰,新创立企业和高速增长公司创造了 80% 的新工作。

硅谷对于高成长型新兴企业有一个特殊的称呼——"瞪羚",这样类型的企业年增长速度可以轻易超越 50%、100%,甚至达到十倍、百倍以上。在每年发布的《硅谷指数》报告当中,"瞪羚企业"的数量是评价硅谷创业活力和经济景气程度的重要指标之一。2005 年第三季度,有 17 个"瞪羚企业"坐落于硅谷,是 2002 年以来为数最多的。2005 年这 17 个公众持股的"瞪羚企业"是:Align 技术公司、Artisan 组件公司、AtRoad 公司、Cepheid 公司、Connetics 公司、eBay 公司、Equinix 公司、Intuitive Surgical 公司、RAE 系统公司、Socket 通信公司、Supportsoft 公司、Symantec 公司、Webex 通信公司等(《硅谷 2005 指数》,2005)。

一大批高成长型创业企业也成为中关村园区高新技术产业发展的主要力量。据中关村投融资促进中心介绍,2006 年度园区"瞪羚企业"共计 2101 家,比 2005 年新增加了 323 家,增长率达到 18.16%,其中销售收入达到 1 千万~5 千万元人民币的有 1455 家,5 千万~1 亿元人民币的有 336 家,1 亿~5 亿元人民币的有 310 家。作为园区高成长企业的核心群体,"瞪羚企业"越来越得到境内外投资机构的高度关注和投资,其总收入为 1129.4 亿元,占园区总收入的 30.5%。

2. 全球创业模式日趋多样化

从创业孵化模式角度来看,出现了多种创业模式,如园区孵化创业模式、大企业衍生的创业模式、自主创业模式等多种。

(1)园区孵化创业模式

硅谷模式就是著名的园区孵化创业模式,这种模式是在 20 世纪中期随着美国斯坦福大学园区即"硅谷"的诞生而同步形成的。此后由于科技园区的迅猛发展,目前遍布世界各国的 1000 多家科技工业园都把其主要功能定位在孵化科技创业企业上,有效地推动了科技创业企业的发展。园区孵化创业模式是依托高新技术产业开发区(国外称科技工业园区)良好的基础设施和特有的创新网络不断孵育科技创业企业的模式。科技工业园区作为适应知识经济的一种新的社会组织形式，集中智力资源、信息和高技术，通过现代管理实现规范化、网络化和产业化，吸引大批科技人员为其提供信息、技术资金和市场等一切创业服务，帮助其将成果孵化为成熟的技术、成熟的商品和胚胎型的企业实体，并最终将其推向社会，利用社会力量和资源（如风险资本的运作），促使其尽快壮大脱离母体，成为能在市场中拼搏的企业。更为重要的是，由于科技工业园区的创新条件和创新文化，能够吸引更多的高校、科研机构、企业、中介服务等多种创新主体在园区信息网络和其他各种交流方式的基础上形成园区特有的创新网络，产生强大的群体效应和聚集效应，促使园区的企业（包括在孵企业）不断裂变、派生出更多的科技创业企业。

（2）大型企业派生模式

大型企业派生模式是在国外兴起不久的一种新模式。20世纪90年代以后，国外许多大公司包括一些超大跨国公司面对市场竞争要求缩短研究开发周期、R&D活动内部化成本越来越高和风险加大的新情况，为了提高创新效率和分散创新风险，广泛采取了技术创新外包的形式，将R&D活动企业外部化，并由其完成大量技术创新任务。

（3）自主创业模式

自主创业模式也是在国外非常普遍、在国内广泛兴起的一种由科技成果持有者借助风险资金支持创办科技型企业的模式。新技术的不确定性要求技术发明人自己下海推动商业化。成熟技术在市场和技术两个方面的不确定因素较少，因此技术的定价和技术内容的全面转移容易实现，也就是说，技术发明人与技术的使用者可以分离。新技术则存在着极大的不确定性因素，定价和知识转移都存在极大的困难，因此很难进行一次性的市场交易，这就在客观上要求技术发明人自身下海创业，以使其技术成果商品化。

此外，从基础创业源的要素投入和创业机制角度看，出现了由研发机构的衍生公司、技术创业家寻求资金自行创业成立的公司、公司内部技术创业的衍生公司、公司技术引进或技术移转而衍生新公司、资本家寻求技术创业家合作发展成立的公司。

3. 向知识密集型产业、现代服务业聚集

新近的研究证实，美国、欧盟和大多数的OECD国家存在类似的现象。在过去的 10 年中,几乎所有的工业化市场经济体都经历了一个制造业比重降低、服务业比重提高的过程,加上信息化的高速发展,创业活动日趋活跃,创业活动出现了向高技术产业和知识密集、增值高的服务业聚集的趋势。信息通信技术(ICT)的迅猛发展创造了计算机、软件和相关服务等新的市场契机,带动了许多行业生产工艺的不断创新和服务行业的增长。特别是在以知识资源和智力资源为特征、知识溢出效应明显的信息咨询、创意设计、现代物流等新兴服务业,创业十分活跃。西方国家的经济结构由制造业向服务业转型,现代服务业较低的交易成本、多样化的个性需求、较少依赖规模经济、较低的进入门槛,使得初创业企业比大企业更容易找到市场利基。

例如,硅谷逐步发展起来的创意服务业,依托技术方面的创意,通过创立技术创意与创业服务企业,对当地的 IT 产业发展方向发挥了决定性作用。印度班加罗尔软件外包行业,以商业模式方面的创意,通过创立众多的软件外包企业,长时间地稳固了班加罗尔软件园在国际市场上的竞争地位。创业的成功不仅活跃了区域经济的创业氛围,而且通过创意的先进性、不可模仿性和个性等特点,优化了区域内的资源配置,以更合理、有效的方法提高了区域经济资源的使用效率,从而大大提高了区域经济发展的速度。

以欧盟为例,欧盟统一市场也随着各种经济和贸易壁垒的取消以及各成员国的认同和相互协调而不断开放和发展,为拥有 3.8 亿人口的欧盟市场的贸易往来提供了极大的便利。以上变化造就了尤以服务业为甚的许多新的创业机会。可以说,企业进入和退出是知识密集产业和现代服务业全要素增长的一个重要原因,波士玛(Bosma)等对荷兰服务业的回归分析得出了在 1990～1994 年间服务业对 GDP 的贡献率达到 45%,1995～1998 年则达到 65% 的结论。

4. 创业活动在不同经济发展水平国家之间差异较大

2006 年全球创业观察(GEM)对全球 40 个国家进行的调查获得的最新数据再次证实:在人均国民生产总值相近的国家中,创业活动水平与创业类型具有很大相似性,而在人均国民生产总值不同的国家中,创业活动水平和创业类型则存在着很大的差异。在全球范围内,中等收入的发展中国家,在早期创业方面较发达国家更为活跃,这些国家的创业者将新产品、新服务带入市场,在利用创新与新技术方面成绩卓著。与中等收入的发展中国家相比,像日本、德国、瑞典等国,其早期创业活动尤不活跃。

三、全球创业观察(GEM)对不同经济
发展水平国家的政策建议

不同经济发展阶段和发展水平的创业对经济的效应不同,其激励创业的政策目标也有很大差异,全球创业观察(GEM)为三类不同经济发展水平的国家提供了一般意义上的政策建议:

首先,对相对低收入国家的政策建议。这些国家的经济发展相对落后,技术的自主创新或引进都十分匮乏。对这类国家来说,发展经济是第一位的,对创业政策体系的设计要服从于总体经济发展战略框架。现有的公司与单个的创业者相比,后者显然应属于从属地位,因此应采取一些相对重要的措施,包括财务、管理、培训方面的援助,以及减少企业的负担等,尽量减少迫于生活必需的创业行为,而致力于促进现有中小企业的发展。建议低收入国家高度重视和加强基础水平及中等水平的教育和培训,增加就业保障;建议低收入国家通过进一步健全法治、完善基础设施、改善管理技巧、提高劳动力市场的弹性和金融市场的效率等,为现有的重点企业创造一个更好的外部环境,同时可以吸引更多投资,以创造更多的创业机会,促进技术转移、出口和税收的增长。

其次,对中等收入国家的政策建议。这类国家的国民收入水平一般,处于中间层次,人口约占世界的50%。中等收入国家在生产和消费领域能够应用一些较为先进的技术创造效益,其高新技术出口指标一般占到总出口额的2%以上,但自主创新的能力相对较弱,多为引进国外技术。这些国家的创业活动由于受到国内外现有大企业的影响,呈减少的趋势。对这类国家来说,也要开始为创业的增多打基础、做准备。中等收入国家应该把注意力集中到创业环境体系的构筑和完善上,因为随着它们从技术引进吸收型国家向技术创新型国家过渡,创业企业的作用将会越来越重要;建议开展创业教育、普及创业知识,特别是在基础教育中广泛宣传创业的理念,以及发展民间投资等。

再次,对高收入国家的政策建议。高收入国家的人口大约只占全球人口的15%,但却集中了世界上所有的技术创新成果。例如,仅美国一国拥有的专利就占到世界专利总量的1/3左右。这类国家通过高端技术的创新、使用

和出售不断增加其财富。对这些国家来说，树立创新创业的文化理念是构筑其创业体系所最需要强化的内容。需要采取的主要措施包括进一步促进技术转移、为初创企业提供资金以及支持存在于政府、企业和大学等各层面的创业活动。在高收入国家中，在 R&D、技术成果产业化和科学教育方面，要发挥高等教育系统的重要作用。

四、国际创业型经济发展战略概述

鉴于创业活动对增加就业、经济和社会发展的巨大推动作用，以国家甚至以大洲为单位的全局性宏观创业探讨和行动计划日益增多，许多国家政府制定雄心勃勃的、全方位和多层次的长期发展战略，发展创业型社会。创业发展已成为美国和欧盟提高当前和未来竞争力的必要措施。在不同的发展战略的指导下，各国促进创业型经济发展也呈现出不同的特点，并在一些领域形成了自身的优势。

(一)全球创业推动战略

《创业与地方经济发展》(OECD，2003)报告认为阻碍创业的因素主要有缺乏社会和商业网络、本地经济低层次的有效需求、金融约束、缺乏知识技能、文化障碍、创业模式缺失、缺乏个人激励、不合理的政府规制等。从 20 世纪 90 年代中期开始，OECD、欧洲委员会、亚太经合组织(APEC)等开始认真研究各国发展创业型经济的途径，试图为提高本地区创业活动水平寻找解决方案。欧盟从世纪之交起围绕建设创业型欧洲的主题连续出台了 6 份报告，提出要大力发展创业型经济。

1. 美国的高科技创业发展战略

美国全美地方官协会早在 2004 年就在总结成功的创业经验的基础上出版了全国性倡导政府创业型政策的指导书，试图通过政府的主动参与来最大限度地繁荣创业活动，加速创业型社会的形成。美国的创业发展在全球都处于领先地位，其促进创业的宏观特征是围绕热点地区的发展，将科研、商业、创业资本与人力资本相结合，通过创业加速创意的商业化过程。优化国家创业发展体系在区域层面上的具体表现就是强化区域创业活动和创业型经济发展。

　　美国硅谷、太平洋西岸、波士顿128公路等地区在推进创业型经济的发展非常成功，其成功不仅依赖于新思想的创造、经验丰富的管理者、容易获得的资本这其中的某一要素，还是知识资本、金融资本以及人力资本相互作用的结果。因此，创新创业的"热点区域"有利于加速创业生态系统中关键要素的组合和配置，其配置的主要途径包括：向创业者提供初期的资金资助和咨询顾问；通过聚集形成一个有助于将商业创意转化的创业网络；建立起区域经济发展间的联系；与政策制定者和公共部门共同提高创业竞争力。NII（National Innovation Infrastructure）建议实施"国家创新创业热点计划"，在未来5年内以联邦政府为主导推动至少10个热点区域的发展，州和当地的经济发展实体以及教育科研机构提供匹配资金，加快相关创业中心的建立。

　　2. 欧盟的全民创业行动战略

　　就欧盟创业企业的持续发展能力而言，欧盟认为与美国相比还处于弱势。在美国，一般而言，企业在创始阶段规模都较小，但取得初步成功后便能迅速扩张。而在欧盟，许多创业计划或想法似乎不切实际，缺乏可行性，以至于经受不起市场的考验。此外，欧盟的创业活动尚未提供足够多的就业机会，10%的失业率居高不下，仍是欧盟面临的棘手难题。综上，欧盟认为，欧洲的创业仍有巨大潜力可挖，创业应当成为提升就业率的发动机。另外，欧盟从事工商业的群体总体上不缺乏，较为缺乏的是人们新辟创业之径的意志和活力。因此，欧盟认为必须尽快采取有效措施，培养公众的创业热情，着力释放公司、企业持续增长的潜能，使之成为欧盟经济增长的核心力量。

　　欧盟2002年颁布的《宏观经济政策指导方针》，提出建立和改善初创和新兴企业税收和监管环境，改革《破产法》，提高金融市场等诸多手段，贯通了个人、企业和社会三个层面，以激励欧洲创业的全面发展。2003年又发表了《欧洲创业绿皮书》，就如何向创业型社会迈进等重大问题进行了论述。2004年，欧盟又发布了欧盟创业行动计划书，出台了具体可行的支持措施来促进创业，力争到2010年创造1500万个就业机会。为实现上述目标，欧盟认为营造有利于企业创业的政策环境是核心所在，并相继出台了一些相关措施，以激励小企业借知识经济之优势投身于创业活动，其中包括颁布《小企业宪章》、成立创业企业特使以及建立创业型社会等举措。总之，西方国家政府采取了各种措施来鼓励创业，追求经济和社会发展双重目标的实现。

第二章 创业促进内生经济增长的研究综述

创业研究的基础是如何对创业进行科学的测度和统计。由于当前国际上尚缺乏研究创业与经济增长间关系的理论框架,也没有建立国家间横向比较的统一口径,因此本章基于现有国际知名的统计标准,对全球创业统计方法进行了分类与评估。在此基础上,系统梳理创业及其促进经济增长相关理论的发展脉络,对传统内生经济增长理论存在的理论缺陷与理论困境进行了剖析,并对创业促进经济增长的机制与实证研究、GEM 研究成果等国内外研究现状、研究程度进行系统论述,以此作为后续研究的理论铺陈。

一、国际创业活动测度标准:几种创业率的统计方法

对创业的准确测度仍存在困难,因此关于创业企业对经济增长的贡献程度和本质的争论也非常激烈,这无疑影响了相关研究进入主流经济学的进程。此外,从一国经济体的层面上进行的宏观研究也比较欠缺,原因可归纳为两点:一是缺乏研究创业与经济增长间关系的理论框架;二是在测度创业活动时无法建立国家间横向比较的统一口径。为国与国之间的横向研究建立合适的、统计口径更统一的数据库是创业研究的努力方向(当前创业统计研究比较权威的机构是 World Bank、OECD、GEM、Eurobarometer、FORA 和 Kauffman Foundation)。

现有统计体系和数据库对创业深度和广度的评估能力都是有限的,为更好地反映中国经济增长与创业的关系,必须结合中国现有统计基础,构建既全面、简明,又便于在不同时间及空间范围内相互比较,能充分反映创业活动信息与层次,既相互联系又具有相对独立性的创业指标体系,为中国创业问题的

分析创造必要的基础条件。基于现有国际知名的统计标准,本书对全球创业统计方法进行了分类与评估。

(一)创业的直接测度法

在国际上出现了许多国际组织的相关研究,如世界银行(World Bank)、OECD、欧洲统计署(Eurostat)、丹麦国际创业协会(ICE),以及一些私人组织,如全球创业观察(GEM)、Kauffman 研究基金等都进行了相应的研究。但是由于创业的多维度性,在国家层面上的创业活动统计很少能进行跨国比较。对创业活动进行跨国比较缺乏被广泛接受的指标体系(OECD,1998)及创业定义,这使得进行国家间或不同时段的创业水平之间的度量和比较难以实施。人们可以采用"静态"或"动态"分析,如自我雇佣率或企业所有权率描述一国的中小企业数量,是创业水平重要的"静态"指标;"动态"分析主要是初创率以及净进入率和变动率(衡量公司进入和退出)。

1. 自我雇佣率

自我雇佣率是指自我雇佣者占劳动力人口的比例。目前大多数自我雇佣率的统计数据都来自于 OECD 的劳动力人口普查,OECD 将劳动力人口分为受雇佣者和自我雇佣者。自我雇佣是指在职者做出个体经营决策并对企业的福利负责,其利润和薪酬来自于创办企业的赢利(OECD,2002)。自我雇佣者主要包括单一业主、合伙企业的合伙人、一人公司的经理等。OECD 国家的统计口径大部分都使用自我雇佣率。之所以被广泛使用,是因为自我雇佣率测量的可靠性,并且在 OECD 国家都有相似的定义(见表 2-1)。

表 2-1 OECD 自我雇佣率比较

国家	自我雇佣率[a]	非农自我雇佣率[b]	非农自我雇佣率[c]	非农企业所有权率[d]
澳大利亚	13.8	12.1	—	18.9
奥地利	11.0	7.8	7.5	11.8
比利时	15.1	14.1	10.4	15.9
加拿大	9.6	8.7	—	16.3
捷克共和国	15.6	15.6	—	—
丹麦	8.3	7.2	5.1	10.1

国家	自我雇佣率[a]	非农自我雇佣率[b]	非农自我雇佣率[c]	非农企业所有权率[d]
芬兰	12.4	9.3	10.4	12.3
法国	8.7	6.7	6.6	12.6
德国	10.0	9.5	8.4	11.2
希腊	34.7	26.4	24.8	27.8
匈牙利	13.4	11.8	—	—
冰岛	16.4	13.8	—	17.5
爱尔兰	17.0	12.7	9.0	15.8
意大利	24.6	23.2	20.9	24.8
日本	11.2	9.1	—	11.0
韩国	30.4	26.0		
卢森堡	5.9	5.1	6.1	6.9
墨西哥	31.8	27.2	—	—
荷兰	11.1	9.9	5.5	13.1
新西兰	18.7	15.8	—	20.8
挪威	6.8	4.9		9.7
波兰	24.0	12.1	—	—
葡萄牙	25.3	17.7	16.8	19.4
斯洛伐克共和国	8.5	8.6	—	—
西班牙	17.8	15.7	13.8	18.3
瑞典	9.5	8.5	9.9	12.9
瑞士	9.7	—		10.3
土耳其	37.8	24.0	—	—
英国	11.5	11.0	11.9	12.8
美国	7.2	6.4	—	11.8

注:a 为自我雇佣率占总就业人口的百分比;b 为非农自我雇佣率占总非农就业人口的百分比;c 为非农自我雇佣率占非农劳动力的百分比;d 为非农企业所有权率占非农就业人口的百分比。

资料来源:http://www.entrepreneurship-sme.eu。

OECD 的研究发现,不同国家的自我雇佣率均与一系列环境变量有关,如人均 GDP、人口结构、失业率、公共部门的服务以及公司税率等。从自我雇佣率的定义来看,自我雇佣率的统计和测定方法反映的风险承担式的奈特型创业者和机会发现式的思维柯兹纳型创业者,很难反映熊彼特式的创新型创业者。创新型创业者大多集中在技术密集型和知识密集型的行业中。为了能有效反映创新型的创业活动,OECD 创业统计对自我雇佣率做了进一步调整,将自我雇佣率按产业部门划分为高技术密集型行业的自我雇佣率和低技术密集型行业的自我雇佣率(见表2-2)。

表 2-2　OECD 不同类型自我雇佣率比较

国家	高技术密集型自我雇佣率[a]	低技术密集型自我雇佣率[b]	在高技术密集型产业的自我雇佣率[b]	总的自我雇佣率[b]
奥地利	0.015	0.091	0.094	0.092
比利时	0.058	0.175	0.075	0.136
丹麦	0.018	0.077	0.046	0.063
芬兰	0.028	0.144	0.095	0.127
法国	0.020	0.100	0.043	0.078
德国	0.035	0.102	0.104	0.103
希腊	0.052	0.375	0.193	0.332
爱尔兰	0.021	0.138	0.094	0.124
意大利	0.029	0.334	0.263	0.313
卢森堡	0.025	0.091	0.058	0.078
荷兰	—	—	—	0.066
波兰	0.017	0.252	0.124	0.224
西班牙	0.035	0.229	0.127	0.196
瑞典	0.035	0.156	0.120	0.142
英国	0.057	0.181	0.118	0.155

注:a 为高技术密集型自我雇佣率占劳动力人口的百分比;b 为自我雇佣率占总就业人口的百分比。
资料来源:欧洲社区家庭统计面板数据。

在我国,自我雇佣率统计是将历年城市等的个体、私营企业从业者人数的总和与15~64 岁人口数之比作为自我雇佣人员比率的替代指标来计算的。

2. 企业所有权率

企业所有权比率是指企业的所有者人数占所有劳动力人口的比率。企业所有权比率的涵盖范围比自我雇佣比率涵盖的范围要大一些,企业所有者既包括了自我雇佣者,也包括了公司制企业的股东。自我雇佣率与企业所有权率只是在统计口径上有所差异,但是本质上并没有太大差异。按自我雇佣率排序的国家与企业所有权率排序的国家也没有太大的变化,OECD 也倾向于用企业所用权比率作为衡量创业的变量。例如,奥璀兹(Audretsch)和施瑞克(Thurik,2000)估测了美国和欧盟 23 个国家创业者占劳动力的比例,发现1974 ~ 1998 年这一比例在不同国家有升有降,就平均水平而言,一直在 10%左右。亚诺得(Reynolds,2000)通过抽样调查估计了 20 个国家成年人在 1999年的创业参与程度,每个国家以 2000 个成年人为样本。调查显示,北美、澳大利亚的创业参与程度要高于欧洲及日本。

3. 企业进入/退出率

企业进入率又称创建率。企业的进入指该企业在 t 年没有生产某产品,但在 $t+1$ 年开始投资生产。进入率和退出率反映了市场竞争程度以及企业进入市场和退出市场的难易程度(Kleeper,1996)。创业企业进出率来源于OECD 统计委员会的商业人口统计数据。

对于创业企业来说,行业的增长是重要的信号。进入率(Rates of Entry)是新创企业的数量占整个行业企业数目的比率,通常从以下方面衡量考察:

$$进入率(总进入率)(\%) = \frac{新创企业的数量}{在位企业数量 + 新创企业数量} \times 100\%$$

$$进入率(净进入率)(\%) = \frac{新创企业的数量 - 退出企业的数量}{在位企业数量 + 新创企业数量} \times 100\%$$

$$进入的市场渗透率(\%) = \frac{新创企业的销售额}{整个市场的销售额} \times 100\%$$

进入的渗透率反映了新进入企业对市场冲击强度及其所占的市场份额。

杰罗斯基(Geroski,1995)对产业经济学近 20 年的实证研究成果作了统计,结果表明,高的进入比率通常与技术创新率和高的效率改进率相关联。同时,大量的实证研究表明,企业的进入是迫使在位企业进行不断创新(本书所指的原有创新)的最重要压力。进入带来的竞争压力推动了产品技术的创新和组织管理效率的提高,从而提高了整体市场的经济生产效率。从退出比率来看,进入比率和退出比率高度正相关,高的企业进入比率必定伴随着高的企业退出比率,从而企业的更替率也就高。企业的高更替率表明富有创新力的企业不断代替生产效率低下的企业。因此,高企业更替率表明创业活动活跃。

这是目前产业经济学研究创业活动将企业的进入和退出比率作为创业活动衡量标准的主要原因。从某种角度来说,采用新创业的进入比率、新创业的进入和退出比率来衡量创业活动是一致的。创业活动体现为活跃的创新行为,活跃的创新行为促使企业进入频繁或者导致高度的更替率,因此通过企业的进入和退出情况可以衡量创业活动。

近期产业经济学方面的一些研究成果表明,具有创业活力的经济体的显著特征是新企业以及新生创业者的高生产率和比较高的企业更替率。一个产业或者地区的企业进入和退出情况越频繁,表明这个产业或者地区的创业行为越活跃。以下,我们以一些统计数据来从整体上展示中关村高新创业企业进入和退出的情况。图2-1为1998～2005年中关村高新技术企业进入和退出的数量统计。图2-1表明,从2002年起,市场竞争逐渐激烈,进入企业的数量出现了大幅增长,而这时也正是中关村高科技产业产值和最具创业活力的时期。

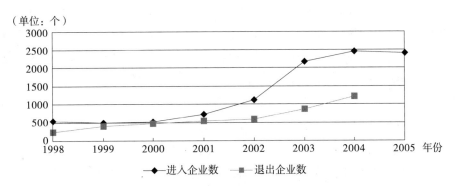

图2-1　中关村科技园区创业企业的进入和退出:1998～2005年

4. GEM 的全员创业指数

上述统计方法和口径的最大缺点是缺乏国家间的横向比较,要想进行持续的、跨国创业活动调查并非易事。尽管欧洲统计局、OECD 等最近做了很大努力,还是不尽如人意。

值得一提的是,整体创业活动研究层次在很大程度上可以借鉴全球创业观察(GEM)的经验,因为 GEM 的工作层次和主要关注对象基本上集中在这一层次。如 GEM 的相关组织对三种创业活动的研究是通过具体的数据测量和概率统计来考量个体层次的创业活动(用总体初期创业指数 TEA——Total Early Stage Entrepreneurial Activity——来衡量)、组织层次的创业活动(用企业创业活动指数 FEA——Firm Entrepreneurial Activity——来衡量)和社会层次的创业活动(用社会创业活动指数 SEA——Social Entrepreneurial Activity——来衡量)水平,以从宏观层次上综合反映全球或某一国家、地区全局性的总体创业活动水平,并以此作为衡量有关国家或地区新创业精神强度、扩散程度的依据(目前只有 TEA 测量是为全球范围内广泛接受和使用的,FEA 和 SEA 方法还在试行中发展)。有了这些依据,相应的国家或地区就可以采用相应的宏观措施来开展工作。如 GEM 的 E-Spirit 在社会层次的衡量指标为 TEA 指数,该指数目前应用较广。TEA 指数涵盖了新兴企业家和新的企业主数量。指标测试人口中开创新的公司的比例(新公司不得超过 3 年)TEA 指数的计算公式为:TEA = 主动创办企业的成年人在社会所占的百分比(即一次创业比率) + 正在运作新企业的成年人在社会所占的百分比(即企业年龄小于 3.5 年的业主或经理的比率)。此公式的缺点是未考虑二次创业。从这些研究可发现,SE(Social Entrepreneurial) 的研究脉络是宏观的,考虑到社会文化、制度、社会结构、国家政策对本地区/国家经济发展的促进作用。

从表 2-3 来看,在参加全球创业观察的国家中,阿根廷、智利、印度、韩国和泰国有着最高的全员创业指数(TEA);而盎格鲁—撒克逊国家,均有高于平均数的全员创业指数(除了英国);东欧和中欧国家,则低于平均数。TEA 指数又分为新生企业创业活动指数(Nascent Entrepreneurial Activity Index,NEA)和年轻企业创业活动指数(Young Firm Entrepreneurial Activity Index,YFEA)。

表 2-3　GEM 创业活动的测度

国家或地区	新生企业创业活动指数	初创企业创业活动指数	全员创业活动指数	新生对初创企业比率
阿根廷	8.52	6.20	14.15	1.37
澳大利亚	3.76	5.22	8.68	0.72
奥地利	3.02	2.37	5.28	1.27
比利时	2.13	1.08	2.99	1.97
巴西	5.69	8.46	13.53	0.67

国家或地区	新生企业 创业活动指数	初创企业 创业活动指数	全员创业 活动指数	新生对初创 企业比率
加拿大	5.94	3.58	8.82	1.66
智利	10.40	5.49	15.68	1.89
中国	5.54	7.41	12.34	0.75
克罗地亚	2.81	0.94	3.62	6.53
丹麦	3.63	3.12	6.53	1.16
芬兰	2.68	2.06	4.56	1.30
法国	2.40	0.86	3.20	2.79
德国	3.51	2.07	5.16	1.70
希腊	3.70	2.20	5.80	1.68
中国香港	2.04	1.40	3.44	1.46
匈牙利	3.49	3.62	6.64	0.96
冰岛	5.65	6.23	11.32	0.91
印度	10.89	7.45	17.88	1.46
爱尔兰	5.66	4.20	9.14	1.35
以色列	3.36	3.88	7.06	0.87
意大利	3.74	2.35	5.90	1.59
日本	0.87	1.04	1.81	0.84
韩国	5.85	9.29	14.52	0.63
墨西哥	9.18	3.22	12.40	2.85
新西兰	9.13	6.06	14.01	1.51
挪威	5.23	4.40	8.69	1.19
波兰	3.67	0.77	4.44	4.77
葡萄牙	2.20	1.80	4.00	1.22
俄罗斯	1.09	1.54	2.52	0.71
新加坡	4.03	2.03	5.92	1.99
斯洛文尼亚	3.28	1.53	4.63	2.14
南非	4.71	2.00	6.54	2.36
西班牙	2.24	2.54	4.59	0.88
瑞典	1.80	2.51	4.00	0.72
瑞士	4.44	3.26	7.13	1.36
泰国	11.63	8.40	18.90	1.38
荷兰	2.57	2.09	4.62	1.23
英国	2.49	3.05	5.37	0.82
美国	7.09	4.57	10.51	1.55

资料来源:http://www.entrepreneurship-sme.eu。

5. 中国的创业统计口径:CPEA 指数

CPEA 指数反映的是私营企业创业指数,即私营新创业户数占每百万人口户数。在创业活跃的企业类型中,私营企业数量增加幅度最高,每年新增数量最多,每年新增就业机会最多,是中国创业活动最活跃的经济类型。由于数据的限制,一些学者选择私营企业的统计数据为分析对象,并且构建了中国私营企业创业指数(CPEA)来刻画全国 31 个省、自治区和直辖市的创业活跃情况(见图 2-2)。创业活跃的地区是经济最发达、经济发展速度最快的地区。连续 3 年 CPEA 指数高于全国平均水平的北京、天津、上海、江苏、浙江、广东这几个省市,不仅是中国创业活动最活跃的地区,同时也是中国经济最发达、经济发展最快的地区。特别是北京和上海,创业活跃程度远远高出其他地区。

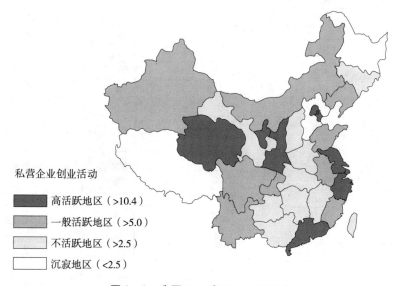

私营企业创业活动

■ 高活跃地区(>10.4)
▨ 一般活跃地区(>5.0)
▧ 不活跃地区(>2.5)
□ 沉寂地区(<2.5)

图 2-2 我国 2005 年 CPEA 指数分布

注:2005 年全国 CPEA(私营企业创业指数)指数平均水平为 10.63 户新私营企业/每万成年人口(18~64 岁)。

创业率的计算是创业统计体系的核心质量指标。我国的创业统计制度应借鉴 OECD 的创业统计制度标准,对创业计量的指标设置、指标定义、调查方法以及数据发布方法等方面逐步进行规范,尽快建立一个统一、准确的创业理论和统计方法平台,并对具体操作进行规范。在科学研究的基础上,健全创业指标体系,加强专业化的创业统计工作,进一步建立一套完整、统一、科学的评估体系,对现行政策和措施进行科学评估。

(二)创业的间接测度法

除了直接的测度方法之外,国际上也有通过创业的绩效和结果对创业进行测度的。

1. 创业测度的代理变量——创新代理变量和产业结构份额代理变量

熊彼特认为创新不是目的,创新必须将创新的成果引入某个生产体系进行转化并通过这种转化获取潜在的利润,创业正是创立这个生产体系和转化创新成果的过程和活动,可以说,创业是创新的实现过程,创业过程是一个不断进行各种创新的过程。创业可以推动技术创新、新发明、新产品乃至新行业的出现,从而推动经济取得跨越式发展。近来国际上有许多研究将 R&D 费用和劳动力人口中专利数量作为创业投入的代理变量来测度创新型创业的成果和绩效(Salgado-Bando,2006)。根据 Salgado-Bando 的计量,日本的潜在创新型创业指数是最高的,是美国潜在创新型创业指数的 7 倍。

企业规模、市场结构是影响创业型经济绩效的指标。实证研究表明,小公司比大公司具有更高的增长率,公司增长率与公司大小和公司存在年限成反比。可以推断,小公司的增长率越高,失业率越低。因此,奥璀兹和施瑞克(2001)以小企业所占份额来间接反映创业的活跃程度。

2. 创业活动周期的测度

创业活动必须要形成有一定生存期的企业,才能为国家的经济增长做出贡献。基于这个基本出发点,衡量一个国家的创业,不仅要对有关早期创业的数量指标进行调查,还必须对因此而形成的有一定生命存活期的企业这一质量指标进行调查。因此,对创业活动过程的周期进行研究是一种描述与测量创业活动的方法。国际上通常将创业活动周期划分为两个阶段:早期创业活动阶段(Early Stage Entrepreneurial Activities)和现存企业的所有权阶段(Established Business Ownership)。通过对这两个阶段创业活动的测量与研究,可以了解在这个国家内所发生的创业活动的总体情况。通过了解一个国家的创业发生率与早期创业活动转化为新企业的转化率,可以了解一个国家的创业特点。

按照创业者所从事的创业活动的不同周期,创业者可以被划分为以下三类:一是创业者投入了资源并建立了新公司,此类创业者被认为是初生创业者(Nascent Entrepreneurs)。二是创业者拥有并管理新公司,而且该公司为员工发放了不少于3个月且不多于42个月的薪金,此类创业者被认为是新公司所有者(New Business Owner)。三是创业者拥有并管理公司而且该公司已运营了不少于42个月的时间,此类创业者被认为是现存企业所有者(Established Business Owner)。初生创业者和新企业主统称为早期创业的创业者(Early-stage Entrepreneurs),现存企业所有者亦可称为现存企业主(Established Business Entrepreneurs)。

3. 创业绩效的测度

并不是所有的创业都能带来区域发展和经济增长,政府决策者应更多地关注于那些持续高速成长的企业,如瞪羚企业的替代量测度("瞪羚"是一种善于跳跃和奔跑的羚羊,业界通常将高成长的中小企业形象地称为"瞪羚企业",一个地区的瞪羚企业数量越多,表明这一地区的创新活力越强,发展速度越快)。瞪羚企业两个核心的创业评价指标是基于雇佣增长的瞪羚企业率和基于利润增长的瞪羚企业率。此外,还通过商业人口统计中的其他重要指标,如雇主企业出生率、雇主企业死亡率、基于雇佣增长的高成长企业率、基于利润增长的高成长企业率以及新生企业存活率等指标来全面反映创业状态。

二、不同经济学理论视角下的创业研究

对创业研究的经济学回顾可以采取历史分期的形式,也可以采取学说比较的形式,还可以采取问题导向的形式,本书选择了三者综合的形式。研究文献涉及新古典经济学(熊彼特经济学)、奥地利经济学、新增长经济学、产业经济学、制度经济学等经济学流派。

(一)熊彼特经济学视角下的创业解释

熊彼特(1883~1950年)是大家最耳熟能详的创业概念的倡导者,他认为在供需均衡的经济系统,创业家会倾向利用新组合来打破均衡,并将这个过程称为创造性破坏(Creative Destruction)。然而,这些思想并未受到重视,直到

近20年来,由于新兴科技大量出现,经济体系和市场环境发生重大变化,创新与创业才开始被广泛地讨论。

创业按照不同标准会有不同的分类。按照熊彼特的创新理论,他所说的"五种创新"理论的实现过程实际上是五种创业类型,这五种创新是按照所进行的主要创新的活动领域来划分的:一是新产品创业,制造一种消费者还不熟悉的产品或与过去产品有本质区别的新产品。二是新资源创业,即开发新的资源,不管这种资源是已经存在,还是首次创造出来。三是新市场创业,即市场创新,开辟有关国家或某一特定产业部门以前尚未进入的市场,不管这个市场以前是否存在。四是新生产方法创业,也就是采用一种产业部门从未使用过的方法进行生产和经营,即工艺创新或生产技术创新。五是企业组织创业,实行一种新的企业组织形式,如形成新的产业组织形态、建立或打破某种垄断。

(二)奥地利经济学视角下的创业解释

柯兹纳对资本主义市场过程的动态性研究做出了重要的贡献。他一直致力于精炼和加深我们对市场经济有效运行协调机制的理解,详细阐述市场运行过程中创业者的角色,认为创业的机会发现行为推动了非均衡市场逐渐趋向于均衡,强调创业对经济增长的重要性。

经济增长的真正动因,是增长过程中的知识扩散不断驱使创业者发现和利用赢利机会的动态过程。市场是知识分工背景下处于无知状态的个人通过学习与持续试错发现新知识的一个复杂过程。在市场过程中,随着时间的推移,个人和组织不断受到利润的激励。有些个人和组织发现了更新和更好的行事方式,适应了不断变化的市场环境,而另一些个人和组织开始模仿,并使这种行为方式变得普遍,这是一个永不终止的市场过程。创业者是市场过程的推动力量。在创业者不断发现、交流和利用信息的过程中,分散的知识得到了有效的利用,一部分市场行为人获得了新知识,发现并利用了新的市场机会,创办了新企业;特定产业中的创业者发现并修正了原先错误的行为,更好地利用了新的赢利机会,促进了现有企业的成长。在整个市场过程中反复出现这样两种现象,结果导致大量的新企业不断涌现,原有的一些企业发展壮大,新产品和服务不断增加,社会福利不断增大,最终促进了经济增长。理解创业者发现过程对于理解经济增长极其重要,经济增长经济学在很大程度上就是创业者发现经济学。

对创业者发现赢利机会这一过程的认识,有助于人们真正理解经济增长过程。在某一时点上,由于机会没有被发现,产出可能达不到理想水平,创业者发现和利用赢利机会有助于增加产出。随着时间的推移,即使资源的扩展扩大了生产可能性边界,但是同样只有在创业者认识到潜在赢利机会并采取行动的情况下,才可能真正推动经济的现实增长。经济增长是非均衡现象,非均衡的市场过程传递了经济主体所拥有的分散信息和私人知识。在这一过程中,以前没有认识到的新信息被发现,正是机会的不断发现和利用推动了生产率的提高,并导致了经济的增长。

(三)新增长经济学视角下的创业解释

创业的知识溢出理论将新知识和创意确认为创业机会的一种来源。这就是说,识别新机会并透过创建新企业实现该机会的一种机制与知识溢出有关。与传统创业理论不同的是,新增长经济学认为机会不是给定的和外生的(如全球化和外包等),而是作为企业、大学和研究机构有目的、系统地致力于生产知识和新创意的结果。内生创业或知识溢出创业是指新企业的创建作为对知识机会的内生性响应,而知识机会发散于有关组织的知识投资。透过将知识的溢出进行引导和利用,创业作为一种连接知识溢出和投资的机制,将私人和公共资本聚合起来,对社会经济增长和创造就业起到极大的作用。新公司具有知识传递的机制。知识存量通过知识溢出转换为经济型知识,无论它是新知识还是已有知识,无论它是科学知识还是其他一般的知识。

奥璀兹和施瑞克(2004)将知识溢出阐述为组织创造、知识创新,同时尝试对此知识进行商业化运作的一种机制,并指出,创业是经济增长的一种重要组织形式,因为创业将经济增长过程中一些缺失的环节连接起来。创业资本通过创造知识溢出、增加企业数和促进竞争、企业多样化三条途径影响着经济增长。

(四)产业经济学视角下的创业解释

产业经济学文献丰富,与此主题有关的研究集中在两个领域:新建企业以及地区与行业差异。前者从企业生存与发展的角度分析创业对经济绩效的影响(Audretsch,1995;Caves,1998;Sutton,1997),以检验 Gibrat 法则的经验性。该领域的研究学者认为,厂商规模和存续年限与经济绩效正相关。相对而言,新建企业和创业企业要比在位企业或者在位者成长要快。那些成长最快而且存活率最高的新建企业大多是作为现有在位企业的延伸部分而建立发展起来的(Storey,2001;OECD,2001)。创业在很大程度上是一种区域性现象,在不同国家之间对经济绩效做出贡献的创业行为存在巨大的区域差异(Audretsch 和 Fritsch,2002)。由于知识扩散和人力资本存在地域差异,区域条件在创业的培育方面起着一定的作用。波特(Porter,1990)运用 SCP 框架分析产业集群现象,使得企业家的竞争外化为地区间的竞争。罗默(Romer,1994)等用模型分析了产业集群的机理、知识的外溢效应带来的集聚效应以及导致的经济分布不均衡问题。知识、信息在单一产业内部的扩散、当地化,被称为阿罗—罗默(Arrown‐Romer)效应。其结果是,创业在行业之间、城市和农村之间存在明显的差异。例如,欧盟的经验表明,以技术为基础的服务,尤其是商业和通信服务,可能是企业创建和生存方面最重要的行业因素(EU,1999)。美国20 世纪 90 年代商业、人力资源服务和计算机服务是创业最为活跃的行业(Bednarzik,2000)。

(五)制度经济学视角下的创业解释

鲍穆尔指出,经济增长不能通过各种生产要素本身来解释,人的创造性和生产性创业活动使各种投入得以有效结合。因此,鼓励生产性创业和人的实验活动的制度环境成为经济增长的最终决定性元素。经济增长可以通过市场机制和制度安排下的创业家来解释。任何社会都存在创业家,但他们能否发挥作用取决于经济制度为他们提供的回报。人们通常认为,经济衰退是因为创业家的减少(如文化中成就动机不足);而当经济增长时,是因为创业活动的繁荣。鲍穆尔认为,创业家一直在我们身边,也一直在从事相关的活动。但有时创业家会以寄生的模式存在而阻碍经济的增长。创业家如何活动很大程度上依赖于游戏的规则——经济制度中的奖励机制。因此,鲍穆尔指出,是制度和规则的变化决定了创业资源的配置,从而最终影响了经济的发展。制度和规则以及其他外在元素的变化,改变了创业家阶层的内部架构,同样也会影响创业家的数量。鲍穆尔认为,熊彼特的创业家理论忽略了创业家生成的政策因素,在对熊彼特的创业活动进行扩展之后,可以把诸如寻租过程的创新也视为一种创新。鲍穆尔把类似这样的创业活动称为非生产性创业。社会经济受益于创业活动的程度就依赖于资源在生产性创业活动和非生产性创业活动之间的配置比例。如果制度和规则对从事 A 种活动的人不利,那么创业者会转向 B 种活动;另一种情况是,创业者也可能受制于这种变化,如规则变成鼓励 B 种活动而抑制 A 种活动,从事 A 种活动的创业者可能不会转向 B 种活动,而是选择退出;而那些擅长于 B 种活动的人马上会加入到创业者的队伍中来。因此,如果制度安排把更多的报酬给予非生产性活动甚至破坏性的活动,而将较少的报酬给予生产性的创新活动时,可以预料社会经济中的创业家资源将被配置在生产性活动之外。

由于创业是驱动创新及促进经济发展的动力,新事业是镶嵌在国家的体制之下,因此体制结构将影响企业的策略方向与创新活动。在创业研究之议题上,布塞尼兹(Busenitz)等(2000)曾探讨国家制度的轮廓,以法则性(Regulatory)构面、认知性(Cognitive)构面、规范性(Normative)构面加以分析。制度法则性是指法律、规则及政府的政策是否提供新事业支持,以降低个体开创新事业的风险,并促使创业家能获得更多的资源;制度的认知性则是指环境中个人是否具有开创新事业的知识与技术,如创业者是否知道从何处去获得产品与市场之相关知识;而制度的规范性包括了一国的文化、价值观、信念是否会影响居民的创业导向。斯宾塞(Spencer)则沿用布塞尼兹等(2000)所发展的问卷,进一步探讨制度结构、创业活动形式与失业等经济因素之关系。综上,从制度理论之观点,可探讨政治、经济、社会等因素与新创事业之间的互动与影响,后续研究者或可针对各国不同之制度环境进行创业活动的比较,或是探讨政策、社会规范等对于创业的影响。

(六)演化经济学视角下的创业研究

演化经济学的基本分析框架主要是从系统内部新企业创建作为出发点和立足点而展开的,通过对新企业创立、增加和消失一个循环链的机制描述,来确定演化经济学的基本分析框架。而在这个框架之下,达尔文生物学、复杂系统动力学以及经济学都共享同一个隐喻基础(或本体论基础)(库尔特·多普菲,2002),因此在很多情况下,不同文献都是用一些生物学术语来表示演化经济学的基本分析框架。格瑞贝尔(Grebel)试图将创业者引入演化分析框架,在他的模型中,创业者被赋予创业精神、人力资本和风险资本。在创业演化经济学分析框架中,创生机制和选择机制占据了核心地位,具体每个机制表述如下:

第一,新创意的创造机制。对于新创意如何被创造的问题,演化经济学家基本上取得了一致看法:新企业创立是系统内现有要素重新组合的结果;更重要的是,由于行为个体怎样和在什么地方搜寻新知识主要取决于他们的认知,并不是所有发现的创业机会都具有被探索的可能,因此新企业的创生是路径依赖的。

第二,选择机制。选择机制所研究的是新企业在经济系统中为什么和怎样才能被选择,减少多样性,完成一个较完整的循环。在这里借用生物学种群(个体群)的概念加以解释。“从种群层次上看,任何个体的创业决策,无论是创新、模仿或是保守,都是会影响到种群中全部行为的相对频率”,这就是维特(Witt)的“频率—依赖”效应:单个个体对创新者是模仿还是反对,依赖于群体中有多少成员已做了这种选择。接着通过报酬递增(正反馈或自增强)效应成为流行模式。

以一个创业簇群而言,在某地区,“历史的偶然性”(自然禀赋、技术变迁、“政府选择”等)会造成“结构空洞”,产生创业“机会窗口”,从而形成一些“先期创业者”。由于企业家能力所限,这些创业者不能充分利用相对充分的资源和开发庞大的市场需求,就会主动“邀请”更多本地潜在创业者加入产业链生产,或本地潜在创业者受先期创业者成功的激励,自愿抓住衍生出来的机会进行创业,或提供配套产品/服务进行合作,或提供相同相近产品/服务进行竞争,自发融入到当地生产网络当中。受地域文化、生产成本、地缘接近效应影响,以及经济资本和社会资本等创业资源禀赋条件约束,创业者也不得不倾向于选择在本地创业,因此,这些创业活动自发地在当地集聚,当集聚企业达到“临界规模”后,就会形成集群式创业的正反馈机制。正反馈机制作用的发挥,又容易引发大量创业机会的相关衍生或裂变,这也强烈地吸引着当地或外地创业者纷纷加入本地创业簇群。

三、内生经济增长研究综述

经济增长的原因、经济增长的内在机制及经济增长的实现途径,历来就是经济理论研究中的核心问题,也是从经济学产生伊始,经济学家就提出并不断探求的理论问题与实践问题。纵观经济增长理论的发展,许多经济学巨匠(如 A. Smith、K. Marx、D. Ricardo、J. Schumpeter 等)都对经济增长问题做出过非常精辟的论述,并留下了许多闪烁其思想的理论成果。经济增长包括三个方面的内容:第一,经济增长集中表现在经济实力的增长上,而这种经济实力的增长就是商品和劳务总量的增加,即 GNP 的增加。第二,技术进步是实现经济增长的必要条件。第三,经济增长的充分条件是制度与意识的相应调整。从上述定义出发,库兹涅茨总结出了经济增长的五个基本特征:人均产量的高增长率、生产率的高速增长(投入要素的生产率是高的)、经济结构高的变革速度、社会结构与意识形态的迅速变革、经济增长的不平衡。经济增长不平衡也要考察两个相关问题:存在性问题,即一个国家的经济是否存在着一种长期增长的可能性;稳定性问题,即一个国家的经济是否存在着一种稳定增长的可能性。

20 世纪 30 年代,哈罗德和多马首先建立起研究经济增长的数学模型,将经济增长理论引入了"现代"时期,从而实现了经济增长理论从思想分析到模型分析的第一次飞跃;50 年代,索洛将经济增长理论引入了"新古典"时代,成功地解决了经济增长路径的稳定性问题,并发现了技术进步对经济增长的重大贡献作用,这是经济增长理论研究的第二次飞跃;80 年代中期以来,以罗默、卢卡斯为代表的一批经济学家,致力于技术进步的内生化研究,探讨经济增长的内生机制,从而实现了经济增长理论从外生均衡分析到内生机制分析的第三次飞跃,将经济增长理论引入了"新"时代。

(一)经济系统中的内生因素及内生增长理论的发展脉络

一个经济系统要产生持续地增长,就必须要克服回报递减,实现要素回报的递增。简单地讲就是,一个经济系统要想能够持续地增长,就必须寻找到一个可持续的发动机(Engine),如何定义这样一个发动机以及维持其运转所需的成本,是大量的增长模型的研究核心所在。特别是近十几年来,内生经济增长理论的兴起,更使得在此方面的研究成为经济学家们关注的焦点。需要一种怎样的内生机制方能保证经济增长的可持续性呢?

从理论发展线索来看,内生增长理论时代的起源可追溯至罗默在 1986 年所发表的著名论文《递增回报与长期增长》。内生增长理论是经济学的一个分支,它全力解决经济科学中一个重要且又令人困惑的主题——增长的根本原因。内生增长理论的出现,标志着新古典经济增长理论与经济发展理论的融合。在内生增长理论的理论体系中,罗默的知识外溢长期增长模式、卢卡斯的人力资本外在性增长模式、阿温·杨的有限的边干边学增长模式,说明了知识和人力资本在经济增长中的重要作用;内生增长理论的研究与开发增长模型中罗默的"内生技术变化增长模式"、阿格辛(Aghion)—霍维特(Howitt)的"熊彼特式创造性破坏技术变化增长模式"、格罗斯曼(Grossman)—赫尔普曼(Helpman)的"产品质量阶梯内生技术变化增长模式",更加说明了有意识的研发投资是经济增长的主要动力。因此,内生经济增长理论的显著特点是,强调经济增长不是外部力量如外生的技术变化,而是经济体系的内部力量如内生技术变化作用的产物,重视对知识外溢、人力资本投资、研究和开发、收益递增、劳动分工和专业化、边干边学、开放经济和垄断化等新问题的研究,重新阐释了经济增长率和人均收入的广泛跨国差异,为长期经济增长提供了一幅全新图景。

按照这一思路,我们可以将内生经济增长理论中颇具影响力的观点大致上分成三类:第一类是策略性互补和需求外溢模型,代表性的论文如墨菲(Murphy)、施莱弗(Shleifer)等;第二类是边干边学和技术扩散模型,作为对阿罗(1962)的贡献的继承,此类讨论多集中于贸易与经济增长理论的文献之中,如杨格(Young,1991);第三类是内生的技术进步与回报递增模型,此类模型在内生增长模型中占据主导地位,具体又可以再细分为三种不同的研究思路:一是罗默(1986,1990)的工作,强调生产要素外溢效应;二是卢卡斯(1988)的人力资本积累理论;三是垄断竞争与 R&D 理论,如格罗斯曼和赫尔普曼(1991)的横向创新模型(Horizontal Innovation),以及阿格亨和霍维特(1992)的纵向创新模型(Vertical Innovation)。

经济问题在本质上是技术或知识问题。内生经济增长理论认为,一个经济系统要产生持续的增长,就必须要克服规模收益递减的"经典假说",进而实现规模收益递增的重要增长特征。因此,选择知识积累是经济增长的内生原因,并将知识积累作为经济增长的"副产品",知识积累和经济增长相互促进,进而实现经济的长期稳定增长。

目前人们提出的知识积累方式主要有四种:一是物化技术形式的知识积累,二是存在于劳动力中的知识积累(人力资本积累),三是随劳动分工演进而形成的知识积累,四是蕴涵于制度变迁过程中的知识积累。由于经济增长是一个以知识积累为基础,技术进步、人力资本积累、劳动分工演进和制度变迁等诸因素共同作用的社会过程,因此这四种知识积累方式都十分重要。

1. 具有内生技术进步的增长模型

生产要素规模收益程度是影响长期经济增长的重要因素。新古典增长模型中假定资本边际收益递减,但技术进步又会产生边际收益递增,因此整体上体现的规模收益不变。但是在罗默模型中,知识可以作为一个独立的因素,不仅具有自身生产的规模收益递增性质,而且能促使物质资本和劳动力等要素的投入也产生规模收益递增,从而使整个经济系统的规模收益递增。不仅如此,知识还具有"溢出效应",形成一个"知识溢出"—"要素规模收益递增"—"企业的知识投资扩张效应放大"的良性循环过程,知识积累和经济增长在这种动态的"自催化机制"的作用下共生共长,这就为长期稳定的经济增长提供了保证。对此,罗默的基本结论是:知识积累是现代经济增长的"新源泉",人力资本是知识积累的载体和体现形式,特殊的知识和专业化的人力资本是经济增长的主要因素。内生技术进步的经济增长模型通过把知识和人力资本内生化,强调和发挥它们对经济增长的决定性影响。

2. 具有人力资本积累的增长模型

在罗默(1986)的研究基础上,卢卡斯(1988)继承了人力资本内生化的思想并进一步给出了技术进步的具体化过程,区分了生产中的一般知识和表现为劳动力技能的人力资本,同时也将人力资本划分为社会共有的一般知识形式的人力资本以及体现在劳动力技能中的个性化人力资本。技术进步和人力资本概念的具体化,使我们能够用可以计量的经济变量表示人力资本积累过程,从而使得经济增长因素的定量描述更为直接和方便。卢卡斯(1988)将人力资本作为一个独立的因素纳入到经济增长模型中,认为只有专业化的人力资本积累才是实际产出增长的真正源泉。卢卡斯认为,增加专业化的人力资本的一种途径便是加强教育和培训,即正规的学校教育和脱产培训,这是人力资本的"内在效应";另一种途径是"实践中学习",即通过在岗训练、师傅教徒弟或在工作中积累经验等方式,也能形成和积累人力资本,这是人力资本的"外在效应"。卢卡斯关于人力资本形成途径的区分有重要意义,它不仅拓宽了人力资本形成的途径,而且指出了提高人力资本形成能力的方法,特别强调了通过操作新机器或消费高技术产品以积累人力资本。对人力资本两种积累途径的区分是卢卡斯对内生经济增长理论的重要贡献。

3. 具有劳动分工演进的增长模式

斯密的《国富论》中就有劳动分工和专业化生产促进国民财富增长的阐述,并认为"分工受市场范围的限制"。但是,长期以来人们对斯密理论的理解过于狭隘和机械。

杨格在其经典论文《报酬递增与经济进步》(1928)中对劳动分工理论进行了系统的研究,论证了市场范围与劳动分工之间互相作用、自我演进的机制。杨格(1928)建立了一个分工扩展与知识积累相互作用的经济增长模型,劳动分工的演进是市场范围扩张、交易制度变迁、专业化知识积累的根源,因此也是促进经济增长的长期动力。继杨格(1928)之后,杨小凯(1999)把产权和交易成本等新制度经济学的分析范畴引入到对劳动分工演进的研究,建立了一个交易成本降低和劳动分工演进相互促进的经济增长模型。杨小凯(1999)认为,资本主义制度通过影响交易条件来影响分工水平和相关市场的扩展,而分工水平和市场扩展又影响发展绩效,反过来成为制度变迁的动力。

4. 具有制度变迁的经济增长模型

新古典增长理论假定制度体制和制度因素既定且是外生的,在此条件下,该理论认为经济增长的主要原因是技术进步。与此不同,新制度经济学则深入研究了制度因素在经济增长中的作用。

第一,该理论认为经济增长的关键因素在于制度创新或制度变迁。技术变革、资本积累、规模经济、人力资本投资等并不是经济增长的核心原因,它们本身就是一种持续增长过程,并且是促使这些要素实现增长的更为深入的因素。

第二,排他性或竞争性产权制度的确立是经济增长的诱因和动力。如果一个社会没有经济增长,那是因为没有为经济创新提供刺激的动因。有效率的组织需要在制度上做出安排,确立一套系统的产权制度,刺激经济个体去从事引起经济增长的活动,尽可能提高创新的私人收益率,并使之接近社会收益率。

第三,制度最基本的功能是降低交易费用。所有权的创立、规定和实施都是有代价的,为了降低交易费用,就必须进行产权界定和完善竞争制度,这将有助于减少未来的不确定性,并从而降低产生机会主义行为的可能性,使有效率的经济组织替代无效率的经济组织。

第四,经济发展的障碍在于国家的机会主义行为以及制度缺陷所带来的巨大的交易费用。诺斯(1968)认为,国家有双重目的,它既要使统治者的租金收益最大化,又要降低交易费用以使全社会的总产出最大化,从而增加国家税收。然而,这两个目的是相互冲突的,国家应当负责实施和保护一种使社会收益率和私人收益率近乎相等的产权制度。诺斯(1968)在分析经济增长时,把制度因素内生化,并运用现代产权理论解释制度变迁与经济增长的关系,这对一些发展中国家的经济改革具有重要的启示作用。

制度内生化的主要研究包括以下三种思路:

第一种思路是从成功的金融市场制度有利于企业家的创新因而加速经济增长出发,研究金融市场对经济增长的作用。如罗伯特·金(Robert G. King)(1993)模型。

第二种思路是从专利和产权制度出发,研究制度对经济增长的作用。刘易斯、诺斯等一批经济学家在经济增长研究中将制度因素引入经济增长模型。他们强调企业家制度创新在经济增长中的作用,认为所有权是生产制度中的决定因素,有效的产权结构能促进经济增长。

第三种思路是从政府的规制制度出发,研究政府政策和经济增长的关系。如巴罗的《一个简单内生增长模型中政府支出》(1990)、乔根森(Dale W. Jorgenson)和恽坤阳的《税收改革和美国经济增长》等都研究了政府支出和税收对经济增长的影响。

内生增长理论的上述观点体现了深远的理论意义和现实价值。这种价值体现在以下几个方面:第一,为各国政府实施的经济政策提供理论基础。内生增长理论认为各国政府实施的财政政策、产业政策与贸易政策对一国的长期增长具有重要影响,经济政策的不同会导致各国经济增长率之间的广泛差异,因而内生增长理论对各国政府制定长期的增长政策有一定的参考价值。第二,内生增长理论解释了为什么资本和人才从发展中国家流向发达国家,而不是像新古典增长理论认为的应该从发达国家流向发展中国家。第三,内生增长理论着重探讨了知识这个后工业知识社会中最重要的要素,并分析了技术创新、人力资本积累和知识溢出对经济增长的影响,因而该理论构成了"知识经济"的理论基础。然而,对内生增长理论的争论也是很明显的。争论的重点主要集中于其对现实的解释不尽如人意,如内生经济增长模型并未阐释出经济增长的知识溢出机制是如何发生的。

(二)现有内生经济增长理论的困境

1. 罗默内生经济增长的知识溢出模型及研究不足

罗默模型是一个由知识外部效应、产出的收益递增和新知识生产的收益递减三个因素共同决定的竞争均衡模型。在罗默模型中,知识作为独立因素不仅能形成自身的递增收益,而且能使资本和劳动等要素投入也产生递增收益,从而使整个经济的规模收益递增,形成了一个知识外溢—递增收益—知识投资—效应放大的良性循环。

罗默的生产函数表示为:

$$Y = H_\gamma^\alpha L^\beta \int_0^A X(i)^{1-\alpha-\beta} \mathrm{d}i$$

其中, $Y = H_\gamma^\alpha L^\beta AK_2^{1-\alpha-\beta} \mathrm{d}i$ 表示中间部门的产出品投入。我们知道,各中间环节投入品 $X(i)$ 在均衡时候,其使用的边际资本发挥的效用是一样的。所以我们取均值 $\overline{X(i)}$,并令其价值为 K_2 ,这样中间品转换式子就简化为: $A\int_0^A X(i)^{1-\alpha-\beta} \mathrm{d}i = AK_2^{1-\alpha-\beta}$,所以罗默的生产函数可以转化为 $Y = H_\gamma^\alpha L^\beta AK_2^{1-\alpha-\beta} \mathrm{d}i$,而式中 H_γ 表示投入最终产品部门的人力资本。在以上分析中,我们知道直接投入到最终生产部门的劳动力是 L_M ,但是由于劳动者都接受教育获得初始知识为 B ,所以直接投入的劳动力可以表示为 BL_M 。

通过以上变换我们得到知识进步下内生最终生产函数:

$$Y = A(BL_M)^\alpha K_2^{1-\alpha-\beta} \tag{2.1}$$

现在我们通过对(2.1)式变换,求出知识进步对经济增长的推动作用,两边取对数可得:

$$\ln Y = \ln A + \alpha\ln B + \alpha\ln L_M + (1 - \alpha - \beta)\ln K_2$$

两边对时间 t 求导,并将模型中关系式代入可得:

$$\frac{\mathrm{d}Y/\mathrm{d}t}{Y} = \omega + \sigma n + \alpha\omega K_1 + \alpha(1 - \sigma n) + (1 - \alpha - \beta)m/K_2 \quad (2.2)$$

(2.2)式的左边可以视为经济增长率 g,右边就是推动经济增长的各要素的组成成分。而知识的贡献作用可以用前面三个因式构成,$\omega + \sigma n + \alpha\omega K_1$,后面两个因式 $\alpha(1 - \sigma n) + (1 - \alpha - \beta)m/K_2$ 则可视为外生技术进步下模型中的 K、L 两要素对经济的贡献作用。

在(2.2)式中,很清楚地显现出知识进步在推动经济增长中起着主导作用,也表现出科研开发和教育投入对一国经济增长有着重要推动作用。且随着技术的发展、技术人员的增加,大众化的劳动者的经济贡献率会呈下降趋势。当然我们还可以进一步利用以上模型,分析知识进步下最优内生经济增长模型,以下简要介绍该模型的推导思路与方法。

我们取跨时期最大化国民福利作为目标函数,用以上知识进步下内生经济增长模型作为约束条件,模型表示如下:

$$\max \int_0^\infty (C^{1-j} - 1)e^{-pt}/(1 - j)\mathrm{d}t$$

$$B^* = \omega BK_1$$

（分别设 Hamilton 乘子为 ν_t、ϕ_t、λ_t）

$$K_2^* = m$$

$$K_1^* = Y - C - K_2^*$$

受约束于:$Y = A(BL_M)^\alpha K(1 - \alpha - \beta)_2$,构造 Hamilton 方程得到:

$$H = (C^{1-j} - 1)e^{-pt}/(1 - j)\mathrm{d}t + \nu_t\omega BK_1 + \phi_t m$$
$$+ \lambda_t[A(BL_M)^\alpha K(1 - \alpha - \beta)_2 - C - m]$$

控制变量为 C 与 m,状态变量为 B、K_1、K_2,所以有:

$$\mathrm{d}H/\mathrm{d}C = 0, \mathrm{d}H/\mathrm{d}m = 0, \mathrm{d}\nu_t/\mathrm{d}t = -\mathrm{d}H/\mathrm{d}B$$

$$\mathrm{d}\phi_t/\mathrm{d}t = -\mathrm{d}H/\mathrm{d}K_2, \mathrm{d}\lambda_t/\mathrm{d}t = -\mathrm{d}H/\mathrm{d}K_1$$

且在经济达到均衡稳定增长时:

$$A^*/A = K_1^*/K_1 = K_2^*/K_2 = B^*/B$$

通过解以上的 Hamilton 方程组,就可以得到使得全民福利最大化时知识进步下最优经济增长路径。最终生产函数为:

$$Y = A(BL_M)\alpha K(1-\alpha-\beta)_2$$

经济增长率函数为:

$$g = \omega + \sigma n + \alpha\omega K_1 + \alpha(1-\sigma n) + (1-\alpha-\beta)m/K_2$$

从函数中可以看出研发、技术投入以及人力资本是推动一国经济增长的重要因素,但这并不意味着技术(知识)投入直接等价于经济增长,关键因素是知识溢出投入转换率 ω。

2. 现有内生经济增长理论的困境

内生增长理论,放弃了简单的要素积累论或者产业结构决定论,而代之以研究为保持持续的经济增长所必需的技术条件,以及技术进步的实现机制,这无疑再次对发展经济学起到了极大的推动作用。但是,内生经济增长理论是否真正使经济增长理论摆脱了以往的困境? 实际上,自20世纪90年代后半期以来,内生增长理论的研究思路在文献中已经受到多方面的质疑。纵观经济增长理论的发展脉络,其面临着如下理论困境:

(1)从微观到宏观传导机制的缺失

首先必须指出的是,技术创新不是仅仅指科学知识的发现与技术发明,只有当知识与新技术成功地与资源配置联结起来,并且新的技术体系能够带来收益增进时,技术创新才是一个现实的过程。因此,技术资源仅仅是一种一般意义上的要素供给,而一般意义上的要素供给并不能简单直接地保证资源配置的有效性。

在罗默模式中,生产性投入的专业化知识资本的积累是长期增长的决定性因素,它不但自身具有递增的边际生产力,而且能使资本和劳动等其他要素也产生递增收益,进而使整个经济的规模收益递增,收益递增保证了长期增长。但是,这种原动力问题实际上仅仅揭示经济发展的表面化的驱动力量,因为无论是资本积累还是技术进步的路径都不是独立于经济系统本身的,而是取决于经济个体追求利益最大化的行为路径。罗默模型的缺陷是没有注意到知识溢出从微观到宏观的传导机制。

(2)知识存量并不等于知识利用

根据内生增长理论的分析,经济增长主要来源于知识资本。但是内生经济增长模型没有意识到只有知识资本的累积存量并不一定必然导致经济增长。很大一部分公共领域的知识,在一定意义上被视为公共物品,具有公共物品的非排他性和非竞争性。而另一部分非公共领域的知识又很难从知识载体溢出到其他主体。大部分知识,无论它是公共知识还是私人知识,为了更好地传播都需要具备某种吸收能力。这似乎在总的知识存量 K 和经济型知识 K^c 之间有一个过滤装置,不仅各国的知识存量不同,而且这种过滤装置的知识转化能力也有所不同。

(3)在内生经济增长模型中创业机制被忽视了

内生经济增长理论相关的问题是知识溢出的机制并没有指明。罗默假设知识溢出是通过 R&D 投入自动实现的,但是这个假设并不成立。技术机会的存在和技术机会的开发与利用是完全不同的两件事情。机会发现是社会知识分布的函数,机会几乎总是被发现和重新组合的,因此机会和创业者是理解经济增长的关键。技术性知识本身可能只是经济增长模型中成功企业的一个充分条件。罗默模型没有阐释创业者如何将创新引入生产力系统。

从前面关于内生经济增长理论的综述中可以看出,尽管内生经济增长理论将技术内生化,使之成为重要的生产要素,但实际上罗默的内生经济增长模型只强调了知识溢出对经济增长的促进作用,却没有阐释知识溢出的过程和传导机制。从人力资本到技术溢出的研究思路并没有摆脱将技术"依附"于资本的思想。技术依然需要通过资本来计量其价值,再通过资本来进行相应的资源配置,资本依然是资源配置的首要因素。但与以资本为代表的物质要素不同,技术要素属于知识范畴,其特殊的属性使得人们很难对其进行合理的计量测度。技术的不完全排他性、不可加性等特性与传统经济计量所依赖的要素稀缺性、均衡、同质性等前提条件格格不入。边际效用递增,需求方规模经济,边际成本趋近于零、非线性、不连续、内在关联、冲击波式的创新再生产,无法用语言等编码方式表达的沉默知识等,与物质要素的不同特质决定了其在以资本进行计量过程中的不确定性,在这一过程中,资本在技术的价值度量以及资源配置中已经无法胜任。内生增长理论曾自以为打开了经济增长的"黑箱",但当其面临着对技术要素进行定量测度分析时,却发现"黑箱"中还有新的"黑箱"。

下面将通过吸收罗默内生增长理论和当代微观经济理论的最新进展,承袭创业理论的一些观点,特别是熊彼特和奈特的一些观点,将创业机制引入经济增长理论的宏观分析中,阐释促进宏观经济增长的微观创业机制,进一步考察创业活动的配置效率对宏观总量的影响。

四、创业与经济增长研究综述

目前,中国已经意识到大力促进创业活动的发展异常重要,但是在战略实施过程中由于缺乏相应的政策安排和机制构建,遇到了很多困难。这既有现实层面的问题,也存在理论层面的问题。本节力图从经济理论出发,挖掘传统经济学对解释创业与内生经济增长之间关联机制的理论缺陷,阐述当前创业型经济理论的研究成果,探索创业型经济发展理论的规律,以期对实践进行指导,建立起符合创业型经济发展规律的政策体系和制度框架。

(一)创业与经济增长关联的理论研究

目前,在创业与经济增长的理论研究方面,对应于创业影响经济绩效的三种机制,研究创业影响经济增长的文献大致可分为三类:一是把创业看做知识外溢的通道。罗默和卢卡斯强调,知识在经济增长中的重要作用是通过知识外溢实现的,而创业是知识外溢的传导机制。二是认为创业的涌现能够提升竞争的激烈程度,从而带来竞争优势。波特强调创业加速了竞争,并运用SCP框架分析了产业集群现象,使得企业家的竞争外化为地区间的竞争。三是认为创业的兴起使特定区域的经济发展更具多样性。格拉塞(Glaser)从理论和实证方面说明,多样性的提升有助于经济绩效的提高。

1. 创业促进经济增长的竞争机制

竞争主要通过推动富有创新精神的企业实施进入和扩张,迫使缺乏创新精神的企业萎缩或者退出,为经济运行提供有效的激励。决定竞争状态的因素有很多,如市场结构、成本与需求状况、规制政策等,而更有说服力的因素是企业数量、企业在市场上的进入和退出行为(Geroski,2000)。

格特纳(Gartner)曾清楚表述"在某种程度上新企业的创立就是创业的一切"。新建立一个企业是进入某一工业的主要形式,而微观和宏观的经济因素都会影响新企业的建立。由于在工业水平上还不能系统衡量新建企业的数量,因此区分影响新建企业的宏观影响和微观原因就很困难。但我们可以强调三点:第一,新建企业数和它与企业总数的相对重要性在工业部门之间差别明显;第二,新建企业数的年际差别明显;第三,不同部门对宏观经济的影响不同。对企业为何要进入某一工业部门的传统看法是企业被工业内部由于缺少竞争者所带来的超额利润所吸引。新建企业比重建市场均衡扮演着更加重要的角色,《反托拉斯法》决定了创业在刺激竞争上所能发挥作用的法律框架。新企业的建立在每个部门之间并不是以相同的速度进行。奥璀兹(1995)发现由于隐含的知识结构的不同,新建企业在一个有着创新性技术社会制度的部门中更加重要。在这样一个部门中,创业人员有着更高的预期利润,也就更趋向于创建新企业。

杰罗斯基(Geroski,1994)的计量研究表明,企业的进入和退出导致了行业的波动,创业企业的大量进入和创新行为推动市场结构趋向于分散化,最终促进生产率的提高。梅耶斯(Mayes,1996)对美国1980~1990年制造业的研究表明,产业内及产业间企业更替与劳动生产率增长相关。霍尔特瓦尔纳(Haltiwanger,1997)把1977~1987年美国制造业全要素生产率增长的18%归功于净进入企业。高特(Gort,1999)在对美国通信行业进行研究以后得出结论:竞争通过以下四个途径推动了行业效率的提高:更有效的需求激励、更高质量的资本投入、更有效的厂商组织和更低的运营成本。类似地,霍恩(Hahn,2000)在对韩国的数据进行了分析以后认为,企业进入和退出是制造业全要素增长的一个重要原因,1990~1995年的贡献率达到45%,1995~1998年则达到65%。波士玛(2000)对荷兰服务业的回归分析得出了类似的结论。奥璀兹(2002)对德国创业活动与进入后增长的关系进行了研究,发现20世纪80年代相关性很弱,而90年代则显著相关。

2. 创业促进经济增长的创新机制

创新在微观经济和宏观经济层面上都会对经济增长产生影响。在微观层面上,创新使得企业适应消费者多样化的需求。对12个欧洲国家的创新调查显示,超过30%的制造业部门的年收入来自于创新成果。在宏观层面上,创新对产出增长的三个驱动因素(资本、劳动力和全要素生产率)具有贡献作用。创业企业在创新中发挥着非常重要的作用。在不同行业,创业企业的创新活动存在重要差异(Acs & Audretsch,2001)。一般来说,通信、电子计算机设备、电子元件、医疗设备、塑料和生物工程等产业部门的创业企业在创新方面表现得更加活跃。在这些部门，新技术降低了行业内部规模经济的重要性。有的经济学家认为，规模经济已成为行业之间的网络外部性。在研发过程中，企业与企业或个人分摊与已知研究项目相关的费用和利益，这种合资企业可强化创新过程（Grossman & Shapiro，1986）。由于信息技术的发展使得合资比独资研发更节约成本，因此创业企业在市场上的地位更加有利（Jovanovic，1993）。

有关行业的专门研究是实证分析的重点。罗思韦尔（Rothwell）和塞格维尔德（Zegveld，1982）调查发现，在美、英、法等国家的 380 项发明中，创业企业占 31%，而在位企业占 54%。更有意思的是，美国创业企业贡献了 27% 的激进式创新和 37% 的渐进式创新。杰罗斯基（1994）采用计量方法进行实证分析发现，市场结构和创新之间存在显著的负相关关系。奥璀兹（1993）及卡布拉尔（Cabral，2000）的研究支持了杰罗斯基的观点，他们将创新分为根本性和改进性，在位者一般只进行改进性创新，而创业企业和潜在进入者主要进行根本性创新。

3. 创业促进经济增长的知识溢出机制

奥璀兹等（2006）解释了创业与经济增长之间的内在联系机制，提出创业的知识溢出（Knowledge Spillover）和内生创业（Endogenous Entrepreneurship）理论。不少学者指出在创业决策背后的认知过程中机会确认的重要作用，却鲜有人指出这种创业机会的实际源泉。创业的知识溢出理论将新知识和创意确认为创业机会的一种来源。这一理论指出，创造于大公司或大学研究实验室等的新知识和创意，如果还没有商业化或未被有力开发，将产生创业机会。这就是说，识别新机会并透过创建新企业实现该机会的一种机制与知识溢出有关。

创业的知识溢出机制表现为：首先，新公司具有知识传递的机制。知识存量 K 是通过知识溢出转换为经济型知识 K^c，无论它是新知识还是已有知识，无论它是科学知识还是其他一般的知识。现存的公司通过学习增加了公司的专门知识，但是我们认为这种学习采取新公司的形式。这意味着假如没有新的经济实体，就不会有知识溢出，因此也就没有经济增长。其次，每一个新公司都代表一种新知识的组合，正如熊彼特（1911）、奈特（1928）、弗里曼

（Freeman，1989/1990）、奥璀兹（1990）、温特（Winter）、威廉姆森（Williamson）等所指的，这个假设的一个重要的应用就是公司是异质的，不仅在规模上，而且在公司所有特征上，如吸收能力、公司战略、技术产品范围和绩效的所有方面（赢利能力、生产力等），新进入者没有现存公司有经验，通常会犯错误和失败，因此高的市场进入率是长期经济增长的关键因素。

4. 创业促进经济增长的环境机制

各种研究表明，创业与经济增长之间确实存在强相关关系。当创业被视为经济增长的发动机时，学者们的注意力很快转移到了催生创业成长的各种环境因素上。如李（Lee）分析了政治经济环境尤其是国家政治格局、经济体制和各种制度安排对创业的影响；蒂斯（Dess）强调了产业发展环境的变化对创业的激发作用；李和波特森（Peterson）比较分析了不同文化环境对创业的影响等。尽管学者们从不同角度对创业的影响因素进行了分析，理论解释也层出不穷，但在一点上学者们达成了共识，即影响创业的重要因素是能否实现经济环境的自由；无论是哈耶克、奈特、柯兹纳，还是后来的研究者如哈珀（Harper）、李，无一不强调经济自由对创业的重要性。如柯兹纳认为，自由开放的制度框架对鼓励创业机会的发现和创新是极端重要的；哈珀检验了创业的制度环境，认为经济自由度越高，人们的创业精神就越旺盛；李分析了创业与经济环境的关系，认为只有在一个自由的市场经济国家中创业才能蓬勃发展。

（二）创业与经济增长关联的实证分析

实证方面的研究也在不断深入。一是创业的测度。国际通行的创业的测度指标有自我雇佣比率、企业所有权比率、小企业产出或就业份额等。此外，有的研究还采用了成年人有意创建自有企业的比率、企业进入率和退出率等指标。二是增长的计量分析。就创业与经济增长的关联的计量分析而言有如下几个方面：

1. 创业对经济增长的作用方向

理论界存在诸多争议。索洛（1956）和罗默（1986）的增长模型暗示，如果不是间接通过影响物质资本和知识资本而促进增长，那么创业对经济增长的作用应该是中性的。大卫·B. 奥璀兹、马克斯·凯尔巴赤（David B. Audretsch，Max Keilbach，2005）参考道格拉斯生产函数建立数量模型，运用

1992～2000 年西德327 个地区的数据证实了创业可以通过提高劳动生产率从而促进区域经济增长。

基于在创新的创业活动研究领域,国外的研究水平和研究成果大大超过了国内,在"创业与经济增长"中,萨尔加多(Salgado)选用参数"居民申请专利数"和"个体经营人数"作为衡量创业的指标,用"人均GDP"作为衡量经济发展的指标,对它们进行回归分析,发现"居民申请专利数"与"人均GDP"成正比,"个体经营人数"与"人均GDP"成反比。波塔基(Petrakis)在"创业与经济增长:新建企业和在位企业"中,把"中小企业成长率"作为衡量创业活动效率的指标,建模分析了"能力与态度"、"资源供给"、"市场机遇"、"市场结构"对中小企业成长的影响。同时,OECD 中的很多国家都编写了创业白皮书,如《英国创业白皮书》,分析了影响英国创业活动发展的三个方面的要素:资本资源、人力资源和基础设施资源;并在此基础上,分析了发展英国创业活动的措施。不足的是,这些创业活动的分析研究,虽然是以创新为源泉的,但是并没有考虑更广范围的创新活动。

2. 创业生产函数的计量分析

自20 世纪90 年代以来,创业成为促进经济增长的主要推动力。两者的正相关关系存在于各发达国家。OECD 的监测显示,整个20 世纪90 年代,新办企业比例与GDP 增长率呈正相关。创业和经济增长之间基本形成了因果关系,高水平的创业能促进生产率和产出的提高,而持续的经济增长也可能促进创业的高涨。有学者试图把创业这一不同于资本、技术和知识等的因素引入生产函数模型,如德隆(Delong,1988)、邹恒甫(2003)等。德隆(1988)对1870～1979 年的世界经济增长历史进行了研究。他发现,在1870 年一度富裕的21 个国家的生产力水平并没有在1979 年趋于收敛。恰恰相反,平均而言,在韦伯看来,以资本主义精神为主流的国家其人均国民收入高出全世界人均水平1/3 之多。他把这种"资本主义"精神定义为哑变量,放在他的经济增长决定因素的回归方程里。结果是,这一哑变量与经济增长的回归系数在统计上非常显著。

3. 创业机制下的最优产业结构

奥璀兹和施瑞克发展了罗默(1986)和克鲁格曼等人的内生增长理论,提出了创业通过知识的扩散推动经济增长的机制。在实证分析上,奥璀兹和施瑞克用了两个指标分别来衡量企业家精神：一个是小企业在市场中的相对份额，一个是自我雇佣比率。他们提出了"最优产业结构"模型来定量研究创业对经济增长的影响。模型强调，创业在经济活动中存在一个最优的程度，超出这个程度，创业抑制经济增长。如果用新建企业的数量衡量创业，那么过多的新建企业虽然可以加速创新技术的扩散，但也会抑制其他企业的创新行为。因此，新建企业存在一个最优的比率，在这个比率下，经济增长达到最优增长率。最优产业结构模型的优点在于，通过模型可以有效利用数据估计创业对经济增长的影响。

4. 东亚奇迹：亚洲创业的实证分析

最近最吸引人的增长过程之一就是在 20 世纪最后十几年东亚所发生的一切。在世界银行的一份题为"东亚奇迹：经济增长和公共政策"的报告中说，韩国、中国台湾、新加坡、日本、印尼、马来西亚和泰国在 1985～2000 年经历了快速而且持续的增长。惊人的增长成就通过出口和国内需求两个方面表现出来，并可以与人力资本、生产性投资的资源分配、技术的融合和掌握直接相联系，由于公共政策支持这些活动，因此也就促进了宏观经济的稳定并形成了一套有助于竞争和国际贸易的可靠的法律框架。这种分析是宏观层面上的，也就是并没有把创新、私人投资和营销看成是创业活动的表现，对创业活动的兴起的研究还未展开。

Phelps 认为看待东亚奇迹的另一视角是从需求和人力资本角度来观察的，为什么几个国家在短短十几年时间里经历了一个快速的人力资本的积累，而其他处于同样时代的陷入贫穷的国家却没有这样的增长？可以确定的答案是：创业的出现——政府鼓励并批准创业（Mankiw，1995）。波特（1990）也在其论文《崛起的韩国》（*Emerging Korea*）中有同样的观点，它提到的两个关键因素是敢于冒险的意愿和竞争激烈程度，中央政府的中心目标就是促进国际竞争。经济学家菲尔普斯（Hofstede，1995）指出，这些国家一直坚持这样的政策导向，这有助于其经济的增长。

（三）全球创业观察的研究成果

1. 全球创业观察背景介绍

全球创业观察项目，是由英国伦敦商学院和美国百森学院共同发起的，该项目自从 1998 年设计实施以来,一直致力于分析研究创业活动对经济的影响,因此在国际创业研究和教育领域享有盛誉。从理论上来说,创业活动对经济增长的影响主要体现在三个方面:第一,创业者将经济资源带到创业活动中;第二,新兴企业为社会提供新的就业机会;第三,创业活动对经济增长的影响。由于绝大部分学者对前两个方面有广泛的认同,因此创业对经济增长的影响就成为全球创业观察研究的主要内容。

全球创业观察是一个旨在研究全球创业活动态势和变化、发掘国家或地区创业活动的驱动力、研究创业与经济增长之间的作用机制和评估国家创业政策的研究项目。参加全球创业观察的国家和地区的 GDP 约占世界总量的90%,人口总数约占世界总量的 2/3,已经迅速成为创业领域中最顶级的研究项目,并成为各参与机构的旗舰项目,被国际上公认为全球创业比较研究的金本位式标准。全球创业观察数据被各国和地区政府以及欧盟、联合国、OECD等国际组织作为分析和制定有关政策的基准。

2. 全球创业观察概念模型

创业活动及效率是国家或地区经济活力的源泉。创业活动对经济增长的贡献是长期的和潜在的,它不像已有的大企业或中小企业对经济增长的贡献那么直接和可度量,因此在目前各种各样的研究中,对创业的态势和创业与经济增长的关系等问题缺乏全球的和区域的研究。全球创业观察提出了新的国家经济增长模型,在这个模型中,促进经济增长的条件分成一般环境条件和创业环境条件,前者是现有大中小企业发展的基础和环境,后者是创业活动的基础和环境。一般环境条件包括开放程度、政府、金融市场、技术和研究开发、基础设施、管理、劳动力和制度等,这是由全球竞争力报告发展出来的八个方面。创业环境条件是由全球创业观察开发出来的用于反映对创业部门产生显著影响的主要经济和社会特性。创业条件由九个方面组成。它们分别是:金融支持、政府政策、政府项目、教育和培训、研究开发转移、商业环境和专业基础设施、国内市场开放程度、实体基础设施的可得性、文化及社会规范。

全球创业观察模型着眼于这两套促进经济增长机制的互补关系。大型企业和成熟企业通过技术扩散、分立出新企业、增加对产品和服务的需求,常常为新企业的产生提供了很多机会。同时,创业企业通过降低成本、加快技术发展速度,也在全球范围内为他们的主要客户——大企业提供更强的竞争优势。

3. 全球创业观察的研究思路

全球创业观察研究的基本思路是:通过大样本的调查统计得出不同国家和地区的 TEA 指数,该指数可以衡量一个国家和地区的创业活跃程度;将国家或地区的 TEA 指数与 GDP 增长率进行时间序列回归分析。这里的 TEA 指数是指全员创业活动指数,即创立新公司或一家小于 42 个月的新公司的拥有者或经理人员占总的成年人口(18~64 岁)的百分比。从 2000 年开始,全球创业观察用这个指数来衡量一个国家或地区的创业活跃程度。1998~2006 年,全球创业观察全球研究小组对当年收集积累的数据进行统计分析,得出的结论是:创业活动与当年经济增长率之间的相关性是正的。另外,全球创业观察全球研究小组将参与研究的 40 个国家和地区依照创业活跃程度分为五组,分别为创业高活跃组、创业比较活跃组、创业一般活跃组、创业比较不活跃组和创业不活跃组。在简单的分组分析下,可以看出,平均而言,创业活跃的国家和地区其经济增长率比较高。

第三章 创业促进经济内生增长的
理论框架与实证研究

内生增长机制的形成,首先需要有内生动力。内生增长的动力主要来自于大量的创业企业。正如前文所述,内生经济增长理论一直将经济系统内高效的知识积累和传播视为实现长期、稳定增长的关键环节。这也是各国政府普遍强调科技研发的重要理论依据。然而,内生经济增长理论并没有就新知识和科技成果凭借何种机制在特定经济系统内进行传播给出令人信服的解释。本章主要研究创业活动与经济增长之间的关系,将构建创业内生化的经济增长动态理论模型,考察创业对经济发展的推动作用。本章的结构安排如下:创业知识溢出与经济增长的分析框架、模型设置、变量解释及数据来源、实证分析。

一、宏观经济增长机制的缺失:创业与国家创新绩效

世界主要的创新型国家包括美国、日本、芬兰、韩国、新加坡等。一般意义上讲,创新型国家应具备四个基本特征:一是创新投入高,国家的研发投入占GDP 的比例一般在2%以上;二是科技进步贡献率高达70%以上;三是自主创新能力强,国家的对外技术依存度指标通常在30%以下;四是创新产品多,目前世界上公认的20 个左右的创新型国家所拥有的发明专利数量占全世界发明专利总数的99%。但是这些在指标上的考量只不过是以物质要素为首要生产要素环境下的一种思维惯性。知识型要素的不确定性、异质性等特殊属性决定了人们在对这些非线性、不连续、内在关联的变量进行计量和比较的过程必然是建立在理想化假设和主观判断的基础之上的,创新投入未必直接导致经济产出与效率。

内生经济增长理论的突出贡献是意识到了经济的内生增长是通过知识和人力资本的积累实现的。但是现实的情况却不能完全解释为什么像日本、韩

国、瑞典这样有着高 R&D 投入的国家,其近些年的经济增长却这么缓慢;而另一些 R&D 投资较少的国家,如丹麦和爱尔兰,却经历了高速增长的现象。因此许多学者对创新型国家的评价标准存在困惑,就是即使符合这些创新指标是否就具备了经济持续增长的潜力和动力? 人类的科技进步不仅依赖于基础科学的发展,而且依赖于科技成果不断地进入经济社会领域,形成新产品与新服务的生产能力,又反过来推动基础科学的发展,在这样一个过程中,科技成果的产业化与新发明、新产品的出现是极其重要的一环,可以说,创业活动是科技成果实现产业化和新发明、新产品孕育与产生的主要形式之一。

本研究认为,科技进步贡献率、研发投入、对外技术依存度等指标并不能完全代表创新型国家的本质特征。创新型国家的本质特征是经济增长的可持续性。衡量一个创新型国家还有一个十分重要的尺度就是创业水平的高低,也就是创新成果能否很好地被商业化,顺利地进入生产力系统,并转化为经济价值的水平。一个国家创新能力重要,但运用创新,创造价值的创业能力更重要。因此大力推进创业型经济的发展,进行全面的"社会创新",不仅是转变经济增长方式,构建创新型国家的重要战略举措,也是创新型国家自身演进的必然要求。

(一)知识投入与创新型国家的绩效分析

创新型国家的绩效分析一直是学术界关注的焦点。中科院 2008 年发布的《中国科技发展研究报告 2006～2007》中对国家创新能力和绩效进行了较为系统的比较研究,对于知识投入与创新型国家之间的绩效有很强的解释能力。为了能够具体地比较国家在创新过程中各个环节的相对效率,研究创新过程分为两个子过程,即研发投入产出过程和科技向经济转化过程,并分别对每个创新子过程进行分析。《中国科技发展研究报告》国家创新绩效模型中比较中国和 20 个 OECD 国家的相对创新效率,包括澳大利亚、比利时、加拿大、中国、丹麦、芬兰、法国、德国、意大利、日本、荷兰、波兰、葡萄牙、爱尔兰、韩国、西班牙、瑞典、瑞士、英国、美国等国家的创新绩效。

创新效率不仅体现在创新投入,还要体现在创新的产出,即经济效率方面。经济效率是技术效率和配置效率的综合反映。经济决策单元如果同时具有技术效率和配置效率,就是经济上有效率的。在模型中使用数据包络分析(Data Envelopment Analysis;DEA)技术来解决创新活动多指标的评价困难。

1. 引入创新绩效评价模型

模型中最重要的投入变量是新经济知识。正如 Cohen & Kelepper(1991) 所指出的那样,创造新经济知识的最大投入是 R&D,其他的投入包括人力资本、熟练劳动力、教育水平等的度量。创新系统要素和要素之间存在着复杂的联系,例如,专利指标既可以被看做是研发活动的产出指标,又可以作为科技向经济转化的投入指标。因此,根据创新活动的特点从经济角度将创新系统分成三个阶段(Moon & Lee,2005)。第一阶段的科学技术生产系统中包括研发投入的经费和人力资源,以及研发产出的科学论文、引文、专利以及非专利隐形技术成果,这些研发活动的产出要素在第二阶段又对经济增长有直接的贡献,如高技术产业的工业增加值和高技术产品出口额。从第一阶段的 R&D 投入到第二阶段的经济产出构成了创新活动的综合系统,将其定义为第三阶段,也就是综合阶段。

第一阶段针对国家的知识投入效率,即研发效率进行评价,并且为了进一步分析企业、高校和政府这三类机构的科研活动在国家的创新系统中所起的作用,在对国家创新绩效评价和分析时,将企业、政府与高校的研发经费及研发人员分开作为单独的投入指标。因此,第一阶段的投入指标包括:企业、高校和政府投入的研发经费占 GDP 的比例(BERD/GDP,HERD/GDP,GERD/GDP)和企业、高校和政府的研发人员占国家人口的比例(BRDP/POP,HRDP/POP,GRDP/POP),以及外商直接投资(FDI)和国家购买技术所投入的经费(TBP),其中,研发经费和人员的投入是公认的衡量创新活动的投入指标(Griliches,1984、1998),将研发经费和研发人员分别根据国家的 GDP 和人口数进行标准化,这样可以消除国家规模对研发效率及创新效率的影响(Nasierowski & Arcelus,1999、2003)。

模型的第二阶段评价了科学技术转化为经济产出的效率,投入指标为第一阶段的产出指标,即 ESIP、ESIC、RPAT 和 NPAT;产出指标则选择能够突出科技成分的经济指标(Moon & Lee,2005),包括高技术产业增加值占 GDP 的比例(HVA/GDP)和高技术产品的出口额占 GDP 的比例(HEXP/GDP),用 GDP 对这两个指标进行标准化的目的也是为了消除国家经济规模对评价效率的影响。

第三阶段为综合阶段,投入指标是第一阶段的投入指标,产出指标是第二阶段的产出指标。

2. 创新绩效分析:比较各国家在各阶段活动的相对效率

模型研究运用 DEA 技术来分析创新型国家的创新绩效。DEA 技术是由著名的运筹学家 A. Charnes 和 W. W. Cooper 等人在"相对效率评价"概念的基础上发展起来的,是评价同类单元相对有效性的一种系统分析方法(盛昭瀚等,1996)。DEA 方法特别适用于多个投入(对应 DEA 中的输入)和多个产出(对应 DEA 中的输出)的系统效率的评价,如对多产品的生产系统的评价(Resti,2000)以及资源分配效率的评价。DEA 技术是非参数前沿面分析方法,它无需估计生产函数,通过所观测的大量实际生产数据点、基于一定的生产有效性标准,构建生产前沿面以及位于该前沿包络面上的相对有效点。在运用 DEA 方法评价时,评价对象是决策单元(Decision Making Unit,简称 DMU),评价的结果是所有决策单元的相对有效性,也就是以所有的 DMU 组成的集合中,根据各个单元的输入和输出,通过利用一定的模型得出决策单元的输入和输出是否相对于其他单元是最优的,如果是最优,则该决策单元就是有效的;否则,决策单元无效。

首先,研究使用面向输入的 CCR 模型(Charnes 等,1978)来评价 21 个国家的 CRS(Constant Return to Scale)效率,结果可得到每个国家在每个阶段的 CRS 效率值,CCR 模型是 DEA 方法中最普通的模型,在该模型中,最优前沿面上的国家皆为技术有效且规模效益不变。为了能够比较同一个国家在两个时期内效率值的变化,将 21 个国家在两个时期内的投入产出数据放在同一个模型中运算。(3.1)式为 CCR 模型的数学表达,对于某个选定的 DMU_0(下标设为0),判断其 CRS 有效性的 CCR 模型可表示为:

$$(CCR)\begin{cases} \min\theta_0 - \varepsilon\left(\sum_{i=1}^{m} s_i^- + \sum_{i=1}^{m} s_r^-\right) = \nu_0 \\ \sum_{j=1}^{n} \lambda_j x_{ij} + s_i^- = \sigma_0 x_{io}, i = 1,2,\cdots,m \\ \sum_{j=1}^{n} \lambda_j y_{rj} - s_r^+ = y_{ro}, r = 1,2,\cdots,s \\ \theta_0, \lambda_j, s_i^-, s_r^+ \geq 0 \end{cases} \quad (3.1)$$

其中,$n(=42)$ 是决策单元(DMU)的个数,m 和 s 分别表示输入变量和输出变量的个数。在第一阶段,测量国家 R&D 活动的相对效率,$m=8$,$s=4$;在第二阶段,评价的是国家技术向经济转化的相对效率,$m=4$,$s=2$;在第三阶段(综合阶段)中,输入变量就是第一阶段的输入变量,所以,$m=8$,而输出变量是第二阶段的输出变量,所以,$s=2$。根据 Cooper 等人的研究(Cooper 等,2001),在应用数据包络分析技术时,决策单元的数量需满足如下条件:$n \geqslant \max\{m \times s, 3(m+s)\}$,其中,$n$ 表示决策单元(DMU)的个数,m 和 s 分别表示输入变量和输出变量的个数。在本研究中,各阶段的决策单元数量和指标数量都满足该条件。

通过在 CCR 模型中加入约束条件 $\sum_{j=1}^{n} \lambda_j = 1$,可以得到 BCC 模型。在该模型中,最优前沿面上的国家仅为技术有效,并不考虑其规模报酬的变化。对于某个选定的 DMU_0,可由(3.2)式来判断其 VRS 有效性。

$$
(\text{BCC})
\begin{cases}
\min \sigma_0 - \varepsilon\left(\sum_{i=1}^{m} s_i^- + \sum_{i=1}^{m} s_r^+ \right) = v_0 \\
\sum_{j=1}^{n} \lambda_j x_{ij} + s_i^- = \sigma_0 x_{io}, i = 1, 2, \cdots, m \\
\sum_{j=1}^{n} \lambda_j y_{rj} - s_r^+ = y_{ro}, r = 1, 2, \cdots, s \\
\sum_{j=1}^{n} \lambda_j = 1 \\
\theta_0, \lambda_j, s_i^-, s_r^+ \geqslant 0
\end{cases}
\tag{3.2}
$$

对于决策单元(在本节中为国家在某个时期)的 CRS 效率值,若 $\theta=1$,则 DMU_0 为 CRS 有效,即 DMU_0 处在最优前沿面上并且 DMU_0 的规模报酬不变;若 $\theta<1$,称 DMU_0 为非 CRS 有效,即在 n 个决策单元组成的系统中可通过组合将投入降至原投入 X_0 的 θ 比例而保持原产出 Y_0 不减。对于决策单元的 VRS 效率值,若 $\sigma=1$,则 DMU_0 为 VRS 有效,即 DMU_0 处在最优前沿面上而不论其规模报酬如何;若 $\sigma \neq 1$,称 DMU_0 为非 VRS 有效。

模型通过 DEA Excel Solver 软件程序,得到每个国家各阶段的效率值,在表 3-1 中列出各阶段 CRS 和 VRS 效率值为 1 的国家以及平均效率值。可以看出,在第一时期内,第一阶段(以产出时间计算:1994~1998 年)有 8 个国家为 CRS 有效,包括加拿大、芬兰、德国、意大利、日本、瑞典、瑞士和美国,在第二阶段(1996~2000 年),爱尔兰、韩国和瑞士 3 个国家的 CRS 效率值为 1,在第三阶段

(1996～2000 年)6 个国家的 CRS 效率值为 1,包括芬兰、意大利、爱尔兰、韩国、瑞典和瑞士;在第二时期内,澳大利亚、中国、希腊、日本、葡萄牙、爱尔兰、西班牙、瑞典、瑞士和美国这 10 个国家在第一阶段(1998～2002 年)为 CRS 有效,仅爱尔兰一个国家在第二阶段(2000～2004 年)为 CRS 有效,澳大利亚、爱尔兰、瑞典和瑞士这 4 个国家在第三阶段(2000～2004 年)为 CRS 有效。第一时期内在三个阶段都为 CRS 有效的国家只有瑞士,第二时期内在三个阶段都为 CRS 有效的国家只有爱尔兰。由于 VRS 效率值仅反映了决策单元的技术有效性,并不考虑其规模报酬情况,因此,决策单元的 VRS 效率值一般高于 CRS 效率值。其中,在第一时期内,分别有 16、7、12 个国家在三个阶段内为 VRS 有效,在第二时期内,有 13、1、9 个国家在各个阶段的 VRS 效率值为 1。并且根据 21 个国家的平均效率值,除第一阶段的 CRS 效率值,第二时期各个阶段内的平均效率都低于第一时期的平均效率,说明在平均水平下,国家的科研活动效率提高了,而科技成果经济化的效率降低了。从各阶段的 CRS 和 VRS 效率的平均值可以看出,第二阶段的平均效率值低于第一阶段的平均效率值,说明这些国家的平均研发效率高于技术向经济转化的平均效率。国家创新绩效模型说明了创新并不必然带来经济绩效,在创新(知识投资)与经济产出之间还有创业一环。

表 3-1(a)　国家在各阶段的有效性及平均效率值

国家	第一时期						第二时期					
	第一阶段		第二阶段		综合阶段		第一阶段		第二阶段		综合阶段	
	CRS	VRS	CRS	VRS	CRS	VRS	CRS	VRS	CRS	VRS	CRS	VRS
澳大利亚				√			√	√			√	√
比利时		√				√						
加拿大	√	√										
中国		√					√	√	√			√
丹麦												
芬兰	√	√			√	√						
法国												
德国	√	√										
希腊		√		√		√	√	√				√

国家	第一时期						第二时期					
	第一阶段		第二阶段		综合阶段		第一阶段		第二阶段		综合阶段	
	CRS	VRS	CRS	VRS	CRS	VRS	CRS	VRS	CRS	VRS	CRS	VRS
意大利	√	√			√	√						√
日本	√	√				√	√	√				
荷兰												
波兰				√		√		√				
葡萄牙				√		√	√	√				
爱尔兰			√	√	√	√	√	√	√	√	√	√
韩国			√	√	√	√						
西班牙							√	√				
瑞典	√	√			√	√	√				√	√
瑞士	√	√	√	√	√	√					√	√
英国			√									
美国	√						√	√				√
中国	0.682		0.031		0.112		1.000		0.024		0.195	
OECD 国家的均值	0.818		0.460		0.670		0.868		0.280		0.593	

说明:标√的表示该国家的效率值为1。

资料来源:DEA Excel Solver 计算结果。

表 3-1(b)　各个国家在各阶段按效率值分布

效率值	第一时期			第二时期		
	第一阶段	第二阶段	综合阶段	第一阶段	第二阶段	综合阶段
有效 (CRS＝1)	加拿大、芬兰、德国、意大利、日本、瑞典、瑞士、美国	爱尔兰、韩国、瑞士	芬兰、意大利、爱尔兰、韩国、瑞典、瑞士	澳大利亚、中国、希腊、日本、葡萄牙、爱尔兰、西班牙、瑞典、瑞士、美国	爱尔兰	澳大利亚、爱尔兰、瑞典、瑞士

效率值	第一时期			第二时期		
	第一阶段	第二阶段	综合阶段	第一阶段	第二阶段	综合阶段
高效率(0.5≤ CRS<1)	澳大利亚、比利时、中国、丹麦、法国、希腊、波兰、葡萄牙、爱尔兰、韩国、西班牙、英国	澳大利亚、芬兰、意大利、葡萄牙	澳大利亚、加拿大、法国、希腊、日本、波兰、葡萄牙	比利时、加拿大、丹麦、芬兰、法国、德国、意大利、波兰、韩国、英国	葡萄牙	芬兰、法国、意大利、波兰、葡萄牙、韩国
低效率(0< CRS<0.5)	荷兰	比利时、加拿大、中国、丹麦、法国、德国、希腊、日本、荷兰、波兰、西班牙、瑞典、英国、美国	比利时、中国、丹麦、德国、荷兰、西班牙、英国、美国	荷兰	澳大利亚、比利时、加拿大、中国、丹麦、芬兰、法国、德国、希腊、意大利、日本、荷兰、波兰、韩国、西班牙、瑞典、瑞士、英国、美国	比利时、加拿大、中国、丹麦、德国、希腊、日本、荷兰、西班牙、英国、美国

资料来源:DEA Excel Solver 计算结果。

表 3-1(a)和表 3-1(b)给出了第一时期和第二时期内的各个阶段的 CRS 效率值分布情况,可见,在两个时期内,第一阶段的大部分国家都处于较高的 CRS 效率值区域,而第二阶段的大部分国家都处于较低的 CRS 效率值区域。按照 CRS 效率值,将 21 个国家分为三类,CRS=1 的为有效国家,0.5≤CRS<1 的为高效率国家,0<CRS<0.5 的为低效率国家。由表 3-1(b)可知,在第一时期内,从 R&D 效率看,8 个国家为有效国家,12 个国家为高效率的国家,仅有荷兰 1 个国家的 R&D 活动为低效率;根据第二阶段的技术向产出转化效率分,3 个国家为有效国家,4 个国家为高效率国家,14 个国家为低效率国家;在创新活动的综合阶段,21 个国家在各阶段的有效性分布比较均

匀,6 个国家为 CRS 有效,7 个国家为高效率,8 个国家为低效率。在第二时期内,仍然是荷兰的 R&D 活动效率为最低,其他的 20 个国家在第一阶段的效率值均高于 0.5;在第二阶段,除了爱尔兰为 CRS 有效,仅葡萄牙的技术向经济转化效率为高效率,其他 19 个国家均为低效率;对于综合阶段,6 个国家为高效率国家,10 个国家为低效率国家。由此可知,对于所研究的 21 个国家,第一阶段和第二阶段的创新活动有效性分布很不均匀,第一阶段高效率的国家多,而第二阶段低效率的国家多,显然知识投入与经济绩效并不产生必然联系。对比中国和 OECD 国家在各个阶段的平均效率值发现,在研发效率上中国正在赶超 OECD 国家;而中国的技术向经济转化的效率都远远低于 OECD 国家的平均效率。国家创新绩效模型说明了创新并不必然带来经济绩效,在创新、知识投资与经济产出之间还有创业一环。

(二)创业机制:联结创新绩效与宏观经济增长的关键一环

世界经济论坛 1999 年竞争力报告,结合美国竞争力委员会 1999 年发表的《对美国经济繁荣的新挑战:来自创新指数的发现》,对 56 个国家的创新能力进行了比较分析。政府在非军事领域内的研发投资、科学家和工程师的素质、科研机构的质量和对知识产权的保护等四个方面共同决定了一个国家和地区的上游创新因子(upstream innovation factor),它反映了一个国家和地区的科学技术水平;下游创新因子(downstream innovation factor)用申请专利的数量来衡量,它反映了将技术商业化的能力和水平。除了技术创新能力,一国的经济创造力还与将新的技术用于创造财富的创业活动有关。创业的环境主要包括新企业设立所面临的行政和法规上的困难、获得创业资本的机会以及从银行获得贷款的可能性,世界经济论坛的竞争力报告所设立的创业指标刻画了将技术创新转化为生产力的难易程度。像日本、瑞典这些创新型国家虽然拥有独立的科学技术体系和较强的上游创新能力,但经济创造力却相对落后,这主要反映出这些国家的创新体系还没有完成科技与经济一体化的战略性重构。

创业是联结宏观经济增长与国家创新绩效的关键一环。创业是联系新知识投资和经济增长之间的纽带(见图 3 - 1)。我们知道 Arrow(1962)认为知识和与经济相关的知识是不同的,他提出溢出不会自动发生。内生增长理论的支持者(Romer,1986、1990;Lucas,1988;Rebelo,1991;etc.)早在 20 年前就一直持此有关知识溢出的观点。他们的目的在于明确地将知识引入增长模型。总知识资本被定义为研发和人力资本的组合,而不是具体到工艺和产品。于是就可以看到资本化的知识资产的增加在总均衡模型中引发增长。由于知识具有非排他性和非竞争性,这些模型的主要贡献在于分析说明了,由于知识在被更多的人使用时,知识资本的边际生产力不需要下降,增长可以无限地继续。

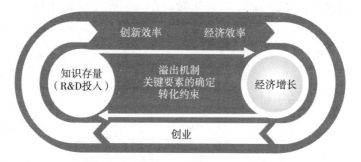

图 3-1　联结创新与经济增长的创业机制

　　罗默的内生经济增长模型只强调了知识溢出对经济增长的促进作用,却没有阐释知识溢出的过程和传导机制。第二代内生经济增长模型,从某种程度上拓展了这个问题。熊彼特认为,经济增长的过程是通过经济周期的变动实现的,经济增长与经济周期是不可分割的,它们的共同起因是企业家的创新活动。按照熊彼特的观点,创新或技术进步是经济系统的内生变量,创新、模仿和适应在经济增长中起着决定性作用,经济增长表现为一种创造性破坏过程。沿着熊彼特的这一基本思路,塞格斯特罗姆(Paul S. Segerstorm,1990)等人、阿格亨和霍维特分别建立了具有创造性破坏特征的内生增长模型。熊彼特式的企业家影响了知识溢出,并将其有效地转换为经济知识。

　　内生经济增长模型没有意识到只有知识的累积存量并不一定导致经济增长,有一些有用的经济知识没有被有效开发出来。很大一部分公共领域的知识,在一定意义上被视为公共物品,具有公共物品的非排他性和非经竞争性,而另一部分非公共领域的知识又很难从知识载体溢出到其他主体。大部分知识无论它是公共知识还是私人知识,为了更好地传播都需要具备某种吸收能力。这似乎在总的知识存量 K 和经济型知识 K^c 之间有一个过滤装置,不仅各国的知识存量不同,而且这种过滤装置的知识转化能力也有所不同。

说得更明确些,利润最大化的公司在一个期间生产知识(A),作为下一个期间的输入。假设知识生产的回报随规模而显著减少。其结果是一个可用于产品生产的知识的上限,其中每个公司 i 仅可以利用它生产的知识的一部分($l_{l,R}$)。这样,知识是部分被排除的,且所有公司是受益于总知识投资产生的溢出($A = \sum_{n}^{i=1} \alpha_t = \sum_{n}^{i=1} l_{l,R}$)的。因此,知识溢出是重要的,但它不是自动的。这似乎有一个过滤装置决定了知识存量 K 和经济型知识 K^c 之间的知识溢出率。

$$0 \leqslant K^c/K \leqslant 1$$

罗默的内生经济增长模型假设知识溢出是通过 R&D 投入自动实现的,但是这个假设并不成立。例如,在美国各大学只有约半数的发明被申请为专利;只有 1/3 的专利被授权;只有 10% ~20% 专利授权会产生可观的收入(Carlsson and Fridh,2002)。换句话说,只有 1% 或 2% 的发明能够成功地进入市场,并取得收入。新知识可以被商业开发,但把新意念转化为经济增长,就需要把新知识转化为构成商业机会的经济知识。创业在知识产生和该知识的商业化之间起到重要的联系作用,尤其在早期,知识还在流动的阶段。当然也存在很多机制阻碍着知识的商业化。创业提供了一个渠道,解决了知识的商业化问题,它是将知识与商业化和经济增长相联系的一个机制。

二、创业与经济增长的相关性分析

(一)创业活动与经济波动间的相关性

一般来说,在经济衰退期,人们的投资欲望大大降低。但不少投资者仍旧认为,在经济不稳定时期是创业的最好时机。他们认为,在经济调整时期诞生的企业虽然数量较少,但其质量更高。在这一时期风险投资商通过审慎投资,过滤了"混杂"的企业,培育出的创业企业在经济复苏来临时往往显示出巨大的发展并提供了巨额的回报,因而进一步激发创业的热情,加快经济的复苏和增长。

　　创业与经济波动间的相关性是由康德拉季耶夫、熊彼特、德鲁克等学者提出的。他们在对创业活动发展历史的研究中发现,经济发展与创业活动一样,其发展过程都有一定的波动性和周期性,呈现出一定的波动规律,而且创业与经济发展的周期是一致的。德鲁克提出创业型经济基于对 20 世纪 70 年代中期以来流行于美国的所谓"零成长经济"、"使美国非工业化"及长期的"康德拉季耶夫周期性经济停滞"等说法的质疑。德鲁克发现,事实与数字材料和这些描述不相吻合。俄国经济学家康德拉季耶夫的经济循环论认为,每隔 50 年,一个长期的科技波动就会达到顶峰。在开始的 20 年里,最新科技所产生的成长产业会取得超乎寻常的利润,但实际上只不过是对停止成长的产业不再需要的资本加以回收而已。随之而来的 10 年是突然的危机与恐慌。据德鲁克观察,支持第二次世界大战后长期经济扩张的产业,如包括汽车、钢铁、橡胶、电力设备、消费性电子产品以及石油,完全符合康德拉季耶夫经济循环理论。德鲁克同时发现:1965 年到 1985 年间,16 岁以上的美国人(这些人被列为劳动力计算),人数增长了 2/5,从 1.29 亿人增加到 1.8 亿人。但是,有酬工作数量在同期却增长了 1/2,从 7100 万增加到 1.6 亿个,尤其是在 1974 年到 1984 年,劳动力增长最快。

(二)创业水平与经济发展阶段的相关性

　　一个国家的经济发展水平与这个国家的创业水平和创业类型之间存在着密切的关系。2006 年 GEM(全球创业观察)对全球 40 个国家进行的调查获得的最新数据再次证实这一事实。全球创业观察(GEM)将人均国民生产总值低于 20000 美元的国家划为中等收入国家,高于 20000 美元则划为高收入国家。根据 *World Economic Outlook Database* 提供的最新数据,阿根廷、哥伦比亚、印度、俄罗斯、印度尼西亚、秘鲁、马来西亚、捷克、菲律宾、巴西、智利、中国、克罗地亚、匈牙利、牙买加、拉脱维亚、墨西哥、南非、泰国、委内瑞拉为中等收入国家,2006 年人均国民生产总值平均为 10367 美元,平均经济增长率为 5.4%。澳大利亚、奥地利、比利时、加拿大、丹麦、芬兰、法国、斯洛文尼亚、德国、希腊、冰岛、爱尔兰、意大利、日本、荷兰、新西兰、挪威、新加坡、西班牙、瑞典、瑞士、英国、美国为高收入国家,2006 年人均国民生产总值平均为 34139 美元,平均经济增长率为 3.5%。与 2005 年相比,中等收入国家人均国民生产总值有了较大增长,由 2005 年的 6252 美元上升到 2006 年的 10367 美元;其经济增长率也有了增长,由 2005 年的 4.5% 上升到 2006 年的 5.4%。与中等收入国家相比,高收入国家人均国民生产总值有所下降,由 2005 年的 38722 美元降至 2006 年的 34139 美元;但这些国家的经济增长率却有了增长,由 2005 年的 2.6% 上升到 2006 年的 3.5%。

在人均国民生产总值相近的国家中,创业活动水平与创业类型具有相当程度的相似性,而在人均国民生产总值不同的国家中,创业活动水平和创业类型则存在着很大的差异。在全球范围内,中等收入的发展中国家在早期创业方面较发达国家更为活跃,这些国家的创业者将新产品/新服务带入市场,在利用创新与新技术方面成绩卓著。与中等收入的发展中国家相比,高收入发达国家的早期创业活动发生率较低,特别是欧盟国家与日本,其早期创业活动尤不活跃。例如,秘鲁的早期创业活动发生率为 40.2%,是 GEM 调查的 40 个国家中早期创业活动最活跃的国家。比利时是早期创业活动最不活跃的国家,其早期创业活动发生率仅为 2.7%。在这些中等收入的发展中国家中,更多的人致力于开始建立新的企业,而不是从事现存企业活动。

值得特别关注的是:在这 40 个国家中,创业活动在中国与印度获得了进一步的发展。最新的调查表明:中国的早期创业人数占全体公民比例由 2005 年的 13.7% 上升到 2006 年的 16.2%。在中国,有 32% 的被调查者表示希望在未来 3 年内开办自己的公司或企业。此外,中国政府通过制定扶助政策来支持国内的创业活动,在创业资金提供、创新技术孵化、高科技园建设等方面都有积极主动的新举措;但是在提供创业教育、提供更多创业资金、促进基础设施建设等方面,中国政府仍需加大力度。同样,印度的创业活动也十分旺盛,每 10 个人中就有 1 个人参与创业,并且创业的性别差异在这个国家中较其他国家更小。在参加 2006 年全球调查的所有 40 个国家中,印度的创业企业的现存企业率最高,达到了 15%。

2004 年对 34 个国家和地区的调查数据分析显示,人均 GDP 3 万美元是 U 型曲线的拐点。总体上,人均 GDP 在 3 万美元以下,全员创业指数(TEA)逐渐降低;人均 GDP 为 3 万美元,全员创业指数达到最低点;人均 GDP 在 3 万美元以上,创业活动综合指数又逐渐上升,表明创业活动随着人均 GDP 的提高日趋活跃。具体看,乌干达、秘鲁等一些国家的收入水平不高,但创业活动综合指数却较高。随着人均 GDP 接近 1 万美元,包括 1 万美元到 2.5 万美元之间,创业活跃程度逐渐降低,如巴西、阿根廷、新西兰、新加坡、西班牙。人均 GDP 介于 3 万和 4 万美元之间的情况比较复杂,德国、法国、比利时、芬兰和荷兰等国的创业活动综合指数正位于曲线上;澳大利亚、美国、加拿大等国的创业活动都比较活跃,皆位于 U 型曲线以上(见图 3-2);比较特殊的是日本和几个北欧国家,出于非 GDP 因素的影响,如社会保障体系比较健全、失业率较低等,其全员创业指数较低,皆位于 U 型曲线以下。当人均 GDP 超过 4 万美元以后,创业活动综合指数直线上升。特别值得指出的是,所有中欧国家以及中国(根据往年数据资料测算)都位于 U 型曲线以下,但随着向 U 型曲线方向靠近,创业活动日趋活跃,随之将会带来相对较快的经济增长速度。

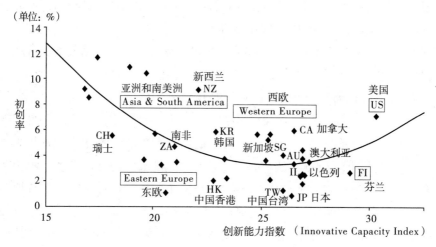

图 3-2 不同经济发展水平的国家和地区的全员创业指数(TEA)变化

从另一个角度看,不论属于哪个收入水平,所有国家在经济发展阶段的创业活动方面都大致会经过 3 个阶段:第一个阶段是创业活动较活跃的阶段,处于 70% ~ 80% 的人口务农的社会发展时期,大多数创业者是从事非农的小型制造和服务业。第二个阶段是创业率走下坡路的阶段,此时,由于运输、通信、资本市场等基础设施已经较为完善,中型企业的发展环境相对较好,发展优势较为显著,国家或地区比较富裕,创业动机一般都属于机会型。第三阶段,创业行为又一次处于上升势头,如 20 世纪 70 年代的美国。新近的研究也证实,欧盟和大多数的 OECD 国家也存在类似的现象。在过去的三十多年中,几乎所有的工业化市场经济体都经历了一个制造业比重降低、服务业比重提高的过程,加上信息化的高速发展,创业活动日趋活跃,高收入水平的国家又回到了创新创业的路子上来。

长期创业均衡率取决于一个国家经济发展所处的阶段,实际的创业水平与均衡水平未必相等。也有一些证据显示,经济发展所处的阶段与均衡创业水平呈现 U 型关系。卡瑞(Carree,2001)等人的研究表明,国家的实际创业率与均衡水平不等的国家,其宏观经济增长会受到影响。在这方面,均衡水平也可以解释为一个"最优"的水平,对于均衡水平的偏离,需要市场力量和政府干预,才能恢复平衡。许多力量可能是造成实际创业率和均衡创业率不同的原因。"不平衡"可能是源于文化力量和制度设计,如市场管制、激励结构和资本市场的运作。其中市场力量和政策在恢复创业平衡的过程中发挥重要作用。

(三)创业水平与产业结构的相关性

国外学者从创业水平对产业结构的直接作用和间接作用两方面,定性地分析了创业水平与产业结构之间具有很强的相关关系。产业和行业是创业的载体,产业结构的特点直接影响创业水平和机会空间。产业选择决定了创业行为的基本环境结构,如市场环境、竞争环境等。企业家开展创业行为就意味着进入某个产业参与产业竞争,并在竞争中获取机会所蕴涵的潜在收益。企业家对产业的理性选择的目的在于有效地规避与转移产业内风险。创业对产业的选择受以下几个方面的影响:产业的知识条件、需求条件、行业生命周期和行业结构。

1. 知识条件

知识条件是经济学家用来表示一个行业里支持产品和服务生产的知识类型的术语。它包括生产过程的复杂程度、行业里新知识创造水平、创新实体的规模以及不确定性程度。行业知识条件从三个方面对新企业有利。第一,具有更高研发强度的行业比研发强度较低的行业更有利于新企业。研发强度用来测量每一美元销售额中企业投入多少研究与开发费用。该量度表示企业在新知识创造方面的投入如何,研究发现,研发密集型行业拥有更多的新企业,因为新技术发明是新的商业创意的机会来源。研究与开发投入越多,发明的新技术就越多,发明的新技术越多,有利于发展新企业的技术越多。第二,促进新企业形成的知识条件的另一方面是创新源,该术语指谁创造了作为机会来源的新技术。在一些行业,如医药行业、公共组织(包括大学和国家实验室)是大量知识创造的来源。研究指出,由公共部门组织创造大部分新技术的行业拥有大量新企业。第三,创新过程的性质。在某些行业,如汽车制造行业,创新和新技术开发要求很大的经营规模与大量投资,这使大部分创新在大企业完成。在另一些行业,如 IT 行业创新和技术开发要求有一个柔性敏捷的组织,这使得大部分创新由创业企业承担。与创新需要由更大的企业来完成的行业相比,创新需要由创业企业来完成的行业有更多的新企业。

2. 需求条件

需求条件是指某个行业里顾客对产品和服务的偏好特性的术语。这种需求可以是增长的或缩小的,可以是稳定的或变化的,也可以是同质的或异质的。需求条件的三个特性促进了新企业的形成:市场规模、市场成长与市场分割。研究指出,新企业在较大市场比较小市场业绩更好。因为较大市场对新企业来说更加有利可图,创业者面临着创建新企业引起的固定成本,这种固定成本在较大市场中可以被分摊或分摊在更大的销售额上。结果,在较大市场中创建新企业的期望收益会更大。创建新企业更多地出现在分割更细的市场里。各个行业的市场分割度不同,市场分割有助于新企业的创建。因为细分市场要求组织能够在小批量生产的情况下开发市场。新企业比一般现存企业更善于小规模生产。另外,细分市场开发需要行动快速而敏捷的企业,以便利用其他企业没有满足的细分市场,而新企业比其他企业反应更快速、敏捷。

3. 行业生命周期

第一,新企业在行业处于青年期时,比在行业处于成熟期时做得更好。新产品接受者的正态分布会产生 S 型市场的成长模式。在该模式中,需求将首先加速,然后减速。由于新企业更容易在需求增长期间进入市场,因而它在新兴市场里比在更为成熟的市场里做得更好。第二,当行业变成熟时,倾向于主导设计集中,新企业在行业的主导设计出现以前比在该设计被建立起来以后做得更好。之前,创业者可以为新企业的产品和服务做任何设计。之后,主导设计的建立将把创业企业采用的设计限制在已有的标准之上。行业中的竞争基础改变了,企业间不再是看谁拥有最符合顾客偏好的设计,而是看谁能最有效率地生产出标准化设计。

4. 行业结构与资本密集度

新企业的绩效表现与行业资本密集度密切相关。一般而言,由于新企业需投入较大规模资本以获得生产设备和营运设施,而投资者又需要相应的风险溢价作为补偿,因此对于不能马上产生现金流的新企业而言,在资本密集度大的行业初期表现较差。此外,新企业由于平均规模较小,很难通过规模经济降低采购和生产成本,因此,新企业不易选择资本密集度大的行业创业。

三、创业促进经济内生增长的知识溢出模型

创业是联系新知识投资和经济增长之间的重要一环,是经济长期增长的动力和源泉,是长期经济增长的微观机制。本节研究目的在于基于已有创业研究成果,扩展内生增长模型,以解释知识是怎样转化为经济知识,而经济知识是怎样影响增长的。第一,与以往的内生增长模型相反,明确引入一个转换机制来确定一个比率,这个比率是知识存量转化为特定的公司可利用知识的比率。第二,借助模型来说明创业在知识利用中的作用。因此,国家或地区是否会有更高增长,同时取决于国家的创业水平,以及对知识创造提供的资源。第三,本节利用包含知识溢出机制的内生增长模型进一步阐释了创业和增长之间的关系。这不仅解释了一些经济增长事实,而且其政策内涵对创业促进中国经济长期增长政策的制定和运用也有一定的参考价值。

(一)模型研究的假设:知识溢出的渠道以及知识过滤因子

为了对过滤因子和溢出产生机制建模,进行了下列假设:

1. 给定的个人集合 $\bar{L}$ 可以受雇于生产部门(L_M)、知识(发明)生产部门(L_R)或创业部门(L_E)。

2. 创业能力在个人之间非均匀分布。在决定如何最大限度地利用知识,对知识进行评估时,体现了各自的能力,即要在继续受雇佣和成为创业者之间做出利益最大化的选择(Knight,1921)。

3. 经济中的过滤因子 σ_R 决定着知识是否被有效地转化为经济知识,这

意味着知识存量(A)中只有一部分可以转化为公司可用的特定知识。

4. 知识转化为经济可用知识的渠道有两个:第一是现存公司,第二是新兴的创业企业。

5. 现存公司通过雇佣知识工人(L_R),从而获得新发明、现品种(x_i)的新变种和新知识(A)的方式,将现有知识转化为经济可用知识。因子(σ)的厚度决定了公司将知识转化为产品和服务(商业化)的效率:

$$0 < \sigma_R < 1$$

过滤因子越厚(σ 接近于零),知识利用效率越低。

6. 创业代表个人(L_E)利用他们的创业能力($\overline{e_i}$)对知识的总存量(A)加以利用的任何已有的和新的知识的组合。创业活动也取决于利用知识和转化成产品和服务的效率:

$$0 < \sigma_E < 1(\sigma_E \text{ 代表创业因子})$$

7. 公司生产的知识是非竞争的和部分非排他的。

8. 每一个公司都代表一种新知识的组合,正如熊彼特(1911)、奈特(1928)、弗里曼(1989/1990)、奥璀兹(1990)等所指的,这个假设的一个重要的应用就是公司是异质的,不仅在规模上,而且在公司所有特征上,如吸收能力、公司战略、技术产品范围和绩效的所有方面(赢利能力、生产力等),新进入者没有现存公司有经验,通常会犯错误和失败,因此高的市场进入率是长期经济增长的关键因素。

$$\frac{\dot{A}}{A} = \sigma_R L_R + \sigma_E Z(L_E)$$

创业活动采用以下形式:

$$A(L_E) = L_E^{\gamma}, \gamma < 1$$

这些假设意味着通过知识存量的增加(通过研发和教育)实现高经济增长的两个决定条件是:第一,知识必须转化成经济可用知识;第二,经济必须包含能够选择、估价和将知识转化为经济可用知识的生产因素。如果这些条件不满足,知识存量的增加对增长的影响可能不大。还有,由于阻碍知识转化的知识过滤因子较弱,拥有少量知识存量的地区可能会比大量拥有知识的地区具有更高的经济增长。

（二）创业内生于经济增长的知识溢出模型

内生增长理论反映了人们了解高科技在促进生产率提高和经济增长中的作用的心愿，它把经济增长与知识有机结合起来，因此用内生增长理论研究创业与经济增长有着深厚的渊源。这里运用创业内生化的经济增长模型，来阐释创业促进长期经济增长的微观机制。将分创业决策选择、含有创业机制的经济内生增长简单模型以及含有创业机制的经济内生增长拓展模型三部分来系统分析创业内生于经济增长的知识溢出模型框架。

1. 创业决策

知识创业是创业者将技术的知识与市场的知识进行组合，并创造新知识的过程，是创造收益的商业活动。新技术的不确定性及当代技术创新越来越呈现出非线性的特征，使科技人员下海创业成为一种必然。早期的知识创业者是依赖于新的技术工具、新的技术设备，而当代的知识创业者更多的是依赖于新的创意和新的理念创办企业。知识创业者为的是新创意、技术专利而创办企业，为生产知识产品而创建新的企业和商业模式。当知识创业者认识到现有的环境是阻碍知识创业的根本因素时，知识创业者或者选择离开现有环境而寻求有利于技术创新利润实现的环境区域，或者站到前台直接推动知识创业，即创建自己的企业。例如，三十多年前，当快捷半导体公司在美国发展已近顶峰之际，其雇员纷纷跳槽自立创业，该公司因而"孵化出"大量的新企业。其雇员不仅带走了技术方面的知识，也带走了成功创业所不可或缺的市场和经营知识。

以下是对创业决策选择模型的解释：

考虑一个国家，拥有人口 L，寿命跨越两个（或更多）时段。在第一时段，现存公司雇佣了所有个人，但在两个时段之间，他们要在继续受雇佣和成为创业者之间做出现实选择。处在创业能力分布高端的个人和创新能力较低的人相比，会意识到对 A 进行商业化利用的更多机会。在效率水平为 σ 的经济中，通过对给定创新能力（$\bar{e}$）和总知识存量（A）的组合，人口中的某个部分（L_E）将会通过运营他们自己的公司识别出可创利的机会，从而成为创业者（e_i）。这样，在给定时点：

$$e_i = f(\bar{e}_i, A, \sigma), \sum_{L}^{i=1} e_i \equiv L_E \qquad (3.3)$$

在 $\bar{e}, A$ 和 σ 中,总创业能力是增加的。

在继续受雇佣和成为创业者之间做出的现实选择取决于不同选择所获得的收入。假设个人偏好符合 von Neumann-Morgenstern 效用函数,即允许效用形态的效用表示严格增长,另外,假设个人是完全的风险厌恶且 $u(0) = 0$。个人选择继续受雇佣将确定会接受工资(w),产生如下效用:

$$U^{Worker} = u(w) = u^w(x) \qquad (3.4)$$

其中我们考虑受雇的个人期望效用,它允许消费 x 物品。另一方面,个人选择成为创业者,其期望效用取决于成功的概率($\phi \in [0,1]$)和期望收入(π)。

$$U^{Entrepreneur} = \phi u(\pi) = \phi u^\pi(x) \qquad (3.5)$$

如果进行创业活动,个人对创业活动的期望净收入(u^π)必须大于继续受雇的期望净收入(u^w)。如果 $\pi \geqslant w$,则存在一个概率 ϕ^*,对于所有的 $\phi > \phi^*$,使个人创业者选择达到最优的值。假设对一个个人子集存在 $a\pi > w$ 和 $a\phi > \phi^*$(因为假设 $\bar{e}$ 不是均匀分布),那么人口中的某个部分(L_E)将从雇员变为创业者,即给定总知识存量中被商业化的部分。在总量层面,国家的创业活动(L_E)取决于创业能力和影响过滤因子的因素,假设它们反映在一个向量 σ_E 中。一个提高成功率的政策(ϕ),即降低管理压力和提高知识的可取得性,可以提高成为创业者的期望效用。

2. 含有创业机制的经济内生增长简单模型

内含于知识中的不确定性,不对称和高交易成本是对知识估值预期产生分歧的重要原因(阿罗,1962)。这种在经济主体和现存企业决策间的知识估值差异,会诱使经济主体为了赋予知识适当的预期而开创新的企业,这表明创业不仅以创立新企业的形式便利了知识的溢出,而且实质上也是实现商业化的一种机制。有学者研究了 R&D 机构对企业的知识溢出问题,归纳为两种类型:一从原有企业中衍生的新企业,一般不直接与大的 R&D 实验室联系,而是从其现有企业的 R&D 机构中获得知识。二是如 Jaffe(1989),ZoltanJ1Acs、David Bruce Audretsch 和 Fledman(1992,1994),Audretsch 和 Fledman(1996),Fledman 和 Audretsch(1999)等研究的,大学实验室知识的溢出,主要服务于私人企业,特别是小企业的商业性创业活动,而大企业一般有自己的 R&D 机构,直接从自己的 R&D 机构获取技术。

在模型中假设有两种方法开发新产品,即现有公司研发机构和创业企业。有三个生产因素:劳动力、不同的金融产品和创业,市场为垄断竞争型。研究者和创业者开发了多种新型(有专利的)资本,它既可以被看做是新型的实物资本或者新的"商业模式",也可以被出租或出售给最终产品生产者,从而提高最终产品生产效率。新型资本产品和新知识可以由(3.6)式生产:

$$\dot{A} = \sigma_R L_R A + \sigma_E Z(L_E) A \qquad (3.6)$$

其中劳动力分布在与研发和创业活动相关的部门,而 A 是在给定时点的可用知识的存量。假设创业活动的回报随规模递减($\lambda < 1$):

$$Z(L_E) = L_E^\lambda, \lambda < 1 \qquad (3.7)$$

由于创业技能在人群中分布不均匀,因此创业活动的人数翻倍,不能使新知识和品种的产出翻倍。(3.6)式可重写为:

$$\frac{\dot{A}}{A} = \sigma_R L_R + \sigma_E Z(L_E) \qquad (3.8)$$

它表明技术工艺的比率与研发、创业和这两项活动中的效益是递增的函数关系。用标准消费者最优问题和最终产品的生产函数将(3.6)式和(3.7)式合并,得出定义明确的平衡增长路径(见本章附录)。

可以看出,在稳定状态下,有些创业活动保持赢利($L_E > 0$),而研发则根据参数组成的不同,可能赢利也可能不赢利。但是,后一种效应取决于参数范围内的非竞争方式。例如,只要研发是赢利的,创业活动的程度随研发生产力而下降。因此,研发和创业在某种程度上是可以互相替代的。但总的来说,创业水平高的国家也会拥有较高的增长率。

该模型表明:首先,如果一个国家创业活动活跃,即使它在研发上投入较小,仍可能比一个在研发上投入大的国家增长快。其次,创业中的劳动力份额大,不一定是国家创业水平高的标志,因为创业技能在各国的分布是不均匀的。最后,研发和创业在增长中可以相互替代。因此,根据标准内生增长模型所制定的政策(影响研发的税收和补贴政策)不一定能提高增长率。

3. 含有创业机制的经济内生增长拓展模型

Aghion & Howitt 在继承熊彼特"创造性毁灭"思想的基础上,构建了新熊彼特增长模型。本节以此为基础,将创业机制引入新熊彼特模型中,分析熊彼特式的创业活动。新熊彼特模型假定储蓄和消费间的个人分配基于他们一生的贴现效用最大原则,且储蓄被投入到研发企业。研发投资回报由当时的市场投资回报率(r)决定,它的均衡点等于消费者的时间偏好率,$t > 0$(贴现率)。标准效用函数表述如下:

$$U = \int_0^\infty e^{\rho t} \ln[h(.)] \, dt \tag{3.9}$$

其中次效用函数 h 描述了效用如何随现有产品质量(a)——新知识——的增加而增加。

$$h(y_0, y_1, y_2, \cdots) = \sum_{n=0}^\infty a \, y_n, a > 1 \tag{3.10}$$

即假设上述质量的价格等于1,消费者愿意为高质量产品支付 $a(> 1)$。当消费者转向新产品时,资源从旧产品转向新产品,即发生了创造性破坏。

新产品质量是公司间研发比赛的成果,该成果是随机的和有因果关系的。每次新研发比赛都是前次对知识的投资的结果。由于公司雇佣劳动力进行研究并增加公司专用的知识(l_i, R),因此他们增强了在研发比赛中获胜的可能性。研发比赛的获胜者将暂时享有垄断的市场权利,它会导致对研发和新竞赛的更多投资。这个改善产品质量的创业者进入市场的过程服从泊松概率分布:

$$\mu = (\sum_i^n l_{i,t}) \, dt = L_R^\gamma dt \tag{3.11}$$

其中假设知识生产中的技术回报随规模递减($0 < \gamma < 1$)。

总增长:在稳定状态收入中,消费和研发投资不随时间变化,但新产品增加消费者效用。令 $G(t, Y) = Exp[\ln(y)]$ 代表国家在 t 点的总效用,其中在时点 t 的简介子效用由 $y(\cdot) = a^I C/a$ 给出。观测值(I)的数量在经济按稳定状态的增长率运行时,服从泊松过程 $Exp(I) \equiv \mu dt = t L_R^\gamma dt$。用这个条件,时间 t 时的期望总效用——用对数表示是:

$$G(t, Y) = \ln C - \ln A + t L_R^\gamma \ln a \tag{3.12}$$

其中,$\ln C - \ln A$ 代表质量校正支出水平,$t L_R^\gamma \ln a$ 代表随时间引入产品的期望比率。长期熊彼特增长定义为:

$$g = dG(t, Y)/dt = L_R^\gamma \ln a \tag{3.13}$$

说明经济增长随着知识投资(雇佣更多的研发人员 L_R),即创业者进入市场的密度(μ)和质量提高程度(a)而增长;但随着回报随规模(γ)的下降而降低。

尽管此模型有很多优点,但还没有体现熊彼特式创业者的特点,也没有引入创业技能和用于创业的知识存量的作用。

进一步将研究与制造工人之间的替代性假设放宽。这样,只有创业选择对想换工作的制造工人成为可行。假设知识(研发)工人对一项发明(a)的贡献导致最终产品部门生产力的提高。如果对生产因素的补偿由最终部门中的引申需求决定,那么知识工人创造的全部生产力增长为知识投入的边际生产力乘以最终产品价格($w^R = a$),其中劳动力的生产力假设为常数。那么最终产品工人既可以留在制造部门而获得工资 $w_M(< w_R)$,也可以成为创业者。

具有创业能力($\bar{e}$)的个人利用可用知识(A),进行创业和引入新产品。因此他们将提高(期望)收入,由工资 w 提高到创业利润 π。部门间的劳动力重组意味着找到新的(暂时的)均衡点,在这点上,生产部门的边际生产力——以及期望创业收入——等于研究部门的边际生产力。在新的均衡点上,所有职业的工资的平均水平将提高。

在新熊彼特模型框架中,基于个人行为中的利益最大化原则,提出下列修正。首先,新的创业公司的开办与新产品进入市场的方式相同,即给定人口 $\bar{L}$ 的创业开办子集的概率分布服从泊松过程:

$$\eta \mathrm{d}t = \Big(\sum_{i=1}^{L_0} l_{i,E}(\bar{e}, A, \sigma) \Big) \mathrm{d}t = \sigma_E L_E^\gamma \mathrm{d}t \tag{3.14}$$

其中 $0 < \gamma < 1$ 说明回报随总产量规模递减,且 σ_E 代表效率或过滤参数,即创业活动促进或阻碍知识商业化的程度。

假设研发竞赛引起的进入和创业引起的进入相互独立,我们可以应用泊松分布的一个附加性质:

$$\kappa \mathrm{d}t = \mu \mathrm{d}t + \eta \mathrm{d}t = (\sigma_R L_R^\gamma + \sigma_E L_E^\gamma) \mathrm{d}t \tag{3.15}$$

在长期稳定增长的情况下,该表述变为:

$$g^* = \mathrm{d}G/\mathrm{d}t = (\sigma_R L_R^\gamma + \sigma_E L_E^\gamma) \ln a \tag{3.16}$$

设 $L_E > 0$,此式明显超过(3.15)式中的表述,因此:

$$g = \sigma_R L_R^\gamma \ln a < (\sigma_R L_R^\gamma + \sigma_E L_E^\gamma) \ln a = g^* \tag{3.17}$$

这表明经济增长是由研发创新和创业共同推动的,创业的知识商业化的高密度率会提高经济稳定增长率,并且创业的知识溢出机制明显超过仅来自创新研发竞赛的增长 g。

此模型的政策意义在于：

第一，从正外溢收益的角度看：内生经济增长模型存在两种外部效应：知识的溢出效应和创新的毁灭效应。在这两种外部效应的作用下，自由经济中的经济增长速度可能高于也可能低于社会最优的经济增长率，特别是在私人部门没有内在化创新的毁灭效应时，自由经济中的经济增长率将会高于社会最优增长率。通过政府公共政策→对产生知识外溢收益的要素补贴→刺激社会资源偏好于创业活动→推动经济增长。

第二，从创业资本积累和知识积累的角度看：降低创业活动的积累成本（包括创业门槛、规制成本、信息成本、环境摩擦成本等），或者说通过创业公共服务私人在市场竞争条件的创业收益率提高；刺激创业投资→创业型经济活动主体的资本积累率提高（伴随着资本积累，知识的积累也随之提高）→提高生产率→促进经济增长。

第三，从创新投入与促进知识商业化的角度看：通过公共政策降低私人知识开发成本；提供知识开发及生产的风险补贴；产权保护及反垄断政策；直接向知识商业化领域进行投资→提高知识成果的利用率→推动经济增长。

四、创业、国际竞争力与经济增长效应的宏观计量经济学分析

上一节从微观层面论述创业促进经济增长的功能机理，这一节则是从宏观层面论述创业发展对宏观经济的影响，并通过宏观经济计量经济学模型，对创业与经济增长的相关性加以深入分析和验证。

（一）变量设定与样本选择

研究充分利用了全球创业观察、全球竞争力报告和其他数据资源。主要关注中长期的经济增长，而不是关注短期的经济增长。研究利用 GEM 大样本的调查统计全员创业指数[TEA，即创立新公司或一家小于 42 个月的新公司的拥有者或经理人员占总的成年人口(18~64 岁)的百分比]，将发达国家与发展中国家或地区的 TEA 指数与国家竞争力指数、GDP 增长率进行时间序列

回归分析,其目的是,首先考察 TEA 与样本国 GDP 增长的相关分析,其次进一步探讨不同经济体之间的创业差异及其不同经济发展阶段创业活动的不同影响,最后对总体创业与经济增长以及高成长创业对经济增长的绩效分别做宏观计量分析。

研究以 36 个参与 2004 全球创业观察调查的国家和地区为样本。在模型中有四个基本的假设变量:全民创业活动指数、国内生产总值(GDP)增长率、人均收入和成长竞争力指数。这些变量的来源和定义如下:

1. 全员创业指数(TEA)

TEA 即有效地参与新创立企业的人,或是经营期不足 42 个月的企业的所有者所占的比例。

2. GDP 增长率(ΔGDP)

GDP 增长率来源于 IMF 2004 年 9 月版的世界经济前沿数据库。

3. 国民平均收入(GNIC)

人均国民收入用每美元购买力表示,数据来源于世界银行 2004 发展指标数据库。

4. 成长竞争力指数(GCI)

成长竞争架构是采用全球竞争力报告的框架结构。GCR 的核心目标是评估世界各国经济实现持续增长的能力。GCR 确定了经济增长的三个相互关联的机制:高效率的分工、资本积累(包括人力资本)和科技进步。在 GCR 架构中科技创新被看做是实现长期经济增长的最重要因素。

GCI 反映了 GCR 框架下经济增长的三大支柱:技术、公共制度和宏观经济环境。这些因素在不同的经济发展阶段发挥着不同的作用,因此,这些因素在构建 GCI 总体指数时,针对经济处于不同发展阶段而被赋予不同的权重。具体而言,发达国家与发展中国家相比,技术创新要被赋予更高的权重,而在发展中国家技术转移要被赋予更高的权重。GCI 的数据取自 2004 全球竞争力报告。此指标具体参考了 McArthur 和 Sachs(2005)的研究。

(二)创业与经济增长关联性的宏观计量模型分析

1. 不同国家创业与经济增长关联性比较

因为主要考察创业对经济中长期增长的解释作用,所以研究选择 2004 ~

2007 四年间的年平均成长增长作为研究中的独立变量。使用 GEM 国家的最初收入水平(对数)修正追赶效应,利用 GDP 滞后增长率修正被扭转的因果关系效应,作为另外的控制变量,此外考虑高度发达和发展中国家不同效应的可能性。进一步测试是否 TEA 对转型国家有不同的效应。TEA 率反映不同发展水平的国家创业的类型不同,暗含着对增长的作用有所同。这是通过定义不同国家(高收入国家、低收入国家;高度发达国家、转型国家和发展中国家)独立的 TEA 变量来测试的。模型由(3.17)式和(3.18)式表示。这些等式分别由 OLS 估计。高收入国家正效应假设对应于系数 $b_1(b_2)$ 大于系数 $c_1(c_2)$。此外高成长创业比一般创业对国民经济增长的贡献大的假设对应于 $b_2(c_2)$ 大于 $b_1(c_1)$。

(1)总的创业活动与宏观经济增长效应

基于上述变量设定,确定回归模型:

$$\Delta GDP_{it} = a + b_1 TEA_{i,t-1}^{rich} + c_1 TEA_{i,t-1}^{poor} + d \log(GNIC_{i,t-1})$$
$$+ eGCI_{i,t-1} + \Delta GDP_{i,t-1} + \varepsilon_{it} \tag{3.19}$$

对数据进行 OLS 线性回归,结果如表 3-2(a)和表 3-2(b)所示。

表 3-2(a)　36 个国家/地区总的创业活动和 GDP 增长率

国家(地区)	TEA	TEA 高增长率	平均 GDP 增长率(2004~2007 年)
美国	10.51	2.13	3.00
俄国	2.52	1.44	6.18
南非	6.54	1.73	3.60
荷兰	4.62	1.04	0.60
比利时	2.99	0.52	1.53
法国	3.20	0.61	1.43
西班牙	4.59	0.77	2.98
匈牙利	6.64	1.67	3.50
意大利	5.90	1.65	0.48
瑞士	7.13	1.30	0.60
英国	5.37	1.27	2.40
丹麦	6.53	1.13	1.45

国家（地区）	TEA	TEA 高增长率	平均 GDP 增长率（2004~2007 年）
瑞典	4.00	0.61	2.43
巴西	13.53	3.08	2.65
智利	15.68	5.07	4.48
澳大利亚	8.68	1.56	3.18
新西兰	14.01	2.21	3.85
新加坡	5.91	1.59	4.23
泰国	18.90	1.82	5.45
日本	1.81	0.45	1.45
朝鲜	14.52	3.38	4.63
中国	**12.34**	**4.24**	**9.08**
印度	17.88	2.73	6.63
加拿大	8.82	2.01	2.73
爱尔兰	9.14	1.41	5.00
冰岛	11.32	3.86	3.28
芬兰	4.56	0.82	2.50
斯洛文尼亚	4.63	1.54	3.58
香港地区	3.44	0.46	4.88
台湾地区	4.27	1.63	4.08
以色列	7.06	2.90	2.28
均值	8.11	1.78	3.22
标准差	4.59	1.10	1.84

表 3 - 2（b）　以 TEA 解释经济增长率，N = 36

TEA	模型 1	模型 2
常数	19.6** （4.2）	22.2** （2.5）
TEA	.047 （0.8）	
高收入国家的 TEA		
低收入国家的 TEA		

TEA	模型 1	模型 2
高度发达国家的 TEA		11 ** (2.2)
转型国家的 TEA		.19 (1.4)
发展中国家的 TEA		.023 (0.2)
log(GNIC)	-2.2 ** (2.8)	-2.4 ** (2.6)
滞后 GDP 增长	.37 ** (2.9)	0.22 (1.2)
R^2	0.626	0.662
修正的 R^2	0.577	0.592

注:括号内是与绝对异方差相一致的 t 值。因变量是 2004 ~ 2007 年的 GDP 年均增长。TEA 是全员创
业指数;GCI 是 2004 年成长竞争力指数;GNIC 是 2004 年的人均收入。
* 表示在 0.10 的水平上显著。
* * 表示在 0.05 的水平上显著。

通过分析可知,回归方程的拟合优度、相关系数、t 值均较理想。通过了整体显著性检验。根据研究结果,将全员创业指数按活跃程度分为 A、B、C、D、E。发达国家和发展中国家之间全员创业活动率的差异非常明显。发达国家多集中在 C 组、D 组和 E 组,平均创业活动率处于中低水平,而发展中国家则大多集中在 A 组和 B 组,平均创业活动率较高。衡量经济发展的两个尺度和控制变量的有机结合更有力地证明了创业和经济发展之间的 U 型关系。

区别不同经济发展水平和阶段很重要。对高收入国家来说,创业活动的作用是显著为正,而创业活动对低收入国家的作用几乎为零。创业在转型国家的经济增长中则占据一个特别位置。转型国家创业的创造性破坏作用比发达的工业国家大,特别是新企业的进入(退出)对生产力增长的贡献更大。

当然解释结果时,也要注意研究中的一些缺陷。首先,对不同国家创业区别的分析仅仅停留在某一时刻,这可能是为什么没有找到变化周期的主要原因(Reynolds et al. 2001 年和 2002 年对 29 个国家的总创业率的初步比较分析表明在短期内可能存在一个明显的创业周期)。事实证明,关于 GEM 国家TEA 率的相对排序在几年内是非常稳定的,这反映了一个国家的结构性变化

（制度和环境是决定创业相对率的关键）。其次，在本书中，将总体 TEA 作为测度创业的全部指标，并没有对创业指数进行细分，如果按产业部门区分可能会有不同的结果。

（2）高成长型创业与经济增长的回归分析

高成长型创业与经济增长的回归模型构建如下：

$$\Delta GDP_{it} = a + b_2 TEA\_high\,growth_{i,t-1}^{rich} + c_2 TEA\_high\,growth_{i,t-1}^{poor}$$
$$+ d\log(GNIC_{i,t-1}) + e\,GCI_{i,t-1} + \Delta GDP_{i,t-1} + \varepsilon_{it} \qquad (3.20)$$

表 3 - 2（c）是使用 TEA 高增长率作为独立变量的结果。表 3 - 2（c）：以 TEA 高增长率解释经济增长（高成长创业企业的定义，5 年内 20 个雇员，N = 36）。

表 3 - 2（c）　高成长型创业率与经济增长

TEA 高增长	模型 1	模型 2
常数	19.8** (4.3)	20.0** (3.5)
TEA	.27 (1.4)	
TEA（高收入国家）		
TEA（低收入国家）		
TEA（高度发达国家）		.29 (1.3)
TEA（转型国家）		.70** (2.7)
TEA（发展中国家）		.17 (0.8)
log(GNIC)	-2.2** (2.9)	-2.3** (2.9)
GCI	.68 (0.8)	.90 (1.1)
滞后 GDP 增长	.34** (2.4)	.22 (1.0)
R^2	.637	.667
修正的 R^2	.590	.598

一个国家的 TEA 和 TEA 高增长率是截然不同的。表 3-2(a)、表 3-2 (b)、表 3-2(c)显示了三个重要结果。第一,高成长型创业的确比一般创业对实现 GDP 增长有更重要的作用;而且有更多高成长创业企业似乎对转型国家特别重要。例如,我国 TEA 排名第九,但 TEA 高增长率排列靠后。第二,大多数转型经济国家体现了创业活动具有较高的成长性,估计系数的统计重要性比在高度发达国家或发展中国家都有更大的作用。转型国家体制和机制转轨过程中释放出来的高增长机会比较多。我们应该意识到所谓的金砖四国(BRIC,即巴西、俄罗斯、印度和中国)等转型国家中的多样性变化。第三,比较三张表中各个 TEA 系数,我们认为在发达国家增长适度的创业似乎是重要的。这也许反映了这些国家更成熟的产业结构给创新型增长提供的空间比在转型国家经常看到的动态高增长机会更多。

2. 回归结果及其政策含义

通过以上回归结果分析,我们能得到一些有价值的政策启示:

第一,从创业视角来看,应该对现有国家竞争力和经济增长理论进行重新定义与解释。

如果利用以往的经济增长理论和国家竞争力理论很难解释像日本、法国、比利时、瑞典等低创业率的国家,美国、加拿大、澳大利亚这样的高创业率国家,及其他一些有着比较高的创业率的发展中国家如巴西、墨西哥等,它们的国家竞争力为什么与经济增长存在不一致的现象。一个国家的竞争力和经济增长中应该包括经济创造力的指标。经济创造力指标应该由两部分构成:一部分是反映一个国家创新能力和技术水平的"技术指标"(Technology Index),另一部分是反映新企业创业难易程度的"创业指标"(Startup Index)。在这一指标体系中,一个国家和地区的技术指标由自主创新能力和从国外获得技术的能力确定。由于从经济的角度看,决定一个国家生产率水平的是它所采用的最新技术和创新,而与技术和创新的来源无关。

第二,长期创业均衡率取决于一个国家经济发展所处的阶段,实际的创业水平与均衡水平未必相等。也有一些证据显示,经济发展所处的阶段与均衡创业水平呈现 U 型关系。卡瑞(2001)等人的研究表明,国家的实际创业水平与均衡水平不等的国家,其宏观经济增长会受到影响。在这方面,均衡水平实际上也可以解释为一个"最优"的水平,对于均衡水平的偏离,需要市场力量和政府干预,才能恢复平衡。许多力量可能是造成实际创业水平和均衡创业水平不同的原因。"不平衡"可能是源于文化力量和制度设计,如市场管制、激励结构和资本市场的运作。其中市场力量和政策在恢复创业平衡的过程中发挥重要作用,因此各国应更加关注创业成长的性质,包括创业的产业特征、环境因素的作用以及促进高潜力型创业的长期发展的政策效应。

第三,要重点关注高成长型的创业企业。

研究表明高成长型创业的确比一般创业对实现 GDP 增长有更重要的推动作用。尤其是发达国家、新兴国家以及转型国家均把高成长企业的数量作为评价该国创业活力和经济景气程度的重要指标之一,因为高成长型的创业企业具有较高的技术创业效率,具备强劲的竞争力,并且勇于采用新的商业模式,是成长速度较快、能迅速进入市场的创业型高技术企业。对政府而言,支持高成长型创业企业发展,不仅是促进产业从形成期进入成长期,促进产业集群的形成,也是在加速资源的优化配置,增进一个地区的经济繁荣。而且聚焦于高成长型创业,把资源集中于潜在高成长创业,将增加政策扶持的效率和效用。

第四章　创业促进经济内生
增长的效应研究

第三章论述了创业与经济增长的关联以及创业对经济增长的宏观效应分析,接下来必然要引出一个关键的核心问题,创业究竟是如何影响经济增长的,其影响的层面和机理又是怎样的? 要解决这些问题,最主要的是弄清创业对经济增长的基础性作用和宏观效应。

一、创业促进经济内生增长的效应研究

需要进一步指出的是,创业在三个层面上形成的溢出效应、集聚和配置效应以及乘数效应具有在时间上的继起性和空间上的并存性,不同层次的效应由于经济发展的不同水平会表现出不同的强度。本节将在第三章阐释创业的知识溢出机理基础上,进一步分析创业促进内生经济增长的效应。

(一)创业的微观效应

创业的微观效应包括创业的知识溢出效应和资源配置效应。

1. 创业的知识溢出效应

内生经济增长理论一直将经济系统内高效的知识积累和传播视为实现长期、稳定增长的关键环节。正如 Arrow(1962)指出的,实物资本的增长和公共知识之间存在着一种正向的关系。私人净投资增长的直接原因是私有资本的增加,间接原因是生产活动的学习效应,即溢出的结果:共享可用的社会公共知识资本。因此知识溢出强烈的地区容易成为高技术企业的集群区。这也是我国各地政府普遍强调教育和科研投入的重要理论依据。然而,内生经济增长理论并没有就新知识和科技成果凭借何种机制在特定区域内进行传播给出

令人信服的解释。2004 年,阿克斯(Acs)在其以欧洲发达国家实际数据为佐证的论文中将科技知识的传播机制归纳为:

$$\Delta A = \delta H_A^\gamma A^\phi$$

在分析影响经济核心竞争力形成的隐性知识(tacit knowledge)的扩散系数时,Acs 论证并检验了"创业"一方面可以促进新生企业进入市场,进而分享、扩散新知识、新技术;另一方面可以驱使掌握创业技术和创业知识的大型企业技术、管理人员以个人创业的形式追逐更大的个人收益,从而更快速、有效地完成知识向市场价值的转换。因此,"创业"资本存量的大小与知识存量存在密切的正相关关系,并从长远意义上左右经济系统内部知识资本积累和扩散。

一些学者所进行的实证研究发现,创业企业使用的知识大都是从大学研究实验室以及产业 R&D 实验室溢出的。这些实证研究表明地理区域以及地理区域的接近程度确实对知识溢出有影响。Audretsch 和 Feldman(1996)也发现对于地理集聚,创新活动在新知识起到更重要作用的产业中发生的几率趋向于较大。知识溢出对不同公司的作用是不同的。Acs, Audretsch and Feldman(1994)的近来研究认为,创业企业的创新产出在于创业企业是通过开发大学 R&D 投入和大公司 R&D 投入所创造的知识获得的。他们的研究表明,所有公司的创新产出随着 R&D 投入数量的增加而提高,对于这一点不论是在私人公司还是在大学实验室都是如此。但在将知识投入到大公司的创新活动方面,由私人公司进行的 R&D 投入发挥了独特的重要作用,而大学进行的 R&D 投入对创业企业创新活动的产生充当了特殊的关键投入。这表明,大公司更擅长开发在它们自己实验室中被创造出来的知识,而创业企业在开发从大学实验室溢出的知识方面具有比较优势。

2. 创业的技术创新效应

Cohen and Klepper(1992)证实在变化和维持不同经济特征的条件下,企业发展具有不同的途径。从演化经济理论的观点出发,这里有两个主要的衡量尺度被卷入到技术的变化过程之中:差异和选择。每个企业的技术竞争策略都导致一个特殊的技术轨道。在现有成熟企业中创新活动是普遍的局限于企业的技术边界之内,这些创新的技术活动为企业的技术核心力量提供了一个维持的基础。Cohen and Klepper(1992)指出大企业在 R&D 的大量投资是因为它们可以从寡占市场中获得更多的利润,但是,他们没有动机去扩展超过它们技术轨道边界的创新活动。在新创企业中情况则完全不同,Cohen and Klepper 的实证研究发现,由大量的创业企业共享工业利润提高了创新活动的机会,在完全竞争条件下,所有的创新都被跟随和扩散,使得整个行业呈现出多样化的局面。行业中上升的企业数不一定使得行业利润提高,但是它能够促进技术的发展,它通过技术的创新使得社会的福利得到提高。创业企业导致社会福利提高的根源在于创业企业的数量而不是企业本身的小规模。这种工业结构中分散的决策机制和创业企业的结合打破了被技术轨道锁定的边界。知识集中在几个大型的寡占企业,可能导致为数不多的技术轨道;而知识分散在多个不同类型的企业之中,会产生多个技术轨道,形成产品的差异化。在市场不确定性低的条件下知识集中会导致更大的技术变化,而市场不确定性较高时,大量的差异化技术轨道有可能带来更为有效的变化。

创业企业和成熟大企业创新的含义也存在差别,根据创新的规模和程度的不同区分为基本的创新和增量的创新。增量的创新是和企业的技术核心竞争力及其技术轨道在保持一致条件下对产品项目进行的技术延伸,这种增量的创新不需要在企业和它的人事上进行重大的变动;相反,如果企业实施基本创新,这可能超越企业现有的技术边界和核心动力的范围,这种创新的实施需要在企业构造上进行较大的调整。在成熟企业中创新被设计为在一个给定的技术范式之内吸收变化。而在创业型经济中,由于创业企业的不断出现,产品差异化触发新的观念、设计和功能,从而导致产品生产的全新流程,这促成一个全新的企业出现。Oliver Williamson 认为创新活动和产品的生命周期有关,在产品发展的早期阶段企业可能需要全面的创新,可是当企业发展到成熟期,产品技术成熟所面临的目标市场确定性强,企业的边际效益递减,采用增量创新的可能性则较大。

3. 创业的资源配置效应

创业的资源配置效率反映了创业活动运用和整合创业资源的能力,代表着创业企业的整体功能和效率。创业具有引导和配置其他资源的"第一推动力"作用。创业是创立新的企业生产体系和转化创新成果的过程和活动,必须通过改变函数式来"建立新的生产函数",因此创业的本质在于不拘泥于当前的资源约束,将不同资源创造性地整合起来,以便利用和开发机会并创造价值的过程。尤其是创新型、科技型创业企业的本质是一个知识生产及资源配置的组织体系,体现了知识流动方式和要素资源配置渠道的变化。从这一点上来讲,创业活动是改进资源配置效率和资源利用状况。创业通过社会或经济的机制重组,将资源转化为最大收益。创业对经济的促进作用不仅仅局限于提高人均产出或人均收入水平,而是通过创业活动达到促进新的社会结构和经济结构形成的目的。实际上,创业者将机会、资源、技术、人力资源和其他资产组合并创造出比原先更大的价值,从而获得相应的回报。

创业的资源配置效率体现在资源配置的动态效率和转化效率上。从动态效率来看,创业所结合的要素是闲置资源,当重新结合成为一个小于完全竞争产量都可以获得总体效率,因为这些闲置资源没有机会收益,不存在效率损失,灵活的市场进入和退出可以使创业企业自由形成,使那些不具效率的要素退出市场,从而增加经济绩效;从转化效率来看,由于在大多数创业企业中知识和管理已经成为重要的资本参与企业的分配,知识产权制度形成了保护创业者知识创新收益的制度,因此有利于知识向资本的转化。

(二)创业的中观效应

1. 创业的集聚效应

研究表明,创业具有空间集聚性,新知识通过研究与开发活动、技术劳动力在产业之间流动,密集的创业资源将更有利于提高同一区域范围内各种创业的成功概率。由于一些创新型城市的科技研发优势和良好的创业创新环境,越来越多的创业者选择到地缘和科技优势较为明显的地方创业,呈现出一种集聚效应和凝聚态势。在资源主导的产业发展阶段,产业的优势是由所处区位、生产活动所需资源以及运输成本决定的。在资金主导的发展阶段,科技创业企业的市场优势是由土地和劳动力价格决定的。在知识主导的发展阶段,科技创业企业的市场优势是由创造型人才和产业组织的创新机制决定的。从动态的角度而言,基于知识创新和积累的动态框架将对提高企业的可持续竞争力起到重要的作用。在这个框架内,地方性的信息流和技术扩散成为相关企业空间集群的主要影响因子。它们不仅考虑的是传统的投入产出等物质流,它们更为强调的是商业信息的交换、技能的扩散和专家间的交流,这一系列的信息流贯穿所有贸易和非贸易形式,并引起资本向此地区的集聚。

奥璀兹1994年曾经考察了中小企业创新数据库,试图分析科技创业活动是否比生产活动更趋于集中,他们计算科技创业活动的基尼系数,利用增值集中度,企业、大学研究与开发支出、产业相关的技术人员数量等因素进行回归分析来解释科技创业的集中度,他们分析得出的结论认为,溢出最重要的产业(即与大学研究开发、技术密集型产业紧密相关的产业)比溢出不那么重要的产业更趋向集群化。全球发达地区的发展证明了这一点,我们对美国各行业的聚集程度作了一个分析(由于美国的专业化指数暂时难以计算,这里,我们以某一行业的创新总量作为代替指标)。一个非常明显的结果就是一些特殊产业中高科技创业活动的空间聚集要远远大于所有的工业制造产业。比如说,2006年根据美国小企业局调查,在计算机产业中,总共有821项科技创业项目,其中,在加利福尼亚就有342项,也就是占了41.7%;而另外的10%则在马萨诸塞州。也就是说,仅仅这两个州就占了美国计算机产业所有高科技创业活动的一半。

本节依据2006年国家统计局17万家科技创业企业数据以及《中国科技统计年鉴》的统计资料对一些新兴行业的R&D产业集中度进行计算得到表4-1:

表4-1　创业活动中研究开发资源的产业集聚性

产业	R&D资金(%)	R&D/销售(%)	利润(%)	R&D/利润(%)
生物技术产业	0.54	0.62	1.24	3.59
制药业	1.27	1.75	1.04	11.07
通用设备制造业	0.03	0.08	0.52	0.97
计算机集成电路	5.63	0.85	1.06	11.26
环保新能源	0.07	0.09	1.16	5.16
软件产业	8.42	0.56	6.25	8.02
电子及通信设备	77.39	1.96	64.46	38.99
信息服务业	5.04	1.68	4.28	30.34
小计	98.40	—	80.01	—

注:①R&D资金是指每一重点产业占制造业的比重;
　　②利润是指每一重点产业占制造业的比重;
　　③R&D/销售比例和R&D/利润比例是指每一重点产业内部的比例。
资源来源:2006年国家统计局17万家科技创业企业数据。

从表4-1的数据可见,我国科技创业企业中的创业投入和产出集聚性非常突出。集中表现为电子及通信设备制造业的 R&D 支出和利润占全部制造业的 77.39% 和 64.46%。技术开发投入资源集中到电子及通信设备工业这样的知识和技术较为密集的产业实际上构成了创新成功的资源基础,也有助于解释技术开发的产业差异性。这一比例实际上也反映了我国科技创业企业在过去十年间的高增长是以重点高新技术产业的快速发展推动的。

2. 创业的产业创新效应

从新企业进入来看,通过增加新企业数量,促进新经济体系的新陈代谢。Gemski(1994)的计量研究表明,企业的进入和退出导致了行业的波动,新创企业的大量进入和创新行为,使新经济体不断地新陈代谢,推动了市场结构趋向于分散化,最终促进生产率的提高。另外关于新企业的多样化,大量理论都支持多样化程度而不是同一性会影响一个区域的增长潜力。根据 Jacobs(1984)的理论,正是不同企业之间的相互补充的知识交换才产生了在新经济知识上的重要回报,也形成了多样化的市场利基。新兴"创业"资本将通过大量企业在特定产业中的快速进入、退出,灵活地完成产业结构及布局的调整,增强区域经济系统完成动态产业升级的能力。美国得克萨斯州的休斯敦、英国的利物浦、德国的鲁尔等地区成功实现由传统工业向新兴工业转型的案例就充分说明了上述问题。

从创造新产业来看,当反应灵敏的企业或创业者发现既有技术可以应用到新的领域时,就会在区域创新系统的催化下,整合相关资源而创造新的产业,并形成区域优势。但潜在的市场前景尚未明朗之前,由于存在较高的风险,企业也不会很积极,需要政府、产业协会或专门的风险机构来整合创新资源,分散风险,引导新技术的产业化。突破性的技术创新,一般由研发机构和领导型企业推动,联合其他企业等创新单元,按照各自拥有的专业技术,以互补、分工的方式形成创新产业链。在硅谷的大量"支柱型"公司的存在,以及这些公司带动、领导和支持的技术"蔓延"、"剥离"和"并购"等都对硅谷新兴技术链和新兴产业链的形成产生了重要作用。

(三)创业的宏观效应

创业的乘数效应。建立起一种新型的竞争协同关系,这就是所谓的"联结经济性"。联结经济性的显著特征就是不仅包括投入方面的共同生产要素转用的无成本或低成本,而且包括产出方面的复数个组织、主体相结合所创造的乘数效应。我们认为,乘数效应的大小可以用科技创业乘数来表达,所谓科技创业乘数就是一个国家所有单个创业主体的科技创业活动所引致的经济增长发生的倍数。这个倍数的测算依赖于利用相关指标确立的长期动态趋势函数,一旦确立这个特定的函数就可以根据变量之间的关系测算出科技创业乘数。创业特别是科技创业成为带动经济发展的引擎(乘数效应)。

我们可以从几个重要特征(包括带动效应、企业效率、企业规模、科技程度、产业程度)来描述创业发展的差异。其中,乘数效应是以新创业的总产值占该地区 GDP 的比重作为高科技创业带动当地经济效应的一个系数;企业效率是以新创企业总产值与从业人员的比例衡量发展效率。还有新创企业规模、科技化程度和产业化程度这几个指标都值得重视。

创业乘数效应的两个标准就是看科技化程度和产业化程度。在 20 世纪80 年代后期到 90 年代初期,OECD 等国外专家对高新区的创业发展就有一个看法,认为美国和日本创业发展是走了两条不同的道路。美国创业更多的是和高科技有关系,而日本创业是和高产业化有关系,虽然两者之间有一定的联系,但并不是一回事。高科技主要是指研发和带动技术的含量比较高,而高产业化则表示产业化程度非常高,但研发能力却未必很强。用这两个指标来考察中国的创业集群可以发现,有的地区在技术研发方面非常强,但其产业化程度相对较弱;而有些地区的技术研发较弱,但其产业化程度非常强(如广东省)。

二、解析不同层面创业的效率表现

(一)创业微观效率表现:推动高成长型(瞪羚)企业快速成长

微观经济效率是指作为社会经济细胞形态的企业或具有企业性质的经济实体或经济组织的运行效率。创业的微观效率表现为高成长企业的快速成长。

1."瞪羚企业"的内涵及其特征

企业是由进行生产经营活动的各种要素组合而成的经济实体,虽然它有活动能力和生命形态,但它本身并不是真正的生物体。因此,有必要从纷繁复杂的企业生命现象中提炼出其他不同的表现形式,比较有代表性的包括夭折型、突败型、双峰或多峰型、台阶型等(见图4-1)。典型的企业生命周期模型描述了一个企业经过孕育诞生后,从初生期到衰退期,最终消亡的整个连续过程。目前,理论界一般把企业寿命周期分为孕育期(2年以内)、求生存期(2~5年)、高速发展期(6~10年)、成熟期(11~20年)及衰退期(10年以上)。孕育和求生存期内是企业艰难求存的初创时期。企业在初创时期具有很高的死亡率,是一个世界性的普遍现象。创业企业生命周期大致会出现以下几种形态:

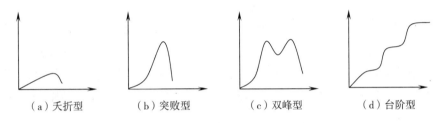

（a）夭折型　　　（b）突败型　　　（c）双峰型　　　（d）台阶型

图4-1　创业企业生命周期的几种形态

夭折型的创业企业生命周期曲线如图4-1(a)表示。这一类企业在创业不久,即初生期阶段就倒闭或者破产。主要原因有:创业者缺乏管理经验,业务方向选择错误或由操作失误导致企业失败;创业企业缺乏足够的前期资本、人力资源不足等而导致失败;新产品或新业务开发失败导致满盘皆输;等等。

突败型的创业企业如图4-1(b)所示,这类创业企业前期发展十分迅速和顺利,当进入成长期以后,不切实际地盲目扩张或搞多元化,最终导致失败。

双峰型或多峰型的创业企业如图4-1(c)所示。这一类创业企业在企业开始出现衰退迹象时及时调整战略,推出新产品或新业务,使创业企业业绩再度上升,形成又一个高峰。这个过程还可以反复发生,形成多峰状态。

台阶型创业企业如图4-1(d)所示。这一类型的创业企业在进入第一个成熟期后,通过新产品的开发或市场拓展再次进入成长期,企业的业绩呈台阶式增长,这种情形也可以反复出现。

大部分创业企业生命周期都属于前三种类型,有极少数创业企业会出现台阶式成长,而这些企业就成为各国政府重点关注的创业企业。

据美国《财富》杂志报道,美国大约62%的企业寿命不超过5年,只有2%的企业存活达到50年,中小企业平均寿命不到7年。[1] 美国学者 Headd 利用CBO(the Characteristics of Business Owners)资料进行分析,发现1992年开办的有雇员企业2年和4年后的生存率分别为64.1%和45.0%;利用 D&B (Bun and Bradstreets Database)资料进行分析,发现1976~1978年开办的有雇员企业2年、4年和6年后的生存率分别为76.3%、47.3%和37.8%;利用BITS(Business Information Tracking System)资料进行分析,发现1989~1992年开办的有雇员企业2年、4年和6年后的生存率分别为66.0%、49.6%和39.5%。

在新兴产业领域,有些跨越了"死亡谷"的创业企业会进入快速成长期成为瞪羚企业。"瞪羚企业"这一名称最早来源于硅谷,其本质反映的是一种高成长企业的类型。一个地区的"瞪羚企业"数量越多,表明这一地区的创业活力越强,发展速度越快,而且这些高增长的"瞪羚企业"均表现出很高的赢利能力和增长率(见表4-2)。

表4-2　OECD部分国家高增长企业的赢利率

国家	2004年实际销售增长率	2002~2004年平均实际销售增长率	2004年雇佣增长率	2002~2004年平均雇佣增长率
奥地利	2.90	3.19	1.14	0.87
比利时	6.32	6.91	2.25	3.17
丹麦	5.42	5.41	2.35	2.39
芬兰	6.53	7.14	2.47	3.03
法国	4.87	6.54	2.05	2.63
德国	2.53	3.18	0.98	0.97
希腊	10.00	10.23		
爱尔兰	29.63	22.48		
意大利	5.88	7.00	2.97	5.80
日本	19.95	20.55	5.51	5.02
韩国	26.12	31.98	9.67	10.57

[1]　锁箭:《中小企业发展的国际比较》,中国社会科学出版社2001年版。

国家	2004 年实际销售增长率	2002~2004 年平均实际销售增长率	2004 年雇佣增长率	2002~2004 年平均雇佣增长率
荷兰	1.14	3.29	1.69	2.33
挪威	4.49	5.22	1.39	1.79
波兰	15.07	13.50	1.76	2.89
葡萄牙	7.14	7.17		
西班牙	8.46	11.16	3.53	4.23
瑞典	5.31	7.21	2.81	3.63
瑞士	3.33	8.61	5.56	5.26
英国	11.13	12.52	5.78	6.50
美国	24.32	27.02	5.00	5.28

不同国家地区以及组织对"瞪羚企业"的界定存在着一些差异。下面我们将分别介绍硅谷、中关村科技园区的相关界定。

（1）硅谷的定义

硅谷对于高成长型新兴企业有一个特殊的称呼——"瞪羚"，因为它们具有某些相似的特征——个头不大，跑得快、跳得高，这样类型的企业年增长速度可以轻易超越 50%、100%，甚至达到十倍、百倍以上。在每年发布的《硅谷指数》报告当中，"瞪羚企业"的数量是评价硅谷创业活力和经济景气程度的重要指标之一。《硅谷指数》将"瞪羚企业"界定为"那些起始收入不低于 100 万美元，最近连续四年每年收入至少增长 20% 的持股企业"。

（2）中关村科技园区对"瞪羚企业"的界定

中关村科技园区拥有一大批处于高速发展的"瞪羚企业"。为了促进这类企业的进一步发展、壮大，中关村园区出台了"瞪羚计划"，对符合标准的企业给予相应的政策和资金支持。对于"瞪羚企业"的界定，中关村科技园限定了三个基本条件：

第一，必须是中关村科技园区的高新技术企业。

第二，经济指标的限定。以企业申请"瞪羚计划"上一年度实现的技工贸总收入规模及技工贸总收入和利润的同比增长率作为界定标准。企业的技工贸总收入规模定在 200 万元至 5 亿元之间，其中又分为三个级别：总收入在 200 万元至 5000 万元之间，收入增长率达到 20% 或利润增长率达到 10%；总收入在 5000 万元至 1 亿元之间,收入增长率达到 10% 或利润增长率达到 10%;总收入在 1 亿元至 5 亿元之间,收入增长率达到 5% 或利润增长率达到 10%。

第三,企业必须接受中关村企业信用促进会指定的信用中介机构的信用评级,信用等级要达到 ZC3 以上(含 ZC3),并加入中关村企业信用促进会,接受信用管理。

(3)"瞪羚企业"的特征

第一,成长速度快。"瞪羚企业"名称的由来就是因为这些企业以超越常规的速度在飞快成长,每年几十倍甚至百倍的发展速度使"瞪羚企业"成为区域经济发展新的推动力。例如,中关村企业华友世纪三年平均增长率超过400%,TOM 三年平均增长率超过 300%。

第二,创新能力强。"瞪羚企业"都存在着不同形式的创业。中科红旗、北京科兴、北大先行等企业以技术创新为主,中科红旗以自主研发的"红旗Linux"系列产品成为国产 Linux 操作系统的领导企业之一;北京科兴依靠自主研发的国内第一支甲乙肝联合疫苗以及 SARS 病毒灭活疫苗、人用禽流感疫苗成为我国生物医药行业的新星;北大先行公司拥有锂离子电池核心技术,其自主研发的磷酸铁锂电池在国内处于领先地位。

第三,采用新发展模式。"瞪羚企业"有几种不同的成长路径:以核心技术突破取得跨越式发展,以全新的商业模式取得高速成长,抓住细分市场取得成功等。空中网、e 龙旅行网、万全科技药业等以商业模式创业为主。空中网把握手机娱乐这一新兴市场,一跃成为中国手机娱乐先锋;e 龙旅行网将旅游信息、票务服务、客房预订和互联网结合起来,在较短的时间里发展成为我国最大的消费和商务旅行网络服务公司之一;万全科技药业以自身研发优势为医药企业提供高技术服务,成为医药研发外包行业的领军企业。

第四,把握细分领域。九城数码于 2004 年在美国纳斯达克上市,率先提出并实现了一站式 B2G 软件及服务的电子政务模式,在国内出口质检软件市场中占有 80% 以上的市场份额。在《互联网周刊》举行的 2004 年电子政务 IT 100 强企业中,九城数码排名第 18 位。

第五,生命依然脆弱。跨越了"死亡谷"的创业企业进入高成长期后,虽然技术风险减少,但市场风险依然存在,企业能否长期生存仍有很大的不确定性。中关村"瞪羚企业"名单的变化率就是证明。

2. 中关村"瞪羚企业"发展趋势及创业型经济循环

(1)"瞪羚企业"高速成长

中关村每年新认定高新技术企业数和企业总量保持高速增长(见图4-2)。2005年,中关村年收入1000万元以上的企业超过3000家,是2000年的近3倍,并且仍在以18%左右的速度增长,规模巨大、发展迅速的中等企业形成了中关村"十五"期间收入亿元以上、企业年增长率25%左右的独特景观。2005年德勤"中国高科技、高成长50强"中有15家来自中关村;2005年,中关村"瞪羚企业"数量也超过了1000家。2005年7月,"科技型中小企业成长路线图计划"率先在中关村启航。在继续推进创业环境建设的同时,要把完成孵化、进入快速成长的企业作为新的工作重点,培育内生发展潜力,促进产业快速成长。

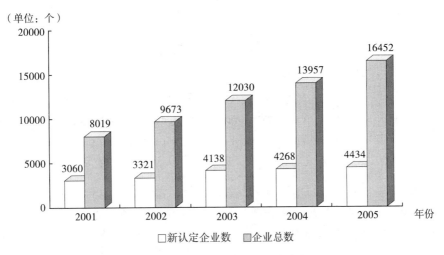

图4-2　2001~2005年中关村企业数量变化情况

(2)关注重点目标企业群体

科技型创业企业是从行业性质的角度来划分,而创新型创业企业的定义则侧重于企业内部的因素。根据熊彼特的创新理论,创新主要发生于经济系统内部,特别是发生在经济系统中的企业商业活动内部。因此,定义创新型创业企业,蕴涵着由科技计划带动创业企业发展向由创新政策深入经济体内部促进创业企业发展的重大观念转变。国内的研究也显示,创业企业依靠产品或工艺的创新,一般都具有较为稳定的成长性,相较而言"瞪羚企业"的成长稳定性则较为逊色。

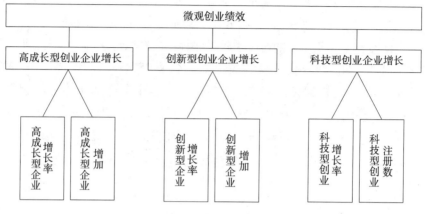

图4-3 重点目标群体构成

中关村将重点关注三类企业,即高成长型创业企业、创新型创业企业和科技型创业企业(见图4-3)。2003~2005年中关村新创企业数量连续三年超过4000家;2005年德勤中国高科技、高成长50强有16家来自中关村,"瞪羚企业"数量超过1000家;年销售额亿元以上企业556家,10亿元以上企业79家。根据三类企业的不同需求,中关村需要采取相应的促进手段。例如,努力发展天使资金,建设专业孵化器,进一步完善创业孵化环境;引导各类优质资源向具有市场竞争力的高成长型企业集聚,建立企业加速器,促进其快速长大;鼓励具有实力的高技术大企业整合产业资源。2006年,EE Times提出了全球60家最具潜力和高成长型的半导体创业企业,其中包括了5家中国企业,它们是硅谷数模半导体、上海凯明信息科技股份有限公司、常州纳科微电子、锐迪科微电子(上海)有限公司、天碁科技,其中有两家企业位于中关村,且均为集成电路设计企业。

(二)创业中观效率表现:产业发展的根本动力

1. 产业成长中的创业驱动机制与阶段性特征

把握产业成长中的创业机制,寻求产业发展的最优路径,加速新产业的形成。从产业成长规律、产业价值规律和产业组织规律三个维度考察创业促进产业发展的机制。

(1)产业孕育、成长于创业企业群体

产业成长规律体现了纵向发展的阶段性，主要是辨析产业的不同阶段、把握不同阶段的不同特征、把握重要细分产业。

产业成长规律认为，产业发展将经历孕育期、形成期、成长期、成熟期、衰退期等若干阶段。对于某一个企业而言，同样存在着类似的发展阶段，如创业阶段、成长阶段、成熟阶段等。企业是产业发展的主体，判断某一个产业是否形成有两个标志：从事这一业务的企业数量和从事这一业务的企业销售额。从微观层面上看，某一产业萌芽的标志就是出现以相关产品为主营业务的初创企业。在这个意义上没有创业就没有产业的形成。

在产业发展的不同阶段，创业表现为不同的特色，创业企业的数量也可以作为产业发展阶段的标志之一。例如，在产业的孕育期，创业企业的数量相对比较少，让市场接受这一新产品和服务模式是创业企业考虑的重要内容之一。在产业成长期，创业企业的数量迅速增长，市场竞争加剧，如何让企业迅速壮大以便在产业竞争中站稳脚跟是创业企业的关键。在产业成熟期，由于市场已经形成了垄断局面，创业企业的数量将大为下降，如何获取公平的竞争环境将是创业企业的迫切需求。

(2)产业价值链分解与创业活动形成有效的"正反馈"

产业价值规律体现了横向发展的价值延伸性。产业价值规律强调了四维一体的产业价值链体系、模块化视角认识产业及产业价值链的分解、融合、集聚和转移规律。

产业价值链规律的重要观点之一就是随着全球化和专业分工的加剧，原有的产业价值链不断分解、衍生，新的价值环节、专业业务不断出现，进而导致模块化产业的出现，从企业发展的角度看，就表现为大量竞争性新企业的出现。从微观上看，企业内部价值链逐渐分解，独立的主要表现形式和必然结果就是各类专业化公司的创立、衍生性创业企业的出现。产业价值链的分解能够提升产业整体运行效率、降低单个企业的成本。在新经济条件下，瞄准价值链的某一个环节、甚至是某一个细分环节，已经成为创业企业竞争优势的重要来源之一。从国际先进的高新区的经验来看，产业价值链分解和创业活动形成有效的"正反馈"是区域创业活力的关键所在,而创业活动最活跃的环节大多不是需要投入大量资源的制造环节,而往往是以人才、技术、信息为要素的高增值的研发和服务环节。

(3)创业企业——实现资源优化配置的重要载体

产业组织规律体现了要素配置的需求特性,它强调不同阶段的产业、企业对要素配置的需求特性;产业创业满足要素配置的特性,提高配置效率。

根据产业组织规律的定义,产业组织是承担产业要素配置功能的载体。在市场经济体系下,创业是许多人根据自身所能获得的信息、资源做出的分散式决策,每当新的市场机会出现,创业企业就会涌现,各类资源如人、技术、资金等随之流动,"无形的手"通过创业活动调配资源。一个地区内的创业活动活跃与否,能客观反映这个地区商业机会的多少,这指示着各类创业资源的流向。针对创业企业的特征和需求,主动引导优势资源向具有发展潜力的产业聚集,集成社会力量为创业企业服务,就成为本地区政府应用产业组织规律、增强区域创业活力的主要思路。

2. 创业的产业选择:创新性产业更适合创业的因素分析

从产业特征来看,知识密集型、产业结构分散、柔性生产结构有更多的创业活动。因为产业选择决定了创业活动的基本环境结构,如市场环境、竞争环境等。

(1)产业结构

产业结构从静态角度描述产业特点是创业者理性评价产业内风险的关键变量。作为产业结构的重要要素之一,进入壁垒可能会降低成长型高新技术创业的成功几率。它决定了该产业内的竞争特性与市场风险。在波特的五力模型的基础上,大量的研究分析了产业结构市场进入与新成长性公司获得成功之间的关系。新建企业的形成和进入比率与各种进入壁垒之间呈负相关关系(Dean,Meyer & DeCastro,1993)。本节以产业的进入壁垒与退出壁垒为维度得到产业内的风险特性,见图4-4。

由图4-4可知,以进入壁垒与退出壁垒为维度可将产业的风险特性分为四类:①进入壁垒与退出壁垒均很低的双低风险;②进入壁垒低而退出壁垒高的高退出风险;③进入壁垒高而退出壁垒低的高进入风险;④进入壁垒与退出壁垒均高的双高风险。进入壁垒与退出壁垒共同决定的产业内风险可细化为

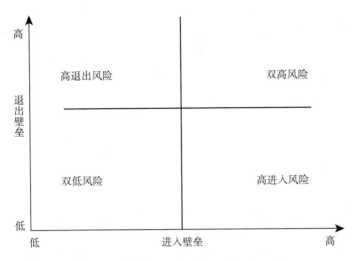

图 4 - 4　新企业进入的市场壁垒强度划分

该产业内的竞争风险与技术风险。以进入壁垒与退出壁垒都较低的产业内的双低风险为例,一方面,较低的进入壁垒与退出壁垒决定了该产业内广阔的市场与大量的厂商并存,一般不存在产业领导者,新进入者遭遇强烈报复性的竞争行动的风险较小,从而降低了新进入者的竞争风险;另一方面,该产业内部信息传递较充分导致了核心技术共享性,技术不是构建产业内竞争优势的核心力量,该产业具有技术革新速度慢的特点,降低了新进入者面临的技术风险。而在其他产业结构条件下的新进入者,要么面临高的进入风险,要么面临高的退出风险,要么面临进入风险和退出风险均较高的双高风险,从而面临较高产业内的竞争风险与技术风险,为了规避产业内风险,企业家通常优先考虑进入壁垒与退出壁垒都较低的产业。

(2)产业生命周期

产业生命周期从动态角度描述产业。一方面,处于不同生命周期的产业具有不同的结构特点,从而静态影响创业的风险与不确定性大小;另一方面,产业生命周期是创业的发展前景与增长速度的重要制约因素。不同阶段的产业具有不同的特点和发展前景,为了规避风险并降低创业所面临的障碍,企业家倾向于选择处于成长期的产业。因为对处于成长期的产业来说,一方面,产业销售额急速上升需要大量的新进入者以填补产品或服务供给的不足,并且产业内的竞争规则尚未形成,该产业具有较低的竞争风险和技术风险;另一方面,处于成长期的产业具有良好的发展前景,为产业内企业提供了广阔的发展空间。作为经济健全程度的指标之一,产业成长状况会影响新建企业的进入和赢利状况。相对于低成长的产业和经济环境,新建企业在高成长的产业和经济环境中更容易获得企业生存所需要的关键性资源。由此可见,为了有效地规避创业风险,创业者偏好处于成长期的产业,而且这是为实现长期利益的最大化从动态角度做出的理性决策。

(3)理性的产业选择产业结构与产业生命周期的结合

从静态角度,创业者通过对产业结构的理性分析优先选择进入壁垒与退出壁垒均较低的产业,以追求短期利益;从动态角度,创业者通过考察产业生命周期选择处于增长期的产业以实现长期利益的最大化。产业结构与产业生命周期相结合的产业选择构成了短期利益与长期利益相结合的最优决策行为,选择进入壁垒和退出壁垒均较低的成长产业。

新兴产业带来了更多的创业机会。从性质来看,属于经营性或者竞争性产业范畴;从内容看,属于创新型产业范畴;从发展阶段来看,属于具有高成长、高增值性的朝阳型产业范畴。根据《中国企业家》杂志统计的2003～2006年最具成长型新兴企业的行业分类情况,新兴快速成长型企业主要分布在软件/芯片、电子/通信产品、网络运营、网络产品、生物制药、传媒娱乐、机械制造、新能源、新材料等行业以及信息咨询、创意设计、现代物流等新兴服务业,这些产业都是国家在“十一五”期间重点发展的产业,是打造创业企业的沃土。

(三)创业的宏观效率表现:推动区域(园区)经济增长

创业型经济本身的特质能够很好地与区域发展相结合,这主要体现在以下方面:

第一,通过产业关联效应,区域创业企业彼此之间发展高效的竞争与合作关系,形成高度灵活专业化的生产协作网络,具有极强的内生发展能力。

第二,创业型经济的竞争优势来源于创业活动,创业效应能在区域中产生较好的示范性,可以影响其他创业者学习效仿,带动区域经济发展和区域经济结构优化。

第三,创业活动的一个重要来源是知识溢出,而知识溢出是受地理空间制约的,在创业集群地方化的生产网络中,知识更容易发展和传播,而隐性知识的创造和传播实质是一种地方化的现象。

关于创业企业与地区经济发展的联系,既往的研究成果基本属于简单和直观的逻辑演绎,缺乏较深层次的定量分析,并且这些研究多有地理的局限,其中最主要的原因就是中国尚未建立常规的创业企业统计制度,缺少基本数据。清华 GEM 项目研究组根据 GEM 的定义,开发了衡量国内不同区域创业态势的指标:将成立时间不长于 42 个月的企业视为创业企业,将过去连续三年累计新增的私营企业数视为当年地区拥有的创业企业数,这一数值可以根据历年《中国统计年鉴》公布的数据计算得到。劳动人口数选取全国人口第五次普查数据中 15 ~ 64 岁之间的人口数。用这两组数据计算得到区域的创业率,即每百万成年人口中的创业企业数量,并成为 CPEA 指数(中国私营企业创业指数)。清华 GEM 项目研究组对中国大陆 31 个省、直辖市、自治区分别计算了从 1997 年到 2006 年 10 年的 CPEA 指数。对比各个省、直辖市、自治区的 CPEA 指数,发现存在着一些特征,不同地区的创业活跃程度呈现出明显差异。以 2006 年的 CPEA 指数为标准,可将区域分成创业活动高活跃地区(CPEA 指数大于 25)、比较活跃地区(CPEA 指数为 12 ~ 25)、不活跃地区(CPEA 指数为 7 ~ 12)、沉寂地区(CPEA 指数低于 7)。

——高活跃地区(CPEA 指数高于 25)

京津地区(北京、天津)、长三角地区(上海、江苏、浙江)、珠三角地区(广东)。上海从 2002 年至 2004 年连续三年居于榜首,而北京连续三年居于次席,并且上海与北京之间的差距有扩大的趋势;北京、上海、天津这三个直辖市一直保持着较快的增长速度;江苏、浙江和广东三省的增长速度比较缓慢,近三年当中每年只表现出了微量的增长势态。

——比较活跃地区(CPEA 指数为 12 ~ 25)

处于比较活跃的地区分别是辽宁、福建、山东、湖北、重庆、四川、新疆等地区,这些区域历年的增长速度比较稳定;如果将这些地区再进一步区分的话,东部沿海省、市明显高于中部内陆省、市。

——不活跃地区(CPEA 指数为 7 ~ 12)

这些包括河北、内蒙古、山西、吉林、安徽、江西、河南、湖南、海南、云南、甘肃、青海 12 个地区。整体上,这些地区增长速度比较缓慢,但是有些省份起伏不定,甚至有些下降的趋势。其中,山西、吉林、江西、河南、湖南五省一直保持着增长趋势;河北、内蒙古、安徽、海南、云南、甘肃、青海这些区域的创业活动没有呈现出稳定的增长趋势,有些年份呈现出下降的势态。

——沉寂地区(CPEA 指数低于 7)

这些包括黑龙江、广西、贵州、西藏、陕西 5 个地区。其中陕西从 2000 年以来一直呈现下降趋势。

从 CPEA 指数的计算结果看,东部沿海省市的创业活动比较活跃,以京津、长三角、珠三角地区尤为突出,相比之下,珠三角地区要逊色于前两者,京津地区和上海的创业活动在近三年以来持续呈现出较强的增长速度;中部地区和东北地区的创业活动活跃程度在不断提高,呈现出较好的发展态势;西部地区和西南部地区仍比较落后。

第五章　经济转型背景下中国创业型经济发展的驱动力研究

中国正处在经济结构转型相对快速的时期,这将从更深层次影响创业活动所依附的经济和制度结构。本章在剖析中国经济转型环境及现实基础上,从中国总体创业环境、创业活跃度以及发展所面临的现实约束等角度对我国创业型经济发展的现状、差异以及主要问题进行总体评价。

一、中国经济转型环境及现实基础

中国创业活动的发展具有明显的发展中国家经济转型的特征,创业活动的动态性、创业环境的复杂性远高于发达国家。中国是全球创业活动最活跃的地区之一,然而,中国创业活动的成功率却低于世界平均水平。企业创业与成长中,面临种种矛盾与困难,深层次的原因是经济转型过程中的环境障碍和制度缺失。可以说,无论是成熟工业化国家,还是新兴工业化国家,都无法完全提供这方面的直接经验。需要我们不断地探索适合自身的发展思路。

(一)中国转型经济的总体性描述

中国正处在社会结构转型相对快速的时期,尤其是在全球化浪潮日渐高涨的时代背景下,这种结构转型本身将是一种巨大的力量,不仅会给社会发展带来变革,也将从更深层次影响创业行为所依附的经济结构和制度结构。

第一,中国经济转型仍将在高速经济增长条件下推进。

中国,作为一个日渐崛起的发展中的大国,它能否在经济总量不断增加的条件下,实现质的提高和持久的发展,这关系着中国未来的经济前景,也将对世界经济产生重要的影响。自1978年改革开放以来,中国经济取得了世界瞩目的高速增长。在过去的 30 年(1978～2008 年)中,中国的实际 GDP 的年均增长率高达 9.4%,比世界同期发达国家的增长率高出近 3 倍。经过 30 年的经济改革与经济转型,中国经济发展目前进入到了一个新的阶段,2006 年中国国内生产总值 209407 亿元,人均国内生产总值达到 15571.6 元。按照钱纳里的标准,我国将进入工业化由中期阶段向高级阶段过渡的时期,也将进入人均国内生产总值由 1000 美元向 3000 美元过渡的时期,这一时期既是经济发展的"黄金发展期",也是经济发展的"矛盾凸显期"。这种矛盾就是如何实现经济的转型。

第二,中国经济转型仍将在工业化和产业结构升级的过程中演进。

根据联合国工业发展组织和世界银行确定的标准,以制造业增加值占整个产品增加值比重划分,60% 以上为工业化国家,40%～60% 为半工业化国家,20%～40% 为正在工业化国家,20% 以下为非工业化国家。中国经济的发展开始进入工业化进程的初级阶段、工业化进程的成熟阶段和实现工业化阶段,继续完成工业化是我国现代化进程中艰巨的历史性任务,同时产业结构的升级以及与此密切相关的城市化也需要继续推进。

在我国改革进程中,恰好迎来全球高科技的成熟期,高科技开始转向应用与扩散,我国工业技术水平与世界先进水平存在巨大落差,世界范围内的传统工业经济范式向知识经济范式转型。从产业追赶看,与日本相同,中国在全球经济中具有相对竞争优势的产品也经历了从一开始的劳动密集型的 Hecksher-ohlin 产业,到资本密集、规模驱动的无差异的 Smithian 产业(以钢铁、石化为代表),再到以集成装配为主的差异化的 Smithian 产业(以汽车制造等为代表)的演进过程。目前创新密集型的 Schumpeterian 产业(以芯片计算机为代表)的追赶正在进行之中,大大地刺激了产业结构的战略调整。

第三,中国经济转型正由导入经济增长模式向内生增长模式转变。

经济转型实质上包含着市场化和现代化双重含义,市场化只是转型国家经济转型初期的首要任务,即转型初期各种市场机制的构建,它更侧重于体制转型;而到了经济转型后期,转型国家需要面对的是现代化问题,即各种市场机制的完善以及进一步的经济结构升级和经济发展方式的转变,更侧重于经济发展。因此,中国经济转型是经济发展和体制转轨两个目标下的"双重成长"。

一般而言,经济增长模式分为内生经济增长模式和导入增长模式。内生增长模式可概括为:在以鼓励创新、保护竞争为导向的市场制度框架内,使决定生产率提高的知识积累、科技创新/创业和人力资本增值成为经济持续增长的源泉和动力的经济增长机制。

第二次世界大战后大多数发展中国家经济发展的实践证明,通过资本和技术引进是发展中国家快速实现工业化的捷径。在政府的主导下移植西方的市场经济制度,在导入西方技术和资本中实现经济快速增长和追赶效应,便成了转型经济国家在特定时间内的一种必须遵从的历史选择。虽然发展中国家可以通过引入,在短时间内缩短与发达国家的技术和经济发展的差距,但由于可引入的技术资源不是无限的,所以发展中国家的经济增长不可能永远建立在技术和资本的导入上。这就还面临着一个增长模式转型问题,即导入型增长经济发展到一定阶段后,面临着一个从导入型增长模式向内生增长模式转型的问题。

发展中国家在经济发展的初期,可以利用引进外资和技术的驱动,在赶超中实现财富的原始积累,缩短发展中国家与发达国家之间在收入上的差距。但同时必须清醒地认识到引进的局限性和潜在的风险性。从经济学原理看,就是必须认识到引进要素对一个国家财富增长的边界是有限的。要素的引进可以有效地改变一国的财富边界,但不可能成为一国持续增长的动力。换言之,有效地利用引资可以大幅度地提升一国的经济实力,但无法在单纯的引进中缩短发展中国家与发达国家之间在竞争力上的差距。一国的竞争力只能在内生的增长模式中形成,在一个导入型增长模式中很难形成支持一国持续增长的竞争力。

第四,中国经济转型的不确定性和振荡性影响企业生存效率。

企业的进入和退出是市场经济的重要特征之一。市场效率的提高,一方面来自企业内部配置效率的改进,另一方面也来自对低效企业的淘汰。正如熊彼特(1934)所指出的那样,经济发展是一种"创造性的毁灭"过程。企业之间的创新竞争不断淘汰落后的企业,留下成功的企业,而这种持续的企业进入和退出,构成经济增长的源泉和动力。从这个意义上说,低效和缺乏竞争力的企业在何种程度上被市场竞争所淘汰,或者说企业的生存在何种程度上由效率因素决定,成为我们判断市场运行的效率状态的一个重要指标。在传统的行政力量和新兴的市场力量相互交织的经济转型过程中,究竟是什么因素决定着中国新企业的建立以及企业的生存与死亡? 因此创业型经济发展要更加关注市场和政府这两种资源配置机制的不同影响。

(二)中国经济转型时期嵌入创业的经济内生增长思考

在经济转型中,创新与创业活动的作用比发达国家市场经济情况下更显突出。新兴高科技中小企业所扮演的角色与潜藏的成长能量,对处于转型期的中国经济而言,更是国家未来竞争力的基础。斯坦福商学院知名转型经济专家麦克米伦和伍德拉夫(McMillan & Woodruff)认为,创业在从计划经济向市场经济过渡中扮演着中心角色,直接决定着改革的成败。当前我国正处在可塑性市场体制发育的时期,正是导入创业内生增长机制的有利时机。应在保证原来的 GDP 增长的前提下,建立一个有利于新企业特别是新兴中小型企业和新技术诞生的充满竞争力的市场经济。

在经济转型国家支持创业发展中有几个显著的问题值得注意。

由于在美、英等市场经济发达国家,创业活动是在较为成熟的市场经济体制框架内逐步内生的制度安排,制定创业型经济政策和战略措施所着力解决的是如何在微观上提高创业的运作效率,因此,在宏观上营造有利于创业型经济发展的制度环境似乎并不构成难点问题,但对于中国这却成为发展创业型经济的关键所在。

当前,许多人认为中国创业发展的阻力主要来自于技术和资金供给不足,支撑不力,忽视制度安排方面的缺陷和经济领域对创业的有效需求不足。在中国的经济与社会转型过程中,旧的制度被打破,但新的正式制度尚未完全构建,尤其是社会结构转型的滞后与经济体制转型效率的不协调,从而形成了一种"制度空洞"(Institutional Holes)。真正影响创业活动的制度因素则需要在国家层次上整体设计、在经济制度上系统推进。从发达国家来看,市场竞争制度、创业资本市场制度、知识产权制度、利益分配制度等方面的制度安排都起到了决定性的作用。所有这些制度安排的一个共性就是有效地促进了把创业资源配置到有利于创业的领域之内。

此外,在经济转型过程中,地区经济发展所决定的市场发育状况是高科技企业家创业与产业发展的一个重要环境变量。这表现在:作为市场机制主要组成部分的价格本身是显示企业家创业机会成本的一个信号装置;市场结构与产业结构是决定新企业是否进入以及进入威胁是否可信的一个要素;技术市场的发展状况对高科技产业的地区分布有直接影响。竞争性市场结构成为激励微观主体发展的市场条件。发达国家的经验表明,放松管制,增强市场的竞争性是促进创业企业发展的关键因素。规制改革可以增加创业企业的竞争效率。规制改革不仅包括放松管制,降低行业进入壁垒,而且也包括管制内容的变化,即从以结构管制为主转向以行为管制为主。因此,必须降低中小企业创业的行政性进入和退出壁垒,放宽行业进入限制,鼓励各类民营资本进入,增加创业供给。

二、中国创业型经济发展状况评价及现实约束

本节主要从中国总体创业环境、区域创业活跃度以及发展所面临的现实约束三个角度对中国创业型经济发展的现状、差异以及主要问题进行总体评价。

(一)中国创业发展环境评估:基于全球创业观察的理论分析

对于一个国家创业在数量方面与质量方面出现的差异所进行的解释离不开对这个国家的创业环境进行的研究与调查。创业环境包括通常意义上的硬环境和软环境,尤其值得关注的是市场进出壁垒、技术与知识资源、人力资本、国际化程度、劳动力市场化程度、金融环境、私营资本比重、税负等,其核心在于市场化程度。资本的逐利性要求市场的高度发育,资本的自由流动是创业的活力之源。为此,市场的开放性、要素的流动性、企业的自主性、信息充分、进出自由、成长空间与资本回报率至关重要。

这里借助 GEM 的框架对中国创业环境进行分析。GEM 是全球创业观察的英文简称,它是英国伦敦商学院和美国百森学院共同发起成立的一个旨在研究全球创业活动态势和变化、发掘国家创业活动的驱动力、创业与经济增长之间的作用机制和评估国家创业政策的研究项目。GEM 提出了新的国家经济增长模型,在这个模型中,促进经济增长的条件分成一般的国家条件和创业条件,前者是现有大中小企业发展的基础和环境,后者是创业活动的基础和环

境。一般条件包括开放程度、政府、金融市场、技术和研究开发、基础设施、管理、劳动力和制度等,这是由全球竞争力报告发展出来的七个方面,但是,GEM 在若干方面进行了完善。创业条件是由 GEM 开发出来的用于反映对创业部门产生显著影响的主要经济和社会特性。创业条件由九个方面组成。它们分别是:金融支持、政府政策、政府项目、教育和培训、研究开发转移、商业环境和专业基础设施、国内市场开放程度、有形基础设施的可得性、文化及社会规范,如图 5-1 所示。

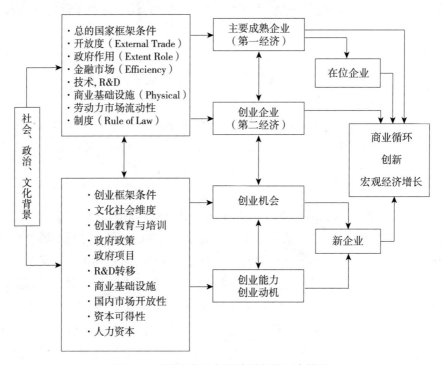

图 5-1 GEM 创业与经济增长的概念模型

资料来源:GEM,Gobal Entrepreneurial Monitor 2004 Executive Report,Babson College,Ewing Marion Kauffman Foundation Grossman,2005。

GEM 对中国创业环境的总体评价结果是创业环境中的优势较少,只有在有形基础设施和进入壁垒上比 GEM 的平均水平高,在文化和社会规范方面只有局部优势。中国创业环境中接近于 GEM 平均水平的方面是:政府政策(地方政府对创业的积极政策、税收优惠)、政府项目(政府项目中的资金和政策类支持项目)和研究开发转移(新技术从发源地的转移)等,但也都是部分接近。中国创业环境的弱势方面很多,在金融支持、政府政策(政府直接支持、中央政府的创业政策、新企业的审批)、政府项目(政府项目中的服务型组织)、教育与培训(创业与工商管理教育)、研究开发转移(研究开发转移的条件、知识产权保护)、商务(商务环境中为创业企业提供的金融和非金融服务)和文化与社会规范(社会中个人与集体的责任关系)等方面均处于劣势。按照创业环境和创业活动活跃程度对 GEM 亚洲参与国家和地区分类,中国属于创业环境差,但是创业活动较为活跃的国家。

表 5-1 中国与全球创业观察成员国创业环境的比较

创业环境	中国	GEM 所有成员
金融支持		
当前的融资途径	非常缺乏权益、债务资本来源,缺乏 IPO 渠道,非正式私人投资占绝对主导地位,创业投资比例低	有非正式私人投资、创业投资和 IPO 三种途径,以非正式投资为主
政府政策和政府项目		
政府效率	需要增强,新创企业管制成本较高	发达国家政府效率较高,新创企业管制成本低
税收优惠	较为明显	新创企业税收负担较大
政府政策制定	地方政府政策制定优先考虑,但中央政府政策制定以及政府采购方面有差距	中央政府、地方政府和政府采购对于新创企业的扶持力度不够
政府具体项目	政府的资金和政策支持项目有优势,政府提供创业服务的组织不足	政府提供创业服务较完善,种类较多
教育培训		
专业技能教育	相对落后	对于创业以及市场经济规则的教育需要加强
管理与创业教育	很落后	商业和管理教育有相当的水平,但创业教育不足
研究开发转移		
技术成果转移	能从新技术发源地转移技术,转移条件弱	新创企业难以接触最新技术,技术转移难度大

创业环境	中国	GEM 所有成员
知识产权保护	重视程度和实施力度不够,差距明显	总体上较为明显,措施较有力
商业基础和有形基础设施		
基础设施	有形基础设施有优势	总体水平较高
商务与法律环境	为创业提供资金和非金融的服务缺乏	总体水平较高
进入壁垒		
市场变化	很快	不明显
进入壁垒	市场进入成本低,但存在不公平壁垒	进入成本低,但反托拉斯的实施有难度
文化与规范		
创业文化	个人优势明显,但缺乏团队精神	需要改善

资料来源:GEM,Gobal Entrepreneurial Monitor 2004 Executive Report,Babson College,Ewing Marion Kauffman Foundation Grossman,2005.

(二)中国创业发展面临的有利因素和现实约束

1. 创业企业发展的有利因素

从宏观背景来看,经济全球化和区域集团化提供了更为宽松的国际环境,通过更深层次地融入世界经济,创业企业可以在更大范围内进行生产要素的组合和资源配置。中国发展创业型经济面临着难得的历史机遇。中国经济转型以及经济体制调整打破了原有的资源配置模式,大量的资源从计划经济的桎梏释放出来,为创业提供了有利条件。特别是在"十一五"发展规划中,中国明确要在软件、通信设备、数字电子产品、生物产业、新材料产业等战略性新兴高技术产业领域,力争建立起具有国际水平、拥有自主发展能力的产业群体,实现跨越式发展,这些都为创业型经济的发展壮大提供了更为广阔的技术机会、市场机会和政策机会。

从微观环境来看,一批专业化服务水平高、组织协调能力强的骨干科技中介机构,如生产力促进中心、科技企业孵化器、软件和集成电路设计产业化基地,已形成一定的规模和服务能力,为创业企业提供了较其他企业更为优越的生存环境。特别是在国家高新技术开发区,各种类型的孵化器已成为孕育高科技创业企业的良好温床。目前,全国为高科技创业企业服务的科技中介机构初具规模,各大中城市有各类科技中介机构 6 万多个,从业人员 110 多万人。其中,生产力促进中心 850 多家;各种类型企业孵化器 650 多家,在孵企业近 1.5 万家;各类咨询机构 1.3 万家,从业人员 30 万人。

1999 年国家建立了科技型中小企业创新基金,每年 10 亿元的财政拨款成为种子期中小企业科技创新的重要资金来源;20 世纪 90 年代以来诞生的一批风险投资公司,为早期成长阶段的高技术企业提供了重要的推动力,2003 年已有 300 多家风险投资公司,资金总量 500 多亿元;2004 年 5 月正式启动的股票市场中小企业板块,是中国成长性创业企业服务的专门市场,作为创业板建设的重要一步,已经为创业企业的成长提供了良好的市场条件。特别是 2009 年 3 月中国证监会发布《首次公开发行股票并在创业板上市管理暂行办法》,这标志着中国创业型经济的重大融资平台终于启动。创业板市场体系将为创业企业的成长打造完整的经济生态链。

2. 中国创业型经济发展面临的现实约束

(1)制度建设滞后,制度效率不高,形成创业型经济发展的环境约束

创业型经济的不对称性、高度的不确定性和源于科技成果的外部性,需要政府作为制度供给的主体为其提供有效的制度保障。

当前中国的产业结构、市场需求结构、投资结构、劳动力结构等还存在着既往传统经济模式的烙印,与创业型经济相适应的创业孵化体系、风险投资制度、知识产权保护制度、利润分配与激励制度以及政府管理体制等一整套的制度结构尚不成熟,体制障碍构成创业型经济的基本制度性约束。政府只有当好市场经济的"守夜人",使"谁受益谁付费"的市场经济原则在高新技术领域中也尽可能发挥作用,才能减少一些它的外部效应,从而使政府干预高新技术的其他政策产生预期效果。

从宏观政府管理体制来看,在以市场机制为基础的经济体制下,当市场失灵时,政府的有效干预,能够恢复或促进市场机制正常运行和未来的发展;当政府无效干预或过分干预时,又会限制、阻碍市场机制的正常运行和市场的发展。例如,中国创业企业的高税率、不平等税率及管制成本高影响新办企业率;中国科技政策的科学性与有效性不足,会影响到科技成果的产出率和转化

率不高,也影响到技术创新各要素结合的效率;中国科技投入的公共性不足,影响到创新/创业的人力资源使用与结合效率,也影响到创新基础设施和信息产品的效率。可见,保护知识产权是技术创新成果产业化的基础。如果缺乏这样一个基础,要么是企业不愿意从事技术创新,要么就是全靠政府的巨额投入。

从企业微观制度建设来看,尚未界定好企业存量资产的终极产权。高新技术企业中,创新能力和将创新转化为市场赢利能力的企业家才能够对企业发展起至关重要的作用,而这两种能力都是以人力资本的形式存在的。由于对人力资本或无形资产目前中国还没有一个统一的标准,还不能科学地在企业创业者与投资者之间的利益协调基础上,做出合理的评定使创业者的知识资本有合理的回报。

创业企业的产权不清主要表现在以下几个方面:一是初始产权的归属问题。近年新成立的中小型高技术企业虽然开始按照公司制或合伙制的企业制度组建,产权大多是明晰的,创业者和科技人员持股也比较普遍,但在发展过程中合作伙伴之间很容易发生矛盾,也影响到企业的发展壮大。合作一方若退出企业的具体管理,以"股利"形式获取投资回报,往往很难达到双方满意的效果,从而使退出经营管理的投资方权益难以得到有效保障。这经常导致不少企业"散伙"或另起炉灶,许多初具规模的公司就这样分裂为数个小公司而不能得到迅速发展。二是增量资本的产权界定问题。规范的股份制企业将留利部分用于扩大再生产,其产生的利润最终仍可回到股东手中,不会造成产权不清的问题。而中国企业法人制度的不严格及其一些制度缺陷,使得作为增量资本注入到企业全部资本中去的利润留成,其所有权也变得模糊不清了。或者这些资本的所有权落在经营者手中,而忽视了投资者的收益权;或者简单地用"谁投资谁受益"原则来界定产权,而忽视了高新技术企业创业者、经营者及职工在企业发展过程中所发挥的重要贡献。三是技术产权的归属问题。中国许多科研机构衍生创业企业的技术主要来自主办单位及创办人员原单位,这些技术多是国家投入大量资金,由科研院所和高等院校为主研制,经多年积累而来,其所有权应该是很清楚的。但随着企业的发展壮大,技术所有者的权益常常得不到保障,收益得不到体现。

(2)创业机制缺失,难以建立灵活有效的创业循环体系,形成终极约束中国在科技投入、利益激励、成果转化、中介服务等方面由于缺乏创业机制,因此许多科技资源禀赋好的地区并没有将技术资源优势转化为产业优势和经济优势。

首先,在成果转化机制方面,中国虽然拥有独立的科学技术体系,但经济创造力却相对落后,这主要反映出中国的国家创新体系还没有完成面向市场经济的重构,创业的技术成果转化机制不顺畅。2004 年,有关方面进行了一项调查,结果表明,中国一般成果转化商品率为 45.8%,而高科技成果转化率只有 25%,专利技术的实施率仅仅为 10%,科技成果转化为商品并且取得规模效益的比例只有 10% ~15%,远远低于发达国家 60% ~80% 的水平。过低的成果转化率不仅使得中国目前科技进步对经济增长的贡献只有 20% ~30%,大大低于发达国家的 50% ~60% 的水平,而且也严重制约了中国高科技创业的发展步伐。

此外,在从技术开发、产品开发、生产能力开发到市场开发的整个产业化过程中,许多新创企业缺乏参与国家科技计划的共性技术的研发的机会,科研院所和大学不愿给予新创企业需要的项目技术资助,更不会轻易将其研发成果交给新创企业开发和商业化运作。造成创业企业、研发机构、政府部门和社会力量的资源缺乏有效整合,科技成果共享程度低。

其次,在创业的中介服务机制方面,中介服务体系建设中的知识产权评估、会计师事务、管理咨询等中介服务机构薄弱,知识产权成果价值评估难,使得很大一批产权成果无法流动,制约了其产业化的实施。在政策环境方面,国家许多政策关注科技投入产出,忽略了知识的流动和总体社会效用,导致科技知识流动缓慢,配置效率不高。

(3)创新源不足,创业资源获取困难,形成资源约束

资源要素市场缺陷降低了创业企业获取资源的能力和效率。知识资本经由创业企业的生产机制而进入市场过程,就是由知识资本凝结而成的商品实体的市场交易过程,体现了要素定价的市场化。因此必须有一个较为完善的要素市场,包括资本市场、人力资源市场、技术交易市场,提供易获得的创业资源和要素。相对于成熟的市场经济国家,中国的资本和要素市场发育滞后。这主要体现为企业研发资源投入不足、高素质科技人力不足、产量规模与市场影响力不足、核心能力的累积程度不足、产品技术完整性不足等等。

首先,创业投融资体系发展滞后,造成创业资本的供给不足。

依照各国通常的情况,一个高技术创业企业在初期、中期和大规模生产期所需要投入的资金比例大体是 1:10:100,成几何级数增长。

从图 5-2 中可以看到,目前政府在科技型中小企业自身成长过程中并没有系统性的投入。作为国家投入的另一种表现——税收优惠,更多地表现为区域性、零散性。对科技企业的投入,商业资金发挥了较大作用,但商业资金的趋利性以及现时的商业环境,对科技企业的投入主要集中在后期。股权融资和债权融资是企业融资两个不可分割的方面,科技企业的特性,使得创业投资这种股权融资更显得重要。

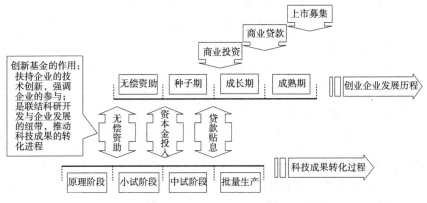

图 5-2 创业企业不同生命周期的资金需求特点

目前,国内虽然有一些创业投资,但数量很少,体量不够,二板市场由于种种原因也未能开放,所以对新成立的高技术企业如何通过融资来更快地发展,依然是一个亟待解决的问题。中国目前风险资本业整体上还处在初期发育阶段,还没有比较完善的风险投资业,专为支持科技发展成立的一些金融投资公司并没有真正发挥作用。目前,国内 80% 的风险投资都是政府出资,而民间投入很少。其中的关键在于风险投资的运营机制和退出机制还不完善。

此外,中国资本市场尚未形成包括主板市场、二板市场、柜台交易市场在内的多层次的市场体系和一套完善的规章制度。虽然在证券交易主板市场(深圳证券交易所)内设立了面向中小型高技术企业的板块,但是对企业上市的条件要求并没有降低多少,大多数发展潜力大、市场前景好的高技术创业企业仍然无法通过这一市场获得资金。要在常规投资严重失序的背景下,建立创业投资的机制;要在股票市场还有待进一步规范的条件下,建立针对创业资本的市场环境;要在金融约束的情况下,为高技术创业企业提供融资服务。因此,当前制度欠缺的严重性和制度建设的艰巨性,都是可以想见而难以测度的。

其次,公共知识资源的约束,知识产权市场规模小,发展速度慢。

对于宏观知识供给而言,有两个指标可以给予检验:大学体系;公共 R&D 体系。大学体系提供了合格的人力资源,并承担了具有较大外部性的基础研究工作;公共 R&D 体系与技术的扩散和国家范围内的技术普及与提高密切相关。而这两方面,中国都与发达国家差距甚远。以 R&D 投入为例:2001 年部分国家 R&D 投入占 GDP 的百分比如表 5-2 所示,不难看出中国的 R&D 投入远远落后于发达国家。

表 5-2　各国 R&D 投入占 GDP 的比重　　（单位:%）

国家	美国	德国	英国	法国	日本	中国	韩国	新加坡
比重	2.80	2.50	1.90	2.20	3.09	1.09	2.96	2.11

资料来源:www.unesco.org。

由于在知识产权制度建设和保护方面还存在缺陷,中国的科技创业活动和科技成果产业化受到了较大的影响。据国家知识产权局提供的有关资料,近两年中国每年取得的重大科技成果约 3 万项,而每年受理的国内发明专利仅为 1 万件,只占 1/3。有人估计,在过去 15 年里,中国“流失”到国外的发明达 13 万项。这种状况给创业企业也带来不良后果:一是技术成果供给不足,增加了创业企业获得高新技术的难度;二是影响创业企业对研发投资的积极性,不利于创业企业可持续发展。

最后,研究开发经费投入不足,后续创新能力跟不上。

随着经济的发展,科技成果产业化前期的资金投入要求逐渐加大,单纯依靠国家投入不再现实,目前中国在这方面还存在体制性的缺陷。中国中小型高技术创业企业研究开发能力低,很大程度上是因为投入水平低。按日本学者的估计,一个企业的研究开发经费仅占销售收入的 1% ,那么,这个企业注定要失败;如果占 3% ,则仅仅可以维持企业发展;如果占 5% ,可以参与竞争;如果达到 8% 以上,才可能有竞争力。

当前,中国政府对科研开发的资助,主要针对大专院校、科研院所。近几年政府也开始重视对企业科研开发的资助,但重视院所的格局并没有发生实质性的改变,创业企业科研几乎没有被纳入主流的国家科研资助计划;商业资本很少参与企业的科研开发;中国一批技术含量较高的创业企业,大都是以科研院所和大学的长期研究成果为基础开发产品,一旦投入生产后,研究开发方面的投入便很少,难以形成可持续的创新能力。

以上的现实约束成为制约中国创业型经济发展的制度性障碍,也恰恰是中国创业型经济发展的根本驱动力。

三、驱动力问题:影响中国创业型
经济发展的制度环境分析

相应的制度创新不仅为创业型经济的发展提供了一种有效的激励结构,也是创业型经济发展战略的有效保障。什么样的制度基础更有利于创业,并对其形成持续有效的制度激励。本节通过驱动力识别,集中解决创业型经济发展中的制度性障碍;通过深层次的制度创新,创造有利于创业型经济发展的制度环境,进一步发挥体制、机制的激励优势,实现创业型经济的持续、高速增长。为了更有效地研究影响中国创业发展的因素,特别是制度环境因素,我们使用计量经济模型来分析知识产权制度、创业融资制度、政府公共 R&D 投资制度以及技术交易市场制度等是如何影响中国创业型经济发展的。

(一)对影响中国创业发展主要驱动力因素的认定

创业型经济相关制度安排的作用除了提供创业激励机制、保护产权、解决外部性问题、减少信息的不确定性等一般作用,更起到促进创业企业获得更多的创业收益、知识商业化;提供更多的资本供给和各类知识型公共品;为创业企业在全球竞争格局中提供有效制度安排的功能。

1. 知识产权制度的影响

科技创业的过程，其实是一个知识的创造、扩散和商业化的过程，这也是一个知识产权的取得和有效运用的过程。因此，科技创业也是一个与知识产权制度密不可分的命题。知识产权保护制度以保护和推动知识生产和知识扩散为目标。

知识产权保护制度促进创业发展的第一个途径是通过对创业者利益的保护而提高知识生产的动力。知识的生产和产品的创新是现代产业发展的重要推动力。根据内生增长理论，知识是由经济系统所决定的内生变量，知识的积累和生产主要取决于经济当事人用于 R&D 活动的投入。而要使创业企业有意识地增加 R&D 活动，使创业企业的创新活动成为内在的、持续的过程，市场的垄断机制及其制度安排是极为有效的激励保证。政府提供激励的关键在于赋予技术创新者一定程度的市场垄断力量，减少和避免其他企业的"搭便车"行为，减少和消除 R&D 投资的私人收益与社会收益的不完全对称性，促进企业创新能力的提高。知识产权保护的主要形式是专利制度，它能阻碍竞争者提供同样的产品，补偿先进入企业的投入成本，巩固知识产权所有者的市场优势，从销售专利产品中获得超额利润。此外，专利所有权人还可以通过授予专利许可的方式，将专利产品销售转让，间接获利。

知识产权制度促进创业企业发展的第二个途径是对知识外溢和扩散的作用。知识具有外溢效应。知识外溢指知识生产、积累和传播所形成的外部经济的现象。知识的外溢效应及其产生的规模收益递增是内生创业企业发展的重要动力。作为知识含量的产品，包含着知识所具有的公共产品的特性。专利作为公开的秘密，能形成一个知识创新的有效信息系统，为知识的外溢和扩散创造条件。为避免和其他企业具有专利保护的产品重复研究开发，创业企业就必须加强对创新产品最新动态和专利信息的了解掌握，从而有利于创业企业知识存量的提高，为创新奠定基础。

知识产权制度的第三个途径是高效配置技术资源，降低研发成本，促进创业项目技术信息的传播与运用。在知识产权制度的框架下，创业企业可以购买专利产品而获得新技术的使用权。通过技术的引进和模仿，缩短创业企业与其他企业的技术差距，提高创业企业的知识积累程度，从而降低其新产品的研发成本，为创业企业的自主创新提供基础。

　　知识产权为技术商业化和技术转移创造条件和提供基本制度保障。因此,对这类高科技企业而言,拥有排他性的知识产权既是其参与市场竞争的前提,更是获得高额利润的保证。因而,专利数以及专利产生的经济效益与科技创业企业数直接相关,专利申请和专利经济效益好的区域,也是科技创业衍生企业较为集中的区域。从1999年以来,我国在知识产权方面取得了非常快的进步,见图5-3。

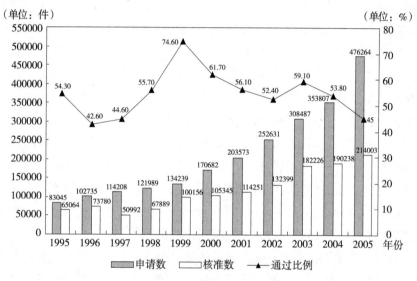

图5-3　1995~2005年中国专利申请数及核准规模

　　从专利结构来看,科技创业企业专利质量明显高于一般大企业。2001~2005年,高新区科技创业企业产品专利年平均增长速度为16.27%,发明专利年平均增速达到19.35%(见图5-3)。发明专利产品占专利产品总数的比重由2001年的32.01%提高到2005年的35.53%,科技创业企业发明专利占专利总数的比重比一般大企业高出20个百分点。

　　2. 创业投资制度的影响

　　创业企业大都规模小,还没有形成清晰的产权结构和健全的公司治理结构,达不到主板上的上市要求,难以通过资本市场直接融资。麦克米伦发现,对创业企业的长期资本供给存在短缺,这种短缺尤其明显地发生在那些单靠初始出资人的资金已经难以满足需要,但又尚未达到足以在公开市场上融资的规模企业身上,因此,面临着"金融缺口"(Finance Gap)。实证研究表明,大量的创业企业在成长过程中面临债务融资缺口(Debt Gap)和权益融资缺口(Equity Gap),使融资陷入困境。创业企业的融资障碍使其合理的资金需求无法得到满足,导致融资"双缺口"产生。创业企业权益资本导致的金融缺口主要来自于以下方面:一是自有资本的缺口。创业企业大多数是一些新加入市场的企业,自身所拥有的资本量非常有限。二是资本市场的缺口。不论是正式还是非正式资本市场,创业企业受规模、经营年限等限制,很难通过上市融资获取资金,可以说创业企业在正规资本市场上处于缺位状态。而创业投资制度的产生无异于对创业型经济的兴起提供了资本源泉。创业投资比率高的国家也是创业率高的国家。在科技创业"蜂聚"出现时期,大批高新技术的中小企业之所以能够诞生和崛起,与独特的金融制度是分不开的。从表层看,作为一种投融资方式,创业投资的出现解决了创业企业的资金瓶颈问题。但是我们深入地考察,创业投资的兴起不仅在资金方面起到了支援作用,更重要的是它发展了一套有别于现有融资方式的资金配置、商业运作和激励机制,是把创业投资者、创业者的目标统一起来,有机结合了资金、人力资源和创业项目的金融创新模式。因此,创业投资对于创业企业而言有其独特的功能定位。

(1)资金支持。在创业活动的生命周期的不同阶段存在不同的风险状况与资金需求组合,必须采取多元化的"适时适式适事"的资金支持,就是要基于开放性、国际化的金融体系,依据自主创业的特性及其生命周期,在适当的时点,以适当的资金运作模式提供适合需要的不间断的创业资金流。

(2)风险防范。创业所伴随的巨大风险与科技成长型创业企业所处的艰难成长期呈现天然失调,创业企业显然难以独自承担全部风险。而创业金融系统的一个重要作用就是减少、分散和转移风险。创业企业可利用金融系统的专业化风险管理技能和优化的资产组合减少风险,可利用创业投资、战略联盟等分散风险,还可利用针对创业的金融衍生工具转移风险。

(3)资源配置。针对涉及大量资源配置的创业活动来说,创业投资制度的存在,使得许多潜在的投资者对科技创业的所有权和债权进行分析和竞争,竞争的作用将会促使创业项目寻找到能使其产生最高价值或效益的买者,从而促使创业活动的相关资源配置达到最优化。

（4）流动性提供。如果金融安排不能增强长期投资的流动性，就难以筹集创业项目所需的大量资金。虽然证券市场、金融中介都可以将投资者希望持有的流动性资产转换为创业所需的大量非流动性长期投资，但基于创业活动的巨大风险，可行的做法是针对科技成长型创业企业发展到的每一个阶段都培育一个相对应的可进行交易的市场，逐步发挥产权交易市场、创业板市场、主板市场、海外市场的阶梯作用。

《中国创业投资报告》指出，在中国宏观经济迅猛增长以及政策层面强力推动下，2006 年的中国创业投资业仍然延续了自 2004 年以来的高速增长态势，2006 年投资金额达到 143.64 亿元人民币，比 2005 年增加 22.17%，中国创业投资规模也再攀新高。截至 2006 年年底，中国内地管理的风险资本总量超过 583.85 亿元人民币，比 2005 年年底的 441.29 亿元人民币高出 32.31%。创业投资对推动新创企业的发展作用非常大。但是该报告也指出，中国种子期创业项目融资水平依旧不足。从调研结果看，有 69% 的投资项目处于扩张期和成长期，且成长期的项目数比例延续 2005 年的增长趋势，比例值升至 49%。种子期项目数比例与 2005 年保持一致，仍然没有扭转前三年调研结果中出现的比例逐年下降的态势。虽然《创业投资企业管理暂行办法》的正式实施已经掀起设立政府引导基金扶持种子期项目的浪潮，但是从目前的调研结果看，效果还没显现出来，一方面，种子期项目融资水平依旧不足（见图 5-4）；另一方面，我国风险投资机构大多成立时间较短，与风险投资发达国家相比，管理经验不足，运作过程还不规范，因而对高技术企业的培育辅助作用较弱。①

科技部火炬中心、创新基金拟与国家开发银行、深交所进一步加强合作，推进科技型创业企业成长，2007 年上半年，科技部火炬中心、创新基金管理中心和深交所合作到江苏、浙江、上海、山东、广东等地调研，筛选出了 2197 家高成长的科技型创业企业，并从中选出了 722 家重点高科技企业，直接作为重点追踪和扶植对象。

3. 政府公共 R&D 投资制度的影响

创业的激励制度有很多种，除了知识产权制度外，还有公共 R&D 制度。

---

① 根据《中国创业投资发展报告 2006》整理。

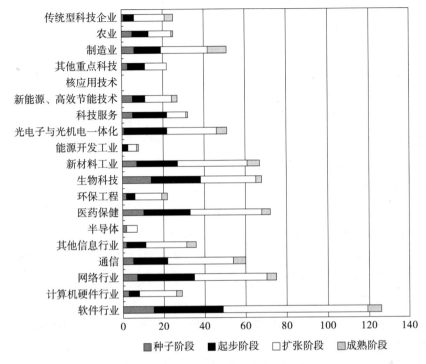

图 5-4 中国创业投资阶段与行业分布

R&D 是指科学技术领域为增加知识总量以及运用这些知识去创造新的应用进行的系统的创造性活动。罗默的经济增长理论认为，技术作为一种生产要素是内生于经济系统的，其均衡价格和数量应由技术需求和技术供给所决定。技术是一种非独享性或非竞争性商品，技术或知识的这种非竞争性使其具有研发成本（固定成本）高、复制成本低的特点。这种特点使 R&D 投资的社会收益大于私人收益，投资者不能占有自己投资于 R&D 带来的全部收益，此时投资者投资于 R&D 的动机减弱，导致投资总额比社会最佳的投资总额要小。

政府 R&D 投入的规模决定了一国的科研投入水平，政府 R&D 所产生的诱导效应、技术转化效应极大推动了公共技术创新与技术扩散以及高科技创业的发展。20 世纪 90 年代以来，美国联邦政府通过公共 R&D 为高科技产业创业确定战略方向,确定优先资助的项目和有利于技术扩散的项目。新兴工业化国家(地区)的重要经验也是如此,在科技追赶阶段,这些国家的经济增长,已经不是简单的资本、劳动投入的增加,而是科技与劳动力质量的提高。经济增长方式,正在逐步由劳动密集型、资本密集型向技术密集型转变,更需要政府 R&D 投入的超速增长。作为新兴工业化国家的代表,韩国政府在 R&D 投入上的力度比较大。2000～2004 年短短三年时间内增幅达到 57%,韩国政府 R&D 预算投入的增长率远远超过其 GDP 的增长率。

因为政府资助研究机构从事 R&D 活动获得的成果(主要是基础知识方面的),可以通过技术扩散为民间部门尤其是企业有价甚至无偿地使用。政府 R&D 投入的重点是长期的战略性的投资,营造持续的创新环境和创新能力。政府对民间部门 R&D 的直接资助、政府 R&D 投资的扩散效应可以通过在基础研究等领域的投入取得成果并不断向企业部门转移,降低 R&D 成本。特别是对于创业企业而言,当技术能力积累不足和缺乏 R&D 投入时,公共 R&D 就显得尤为重要,主要体现在:第一,可以通过知识溢出诱导企业进行 R&D 支出;第二,促进了产学研的优势互补;第三,也可以对企业的专利产出和生产投资进行战略引导。

4. 技术商业化制度的影响

随着技术入股,创业企业的产权激励以及风险投资等的出现,以技术产权交易市场为表现形式的技术商业化制度也初步形成。

由于技术产权交易机构对进场交易的企业要求“门槛”很低,吸引了很多处于起步阶段、科技含量高、具有发展前景且急需引入资金展翼待飞的科技创业企业进入这一市场,迫切希望通过技术产权交易市场这个平台,抓住技术项目商业化的关键环节,并为创业投资提供一个退出机制。技术交易市场制度,一方面提供了基于市场需求的技术成果及其创新资源的有效供给驱动;另一方面由于内生于经济系统微观单元的内部,提高市场主体的竞争能力,最大限度地实现要素投入的产出效率。因此,技术产权交易市场制度从一产生就显示出强大的生命力。

从中国目前技术产权的发展现状看,大多缺乏技术集成,离产业化还有较长的距离,并不能直接形成规模化的商品生产。同时,由于缺乏支持专利技术成熟化、孵化的体系和政策,大批技术含量高、市场前景好的专利技术被搁置,造成专利技术与产业化的脱节,还没有进入技术交易市场进行交易。而各类科技转化机构如生产力中心、大学科技园、科技孵化器、产业化基地等虽然建得很多,但还未能够真正适应技术转移需要,形成有效的创新成果产业化链条。

(二)驱动力要素的定量研究方法及分析框架

1. 影响创业制度因素的变量设定及解释

(1)模型中的变量解释

建立计量经济模型的首要工作是把抽象概念具体化和可度量化。国家的创业活动需要从国家宏观层面的制度因素考察,这些制度因素及相关变量包括:知识产权制度因素的影响(P);技术商业化制度因素的影响(用技术市场交易额 EX 替代);政府 R&D 投资制度因素的影响(GRD);创业投资制度因素的影响(创业投资额 VC);政府公共 R&D 投资制度因素的影响(GRD)。在研究中首先要做的是将这四个抽象的因素用可度量的数量化指标体现到模型中,以解释中国创业型经济的发展。这些变量可以概括为以下方面:知识利用变量、技术流动变量、资金投入变量和政府公共 R&D 投入变量。这些指标是目前数据约束下对变量比较好的度量,以下分别对变量定义加以说明:

NB:是模型中的被解释变量。一个地区的科技企业进入和退出情况越是频繁,表明这个地区的科技创业行为越活跃,科技企业的进入比率也就会越高。本节用科技创业活力(NB)作为科技创业的代理变量。

VC:创业的资本门槛与创业投资的最低限额相同,即创业投资的门槛限值。本研究以《中国创业投资报告》公布的数据为标准。

EX:我们使用技术市场交易额作为技术商业化的表征。技术市场是科技与经济紧密结合的一个不可或缺的渠道,是将科学技术成果直接转化到经济系统中实现经济收入的重要途径。因此,另外的两个衡量技术转移的指标就是技术合同签订数和技术合同在技术市场实现的交易金额。技术合同签订数具体是按合同卖方类别分类签订的技术合同数,同样技术合同金额是按合同卖方类别分类的技术合同在技术市场上交易实现的金额。这两个变量主要通过技术合同的签订及实现经济价值的角度直接衡量大学科研成果成功转化为经济价值的大小程度。研究用到的 GDP 和技术合同金额数据均通过相应年份的商品零售价格指数折算为可比价格。

P：在对中国专利制度促进创业型经济增长进行实证分析前，首先需要确定准确衡量专利制度和创业企业增长的合理指标。这里我们选取专利产生的GDP作为专利制度效应的合适量度，所有指标数据均来源于《中国统计年鉴》（1996～2006）。应该指出的是，这里我们选择专利GDP作为分析的指标，而不是专利授权量，原因有二：一是专利GDP同专利申请量之间存在较强的线性相关，专利GDP所包含的信息在很大程度上已经覆盖了专利授权量；二是专利GDP同专利申请量相比时间滞后性更大，以其作为分析指标，更能反映创业企业利用P的收益。

GRD：在实践中大多数工业化国家尝试了各种各样的公共R&D方式，归纳起来，这些公共R&D方式有三种形式：①R&D税收激励；②政府提供研发，即公共R&D部门（包括大学和政府科研机构）直接从事R&D活动；③政府资助企业研发，即政府将R&D经费委托给企业，让其利用政府的资金从事R&D活动。研究用反映政府公共R&D对不同方式的投入状况，即用公共R&D部门科技经费筹集来源中的政府资金（GST）来衡量政府公共R&D部门的R&D支出。

（2）样本选择与分析方法

模型分析用的变量NB、P、GRD、VC、EX的数据分别来源于1996～2006年的《中国统计年鉴》、《中国工商管理年鉴》、《中国科技统计年鉴》、《中国创业投资报告》、知识产权局专利公报各期以及科技部火炬高技术产业开发中心公布的数据。研究选取了1996～2006年的数据进行分析，属于小样本分析，并使用Eviews软件，对数据进行多元回归分析。原始数据来源及变量的具体构建过程见表5-3。

表5-3　计量模型原始数据表

年份	每年全国新增企业数（户）	进入/退出率（%）	创业投资额度（亿元）	GDP（亿元）	专利数额（件）	人均GDP（亿元）	人力资本资源总量（亿元）	全国技术合同成交额（亿元）	政府投资（亿元）	平均每份技术合同成交额（万元）
1996	71173	0.298	8.4	67884.6	83026	18839.76	57846.34	300	66.48	13
1997	59671	0.209	7.2	77653.1	90071	20738.71	59269.89	351	66.70	14
1998	49209	0.192	9.54	83024.3	96233	22756.08	65059.77	436	75.65	15
1999	49753	0.203	28.9	88189	109958	24924.15	67698.65	523	85.47	20

年份	每年全国新增企业数(户)	进入/退出率(%)	创业投资额度(亿元)	GDP(亿元)	专利数额(件)	人均GDP(亿元)	人力资本资源总量(亿元)	全国技术合同成交额(亿元)	政府投资(亿元)	平均每份技术合同成交额(万元)
2000	44450	0.219	38.3	98000.5	170682	27995.09	71716.48	651	117.62	27
2001	39275	0.288	42.1	109655	203573	31187.49	84375.48	783	143.47	34
2002	37224	0.261	47.1	120333	252631	34678.01	91682.75	884	163.43	37
2003	35269	0.273	37.15	135823	308487	39175.89	103893.5	1085	192.17	40
2004	41357	0.255	37.83	159878	353807	44859.23	129379.4	1334	208.90	50
2005	50278	0.239	117.5	182321	476264	50955.97	138344	1551	239.35	59
2006	59242	0.234	143.64	209407	529875	600253.27	152082.3	1818	307.37	88

2. 影响创业制度因素的模型估计与验证

影响创业的制度因素的多元回归模型为:

$$LNNB_t = \alpha_0 + \beta_1 LNVC_t + \beta_2 LNP_t + \beta_3 LNGRD_t + \beta_4 LNEX_t + \varepsilon_i$$

(1)OLS 多元回归分析

本书利用多元回归中的 OLS 多元回归模型进行分析,根据表5-3中的数据,不难发现,从1996~2006年,每一个变量都有明显向上的趋势。在时间序列数据中,如果不对这些趋势进行处理,则有很大的可能导致谬误回归。因此,在建立多元回归模型时,有必要对数据进行除趋势的处理。本研究采用的方法是:在回归中加入时间趋势变量 t,从 1996~2006 年,$t = 1, 2, 3, \cdots$。

对数据进行 OLS 线性回归,结果见表5-4。

表5-4　回归系数及变量的显著性检验结果

Variable	Coefficient	Std. Error	t-Statistic	Prob.
常数项	280.3853	14.15143	22.52835	0.0000
VC	0.886582	0.351310	5.95951	0.0003
EX	0.119057	1.413843	3.32215	0.2254
PGDP	0.546976	0.195301	2.80607	0.1184
GRD	−0.453811	2.023742	−7.09628	0.1324
R-squared	0.942103	Mean dependent var		48.95839
Adjusted R-squared	0.903806	S. D. dependent var		8.10712

Variable	Coefficient	Std. Error	t-Statistic	Prob.
S. E. of regression	2. 184843	Akaike info criterion		6. 436209
Sum squared resid	0. 029564	Schwarz criterion		6. 678662
Log likelihood	16. 61725	F-statistic		7833. 256
Durbin-Watson stat	2. 178310	Prob(F-statistic)		0. 000000

根据表 5 - 4 的分析结果,回归方程的拟合优度、相关系数、t 值均比较理想。通过了整体显著性检验判定系数为 $R^2 = 0.903$,接近 1,表明模型解释力良好;DW 值为 2.178,非常接近 2。因此,残差项基本不存在一阶序列自相关性,非常适合进行回归分析。同时对模型的多重共线性进行了检验,所有解释变量的容忍度都大于 0.1,VF 都小于 10。根据经验判断原则,模型不存在严重的多重共线性。但是,值得注意的是,由于加入了时间趋势项 t,并且 t 对被解释变量的贡献率很高,在统计上也非常显著,所以 EX 对 NB 的联合影响远低于 F 统计量所显示的值。在影响创业的制度因子中创业企业数量和 P 之间是正相关关系。VC 的标准回归系数为 0.886582,这表明我国科技创业企业的发展主要还是创业投资靠资本要素投入实现;P 的弹性系数为 0.546976,相关性比较显著;EX 的弹性系数为 0.119057,相关性较弱;GRD 为 -0.453811,显示为负相关。

(三)分析结果与主要研究结论

模型的采用,目的是指出影响中国创业发展的制度因素,并验证这些制度要素的驱动效应,并得出一些启示性的结论。

第一,通过计量模型的分析结果可知,创业投资与高科技创业企业的创建和成长高度相关,相关系数达到了 0.886582,是这几个要素中影响最为显著的。从需求角度来看,中国的创业企业对创投的需求非常大,尽管创业投资这几年总体规模呈快速上升之势,但总体还是不能满足需求,特别是种子期的初创企业,存在着大量的“麦克米伦缺口”,如何解决资金缺口是下一步要考虑的问题。以美国为例,政府采取创新型的金融政策和杠杆设计,带动了 3~10 倍的银行和保险资本金的参与,使得创业资本得到真正的扩张。中国目前拥有 16 万亿元人民币的储蓄,并且有着近 9 万亿元人民币的存贷差,由于缺少杠杆的作用,有钱难以贷出去支持创业企业发展。哪怕只有 1% ~5% 的银行资本能够被引进到创业投资行业中,也有 900 亿 ~4500 亿元人民币的资本金参与到创业投资的行列。同时,中国的保险业虽然发展比较晚,但同样存有大量的保险资本处在闲置状态之中,如果能够进行政府金融工具的创新,将闲置的保险资本引入其 1% ~5% 的资本金参与到创业投资的行列,也是相当可观的创业资本。

第二,知识产权制度对创业的影响也是显著的,弹性系数为 0.546976。科技创业的科技成果转化主要有三种模式:一是通过创业者自身转化——自行投产模式;二是通过别人转化——技术转让模式;三是通过自己和别人共同转化模式——产学研联合模式。在中国创业企业中技术源往往是内源性技术源,而非外源性技术源,即创业者本身就是原国有科研机构或国有企业的技术人员,以自带的技术自办企业,将具有自主知识产权的技术通过民营科技企业运作的形式直接进行转化。因此,知识产权和专利在高科技创业过程中起关键作用。高科技创业企业已成为科技成果转化的生力军。

第三,技术交易市场制度与创业的相关性检验结构与现实基本相符。知识产权和专利对创业影响较为显著,但技术产权交易却不显著,这说明一方面许多高科技创业企业的创业项目是自有转化的,并非通过市场交易购得;另一方面也说明我国技术产权交易市场虽然有所发展,但其功能远未得到充分发挥,加之科技资源配置效率还不够高,造成中国创业企业与技术成果转化之间还没有形成一种相互促进的协调联动机制。集中表现在:由于政策方面的限制,民间资本难以进入,风险投资的进出通道的封闭,使得高成长型的创业企业通过技术产权融资的渠道不畅;充分反映技术商品供求状况的技术要素价格机制仍未合理形成,存在"一高、一低",即交易成本高,交易价格低;技术市场与其他要素市场的良性互动不足,尚未形成要素一体化机制。根据《中国科技统计年鉴》中对中国技术开发机构成果的统计结果发现,在中国技术合同转让的研发成果流向分类中,从 1996 年到 2006 年,不管是合同签订数还是合同成交金额,均显示出 70% 以上的科技成果没有向创业企业转移,对创业企业增长没有提供应有的贡献。

第四,值得关注的是,政府 R&D 投资对创业呈现出负的影响,这似乎是不符合逻辑的,但这恰恰反映两个方面的现状:首先,反映中国政府 R&D 投资效率低下的现状。尽管国家在公共研发方面投入很多,但创新投入不能有效转化为创新成果并用于商业化,从而有效地促进创业型企业的产生。市场配置资源带有一定程度的随机性和局限性,使科技创业活动领域中会出现市场低效应区域或市场失效区域,前者需要由市场行为和政府行为联合发挥作用,后者需要政府行为来配置资源,特别是基础研究的保障,产业共性知识的研发。其次,政府 R&D 与创业的负相关也反映了创业企业与基础研究机构相比,获得政府 R&D 资金的不公平性。公共 R&D 部门的基础研究和应用研究必须保持一定比例,如果应用研究所占比例过大,将会直接对企业的 R&D 产生挤出效应。因此政府应通过政策导向,引导原来绝大多数不可能获得政府 R&D 资助的创业企业,优化 R&D 的资源配置。

第六章　国际创业型经济发展的经验借鉴与中国的成长路径

从发展阶段来看,当今世界上民间创业驱动力量较强的国家,往往是创业型经济建设、金融制度建设较早、条件较为成熟的国家。经过几十年的发展,已经形成了成熟有利的创业环境,使得民间力量能够顺利地进入创业领域。而反过来,一个经济有待发展或是勃兴的国家,由于创业环境、市场条件、金融体系等各方面有待完善,政府往往需要较多地对创业活动进行支持。本章从国际上一些典型国家的战略规划、模式选择以及环境构筑等方面探讨各国促进创业发展的有益经验,并总结出具有启发意义的经验模式。

一、典型国家支持创业型经济发展的经验借鉴

(一)典型国家创业发展的战略规划

加拿大政府率先为创业发展规划立法。1988 年负责中小企业的国务大臣主持建立了一支特别行动小组为创业发展规划提供咨询建议。加拿大创业发展规划于 1989 年以五年计划的形式正式确立,目的是使创业活动深入人心,鼓励新企业的涌现并为它们的发展扫清障碍,保驾护航。荷兰创业规划的实施始于 1987 年发布的《为创业家谋求更大的发展空间》白皮书,经济事务大臣据此白皮书建立了中小企业部鼓励公民创业,刺激中小企业发展壮大,消除大小企业间的不平等竞争。1995 年《由创业而就业》白皮书与 1999 年《创业社会》白皮书强调了新兴企业力量对于结构性就业率增长和经济增长的重要性。荷兰政府还制定发展规划减少创业障碍,改革破产法,通过教育提高创业质量并扩大技术创业者和新企业成长的融资渠道。英国政府在撒切尔夫人的主持下于 1987 年启动创业法案,此后六年,包括创业补助方案、企业创建计

划等在内的几项法案陆续通过,以资通过新企业的创建提高就业率。这些政府致力于鼓励更多的人将创业作为一项人生选择,进而开办企业。20 世纪 90 年代中期,加拿大和英国政府放弃了以支持创业企业成长为中心的企业促进模式。因为调查显示,仅有 4% 的创业企业呈快速成长态势,与此同时,这些企业对创造就业的贡献并不均衡。为使新规划更有成效,英国政府推出了企业联结计划,专门为成长导向的创业企业提供顾问咨询。加拿大政府也启动大量类似计划推动创业企业的增长取向与潜力。随后是澳大利亚,该国 1995 年出版了 Karpin 名为《创业的国家》的报告,倡导并论述了学校内的创业知识教育、小企业管理、领导素质培训及创业文化促进等。

其他 OECD 国家稍晚些时候也开始关注企业创建与创业情况的发展。西班牙于 1998 年实施了诸项旨在促进创业政策推广的措施,具体包括:创业奖励计划、自雇佣鼓励计划、针对创业精神的义务教育与培训、互为担保体系、激励增加育成资金和启动资本以及为创业开通"绿色通道"以减少行政审批方面的繁文缛节等等。芬兰的"两年创业计划"经过主要国务大臣一致赞成通过,于 2000 年在工业及贸易大臣的主持下颁布实施。主要目的是促进创业及企业的成长和有序竞争。内容包括减少企业进入的障碍,鼓励创业职业选择,将创业教育融入学校教育体系,为创业者提供融资支持和咨询服务,改革税收及社会保障体系,等等。2000 年瑞典政府也将"优秀创业实践"政策列为国家新工业政策四项主要内容之一。国家创业委员会(NCOE)是当前倡导创业政策的主要力量。这个组织极力倡导创新型创业,呼吁为创业者争取更多风险投资及更完善的知识产权保护和员工认股权证的税收优化。

(二)典型国家支持创业的模式选择

纵观发达国家和地区促进创业企业发展的实践,其扶持创业的模式主要有三种典型类型:一是以美国为代表的营造环境型;二是以日本、新加坡为代表的政府直接支持型;三是以欧洲为代表的介于二者之间的政策引导型。

1. 美国全面构筑创业发展循环体系模式

第三次创业浪潮发端于美国,在 20 世纪后 25 年,创业者极大地改变了美国的经济格局,这其中很大程度上得益于美国成熟的创业支援体系。美国政府出于战略需要而提供的研究开发支持、多层次的资本市场支持创新创业等,都促进了知识的产生和流通,激发了创业者的活力。政府对大学、国家实验室从事基础开发的支持以及大企业研究实验室对基础研究的投入保证了美国处于知识创新的前沿;规模巨大的军事采购和全球化的市场,为新企业产品创造了有效的需求,激励了新企业的持续研发投资,而金融支持,催生了新产业、新企业的诞生和成长,这使美国的创业型经济体系充满活力。美国社会的创业支援体系在支援对象、内容、方式和主体方面范围广泛、层次多样,成为支撑美国企业创业的社会基础。

(1)支援对象覆盖创业的每个阶段

美国 Babson 大学 Paud D. Reynolds 教授把创业概念延伸到从人们产生创业意识之前到企业成长的全过程,共分为四个阶段:未成年、创业行动开始之前、开始创办企业和企业成长。在未成年阶段,美国就有创业意识培养教育,即经济教育;在人们决定创业行动之前,大学等教育部门就会为他们进行创业知识教育、技术培训;开始创业时,有社会团体、政府部门为创业者提供金融和技术支持。总之,美国社会的创业支援对象包括未成年人到正在成长中的企业。

(2)创业支援主体涉及"民、官、学"

美国创业支援主体与日本等国家不同,并不是以政府为主,而是民间组织、教育机构和政府等多层次相结合。例如,民间非营利团体(NPO)与学校联袂对未成年人进行自立教育;美国创业企业管理局(SBA)对开业前的创业者进行技术支持等。美国政府的创业支持制度充分发挥了 NPO 和大学等机构在技术和教育方面的作用,因此,创业支援主体是"民、官、学"三者,其特点是以民间组织为主,以政府为辅,由教育机构参与。在创业的四个阶段中,民、官、学三方支援主体有一定的分工与合作,形成了整个社会的创业支持体系。

(3)美国促进创业企业服务体系建设的竞争环境

美国是一个创业企业林立并得益于企业创业的国家。可以说,世界上没有一个国家像美国那样看重创业企业。从国会、政府到民间,各界都给予了创业企业以高度的重视。美国近 100 多年中颁布的《谢尔曼法》、《克莱顿法》、《罗宾逊—帕特曼法案》、《米勒—泰丁斯法案》、《放松管制法》等都是保护创业企业免受大企业不公正的侵害或直接鼓励创业企业发展的。近 20 年来,美国政府就民营科技企业的技术转移、技术推广、技术贸易、技术服务、知识产权保护、财税金融扶植政策、科技计划的设立与实施等进行了多方面的规范，先后通过了十几部法律。此外，对创新服务体系建设影响较大的是《美国联邦技术创新法》、《美国联邦技术转让法》。这些法律法规为创业企业技术创新提供了强有力的支持与保护，对创业企业的技术创新具有明显的推动作用。

2. 欧盟体系化的创业计划支持模式

以英国为代表的欧洲国家科技创业政策介于美国和日本之间，其技术服务体系也具有共同的特点，即既注重为创业发展创造良好的环境，也注重对科技创业的直接支持，但更主要的还是体现为一种政策引导型的服务模式。欧洲各国经济科技的长期稳定发展与欧洲各国的实际情况相符合，也从一个侧面反映出欧洲创业企业服务体系的生命力。英国政府特别重视创业生存率问题。英国政府制定了包括三项计划的创业法案来提高创业生存率：建立中介机构以增加投资者和创业家的沟通机会，企业创建补助以及建立风险投资基金，该法案于1996年启动。英国政府还极其重视研究成果转化，专门建立了大学和企业的联合基金，为保证科研与市场紧密结合，英国政府部门采取了一些具体计划，通过鼓励政府研究商业化、鼓励合作研究、鼓励民用技术的开发和扩散，实行了产业升级，旨在为扶持初创企业和新兴企业的持续增长、平衡创业风险与收益提供一个有利于创业的政策环境。

一是所谓的"LINK"项目。它是通过在企业与院校之间建立研究伙伴关系而推动新技术和知识转让的首要方式。截止到2004年总计已经确立了约75个"LINK"项目，包括1500个合作伙伴，2400家公司，大部分是科技创业企业，以及200家研究机构，囊括了英国几乎全部的大学。在这个计划中，英国政府提供50%的资金，剩余的部分由公司负担。一般的项目规模大约在50万英镑（约750万元人民币），政府负担其中的一半。政府支持的前提是企业确实已经在开展这个研究项目。没有市场需求的研究企业是不会去做的。

二是所谓的"法拉第合作"（Fardary Partnerships）。实际上，这是商业人员和科研人员组成的一个技术转化团队。专业的技术转移商业人员好像一名商业顾问一样参加到科研团队中去，帮助科研人员发现市场需求，制定商业计划书，寻找各种可能的资助机制，从而，帮助科研人员把他们的技术转化为产品。这些商业顾问通常与风险资本保持着联系，可以经常地向有兴趣投资新技术的投资人介绍年轻的创业者。

三是"教学公司计划"（Teaching Company Scheme）。这是一个让大学与企业建立紧密联系的方式。按照"教学公司计划"，大学研究员进行公司感兴趣的研究项目时候，他们的工作将同时受到公司和学院的共同管理，大学可以给予他们宽裕的时间。之后，他们可以继续为公司工作，也可以组建自己的小型高科技企业。

除了上述这些项目之外，英国还有所谓的"学院挑战基金"（University Challenge Fund），它在一段时间内为在大学研究基础上所建立的公司提供种子资金，以及"高等教育创新基金"（Higher Education Innovation Fund）、"科研企业挑战"（Science Enterprise Challenge）和"远望"（Foresight）计划等。

德国非常重视创业型经济的制度建设和规划制定。德国联邦教研部通过实施"EXIST"区域创业计划选出 5 个地区：哈根、德累斯顿、耶拿、魏玛、卡斯鲁厄和斯图加特，支持这些地区的大学与校外经济界、科学界和政府部门建立合作伙伴关系，推动和支持大学的创业活动，提高创业型经济质量。"EXIST"计划的核心内容是"EXIST-SEED"，重点放在支持早期的创业构想。

在瑞典，政府通过构建包括创业起跑线、欧洲信息中心、小企业环境管理、投资数据库、风险投资数据库、创业指南、4567 国家投资公司、服务创业咨询公司、创业企业孵化计划等全方位的创业孵化器体系，促进了创业型经济在瑞典的蓬勃发展。

法国在对创业企业的技术扶持方面出台了一些列措施。地区创业和技术转让中心（CRITT）、技术平台（PFT）和技术发展网络（RDT）。其中的 CRITT 也被研究和新技术部称为技术源中心，而今该名称已是高标准职业质量的代名词。而技术平台 PFT 的创建除了可以集中自身优势服务于创业企业，为创业企业提供技术培训、进修和技术支持以及共享资源之外，还促进了在各研究单位和创业企业之间的技术转让。另外，RDT 网络使得信息得到了最好的利用，在创业企业之间的优势得到充分的协调配合，并在技术创新领域里帮助创业企业，如进行技术评估和鉴定、帮助和专家建立关系。

3. 日本官产学研互动的技术成果转化创业模式

进入 20 世纪 90 年代，日本在原创性研究开发、技术转让、培育新兴企业等方面均不如欧美国家。但是日本政府一向强调科技立国的产业政策，从 90 年代中期开始推行一系列科技创业扶持政策，其目的在于发展新兴产业、创立新兴企业、促进技术发展,从而改造高成本产业结构。2000 年日本研究开发(R&D)投资总额超过 16 万亿元,占国内生产总值的 3.2%,高于美国的2.67% 和德国的 2.32%;每万人人口中研究人员数字德国为 28.7 人、美国为37.5 人、日本则高达 57.8 人,居世界首位。高力度的科技投入使日本的科技水平仅次于美国,居世界第二。然而与此同时,日本的研究开发投资运作效率低下,直接表现为科技投入以及注册专利质量与投入的研究资源不成比例,远低于美国、英国、德国等发达国家。另外,从科技研究成果的利用状况来看,日本拥有的注册专利约为 100 万项,数量上超过美国,但其中约 1/3 为大企业限制潜在竞争对手的防御性专利而未充分发挥作用,此外更有 1/3 的专利技术完全闲置。因此,日本在提高 R&D 效率与质量的同时,还必须盘活存量科技资源,将科技水平优势有效转化为经济增长动力。

1995 年《科学技术基本法》生效后,日本大学创业活动显著活跃,1998 年《大学技术转移促进法》生效后大学创业活动更是大幅增长。2000 年日本新设立大学创业企业数为 100 家,2001 年为 105 家,2002 年为 95 家,截至 2002年年底日本累计成立大学创业企业 531 家。日本的大学创业企业发展态势无疑是乐观的,更重要的是其成功的示范效应将激励大学创业活动的进一步展开,构成循环上升模式。然而必须注意的是,物质资源匮乏与劳动力成本高昂等制约条件使日本传统产业空洞化问题凸显,调整产业结构、鼓励科技创业、发展新兴产业的科技立国政策因此成为日本政策、产业界与学术界的共识。由于日本长期对科技的投入效率低下,日本政府为完善国家创新体系、实现良性的动态创新循环出台了一系列科技创新、科技创业扶持政策,并采取了一些相关措施。

(1)产业集群

在美国硅谷效应的启发下,日本经济产业省从 2001 年度起开始实施产业集群推进计划,在各地方选建了 19 个各具技术特色的产业集群。经产省分布于各地派出机构的职员约 500 余人和 4000 多个中坚企业,以及 200 多所大学参与了这个计划。经产省对产业集群的支持措施有:支持企业与研究机构之间的交流与协作;支持具有地方优势及特色的实用技术开发。提供开发补助金及产学共同开发委托费等;建立创业孵化器,培育创业者,支持大学创业企业。

（2）创建知识密集型基地

日本文部科学省从 2002 年开始，以大学、国立公立研究机构为中心，通过对特定技术领域的研究开发，建立由研究机构、创业型企业等研究开发型企业构成的技术创新基地。目前选定的 12 个地区分别对 IT、生命科学、纳米技术等领域进行重点研究开发，每个项目执行期为五年，预算规模约为每年 60 亿日元。具体推进措施有：设立知识密集型基地本部，由基地本部委托大学共同研究机构进行项目开发；设立科学技术协调员（Coordinator），并充分发挥代办人的顾问作用，推进产学研官的共同研究，促进研究成果转化及专利化。

4. 新加坡政府引导的创业机制模式

西方国家认为新加坡政府对经济干预过多，但是新加坡政府逆流而上，全面推进创业精神，努力打造创业型经济，特别是新加坡出台的名为"21 世纪新加坡"的经济发展蓝图，其中的首要目标就是"清除抑制地方创业发展的障碍"。

新加坡的经济发展之所以总是与政府的影响和介入分不开，有其独特的背景渊源。新加坡独立时面临的形势非常严峻，困难重重，表现在：落后的经济基础；有限的国内市场；教育不普及；高失业率；面对外来威胁。新加坡的发展经历了初创阶段（1965～1973 年）、高速增长阶段（1974～1985 年）、发展服务业阶段（1986～1997 年）和步入转型阶段（1998 年以后）。考察近年来新加坡经济增长的动力来源，我们可以发现，这种增长动力来自过去 20 年来新加坡政府在几方面的努力：一是鼓励民间创业，发展创业型经济，通过鼓励创业和创新，发挥"创业机制"对经济增长的促进作用；二是积极培育创业企业和新兴产业，通过培育新兴产业，顺应国际经济发展趋势调整产业结构；三是政府在创业型经济发展中的强势作用。

（1）通过政府计划和创业投资，积极构筑创业机制

新加坡政府为了突破经济发展中暴露出的这一增长"瓶颈"问题，首先是持续地推出强有力的创业辅助计划和鼓励民间科技创新投资，大力发展创业企业并提升创业企业的科技含量，以期发挥"创业机制"对经济增长的作用。早在 1985 年国内经济衰退后，新加坡政府就推出了高达 3 亿新元的资本辅助方案，为创业企业提供贷款援助。在 1986 年新加坡经济发展局设立了第一个风险基金，1987 年设立创业板市场 SESDAQ，1988 年设立战略投资机构 SBU，

全面促进海外创业。加上政府在税收、教育和行业协会等方面的努力,逐步构筑了一个促进创业企业发展和科技创新的资本市场和政策体系。尤其是在1997年亚洲金融危机后,新加坡政府采取反经济周期措施,高密度地推出各种计划和方案,如T21和SME21,进一步鼓励创业和科技创新。T21直接侧重科技创新,而SME21则更广泛地、全方位地涵盖了所有创业企业的创业活动,通过协助企业提高生产率、培育创新能力,全面提升创业企业对增强新加坡整体竞争力和推动经济增长的贡献。在国家层面上协调政策、资金、人才、技术、信息等创业资源,为营造创业企业成长的良好生态环境提供制度和法制保障。

新加坡政府鼓励创业企业发展和科技创新的政策,其效果就是利用这种"创业机制"来弥补大企业的不足。经过长期的努力,其经济结构得到一定的调整,增加了创业企业的比例并调整了创业企业的产业结构。到20世纪90年代末,新加坡创业企业数占全部企业数的89%,创业企业雇佣了全部劳动力的52%,创业企业附加值的贡献占全部附加值的30%,销售值占24%。进入21世纪,新加坡历年来鼓励科技创业企业发展的政策进一步见成效,创业企业总数已占全部企业数的92%,雇员占51%,附加值贡献也由1999年的30%进一步提高到34%,生产率从仅有非中小创业企业的41%提高到了50%。应该说,新加坡政府通过大力发展民间创业企业尤其是科技创新型创业企业解决经济增长问题取得了一定的成效。

(2)改变产业结构,培育新兴企业

鼓励科技型企业创业,带动民间资本和政府、跨国公司的合作,在新兴产业内均衡发展企业结构,提升本地企业的国际竞争力。这项努力事实上是在新兴产业中大力发展科技型创业企业,发挥创新型创业企业对经济的贡献作用。正如前述,创业型企业创业活动对经济的促进机制是通过一部分高速成长企业对经济的带动来实现的,而欧美发达国家的发展经验表明,这些高速成长企业大部分集中在以科技创新为基础的创业企业,这些企业对产业的形成起着关键的龙头作用。同时,联合国贸发组织的研究也表明,这些高速成长企业往往是出口外向型的企业。新加坡原有创业企业结构存在着科技含量不高、集中在商业和服务等传统产业的特点,因而新加坡政府一方面有针对性地引导私人和机构从事科技创业,以期培育出新型的以科技创新为基础的知识经济产业;另一方面在提升本地创业企业的科技创新能力和生产率的基础上,采取聚群的方式,拓展其国际市场空间。

(3)致力于开拓的创新型政府

新加坡政府作为开拓型和服务型政府,积极建设创业基础设施,在全球范围内通过海外网络吸引人才、创新和初创型企业来新加坡发展,力争创建具有企业家精神特征的社会文化环境等。

(三)典型国家支持创业的体系构筑

1. 公共 R&D 投入体系

美国、欧盟和一些新兴工业化国家(地区)的 R&D 活动成为促进科技发展的动力支柱,世界各国纷纷加大了对 R&D 活动的投入力度。投入开始新一轮的增长,R&D 投入又在大幅增加,R&D 占 GDP 比重在较高的基础上出现进一步快速攀升的趋势。

美国:美国 R&D 的公共投入数额最大。在布什政府执政的前四年中,联邦研发预算增加了 44%,2003 年达 1180 亿美元,2004 年达到了 1267 亿美元,2005 年联邦研发预算总额为 1320 亿美元。

欧盟:2002 年的巴塞罗那《关于使研发经费占 GNP3% 的行动计划》中,明确要求各成员国到 2010 年将研发投入增至占 GDP 的 3%;欧盟成员国中,西班牙和葡萄牙在过去五年中 R&D 的公共投入增速最快,与此同时,其社会经济发展也呈现相同的增长趋势。欧盟委员会对欧盟成员国的 R&D 投入按照周期为四年的框架计划支出。该计划始于 1984 年,经费投入一直呈增长趋势,1998～2002 年的第五框架计划的预算总额为 150 亿欧元。2002～2006 年的第六框架计划的预算总额为 181 亿欧元(见表 6-1)。

英国:《英国 10 年(2004～2014)科学与创新投入框架》将科学和技术投入置于其他投入之上。并且宣布:政府通过贸工部和教育技能部对科学和技术的 R&D 投入,将确保从 2004 年占 GDP 的 1.9% 增加到 2014 年的 2.5%。

韩国:2003 年政府研发投入为 160 亿美元,占 GDP 的 2.64%。韩国政府计划之后 5 年内研发投入规模要翻一番。

印度:政府在 2003 年的《科学技术政策》中提出,到印度第十个五年计划结束时(2007 财政年度),研发投入至少要占 GDP 的 2%,比现在的占 GDP 的 0.86% 高 2 倍多(科技投入倍增计划)。

表 6-1　欧盟各国 1995 年与 2006 年 R&D 投入占 GDP 的比重

（单位:%）

国家	1995 年	2006 年
希腊	0.28*	0.51***
葡萄牙	0.39*	0.63***
西班牙	0.55	0.90
意大利	1.13	1.02
爱尔兰	0.82	1.40***
奥地利	1.26	1.80
英国	2.23	1.82
比利时	1.65	1.84***
欧盟 15 国(总体水平)	1.97	1.86
丹麦	1.25	1.93
荷兰	2.06	2.04***
法国	2.41**	2.19
德国	2.74	2.29
芬兰	1.58	2.89
瑞典	2.88	3.77
冰岛	0.74	2.02
挪威	1.49	1.66***
美国	2.75	2.58
日本	2.58	3.03

注:*表示 1996 年数据;**表示 2001 年数据;***表示 2005 年数据。

2. 创业科技成果转化体系

美国拥有比较健全的科技成果产业化体系,为了适应科技成果产业化和创业企业发展需要,美国于 20 世纪 80 年代初通过设立国家级管理和促进机构,在大学及研究机构中建立推动转化的组织,从而建立起一套完善的国家服务体系。

以生物技术产业发展为例。生物科技成果商业化是生物产业创业的保证。学术界的生物技术科研成果能够最大程度地得到产业化,是美国生物产业能够在全球范围处于领先地位的重要原因,也是美国各级政府政策引导,提供生物科学商业化和产业发展支持的结果。基础研究成果转化为产品进入市场的瓶颈主要集中在转化的途径和方法上,除了正式技术转让外,研究企业也被鼓励成立自己的公司。各州和地区都在采取措施鼓励和方便研究成果的商业化。大多数州都向企业和创业公司提供各类的商业化和企业发展支持。像佛罗里达、堪萨斯和俄克拉荷马等州创建了提供一条龙商业化支持服务的专业中心。如俄克拉荷马技术商业化中心提供以下服务:科技评估和技术概念分析;设计、测试和原型发展、市场调查与分析、经济可行性研究、市场营销战略和商业发展计划;获取早期阶段的风险投资资金等。一些州则特别出台了发展生物科学公司的计划。在大多数情况下,这些支持适用于所有的科技创业企业。

英国也已经形成多层次、全方位、结构合理的完整的科技成果转化体系。整体结构分为三个层面:政府层面、公共层面和私人中介公司。一是政府层面:政府在全国各地建立健全了 240 个地区性的"企业联系办公室",目的之一就是促进当地企业和大学、科研机构以及金融机构等的联系,实现科技成果的转化和科技创业。二是公共层面。公共科技中介咨询机构是最核心的科技咨询群体,如英国皇家学会、研究理事会和大学科技政策研究机构等都具有科技咨询职能。三是私人中介公司,是以营利为目的的独立的科技中介机构,也是英国科技中介机构的主体。

德国政府利用政策引导,提供科学商业化和产业发展支持,最大程度地支持技术科研成果产业化。例如,德国生物技术企业从创业至今共申请专利3271 件,被批准的专利有 1497 件。德国生物技术领域的技术成果转化多以出售或转让拥有专利的技术和产品的许可证方式进行。2001 年德国生物技术企业进行的许可证出售和转让比 2000 年增长了 173%,产品许可证转让多于技术许可证转让。

瑞典作为一个世界领先的创新型国家,其技术成果转化体系相当完善,其中瑞典的技术转让网络 TIPPS(Technology Input In Products,Process and System)中心是瑞典技术成果转化体系中的关键组织。TIPPS 以网络方式在瑞典国内各类大学、研究所、咨询公司和企业之间,尤其是中小企业之间进行技术转让,具体方式如图 6-1 所示。TIPPS 中心建立在现有的试验手段和人力资源基础上,采用商业运行机制开展技术转让活动。瑞典各地方大学都建有TIPPS 中心,作为中介机构使大学和创业企业之间的交流更加顺畅。值得一提的是瑞典政府对这类中介服务机构没有直接的管理职能。机构内的一切行为规范由机构自身负责,政府不介入机构内部的管理工作。政府仅制定一些有利于企业吸收大学研究成果的政策性措施,以及实施一些创业企业在发展初期获得资金支持的引导性项目。

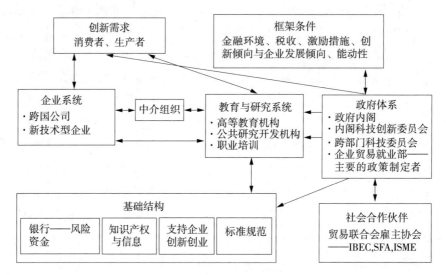

图 6 - 1 瑞典技术转移体系框架

3. 知识产权体系

目前世界各国和地区,尤其是美、欧、日、韩等都把建立新型知识产权制度作为战略要点,并为此健全知识产权保护的法律制度,完善知识产权保护的行政、司法体系,建立有效的知识产权保护刑法措施;强化国家创新成果保护的管理制度,加强政府和民间保护知识产权机构间的合作。近年来它们还建立了多层次的财税扶持措施,促进知识产权的开发和商业化;制定中小创业企业知识产权保护政策,开发已有知识产权资产。完善的知识产权体系,形成了对创业型经济发展的强大支持。国际知识产权体系一般包括知识产权的保护体系和知识产权的管理体系。

(1)知识产权保护体系

世界各国为支持本国的知识产权保护战略实施,还相应有一些配套的辅助政策措施,主要有以下方面:①建立多层次的财税扶持措施来促进知识产权的开发和商业化。这些措施包括税收优惠、费用减免、专利申请基金。如日本准备再次修改专利法,减少专利申请费和年费,并对实质审查引入部分退费机制。加拿大安大略省的新技术税收奖励计划,允许公司为实施一项创新发明而进行的知识产权转让交易的税收全部免除。澳大利亚为推动生物技术商业化而实施的生物技术创新基金计划,允许将不超过资助总额的5%同时又不超过3万澳元的资金用于知识产权的保护。②制定中小科技企业知识产权保护政策,以开发已有知识产权资产,加强知识产权创造、开发和管理能力。③加强知识产权保护的国际合作。国家知识产权战略的成功实施有赖于一个能够促进知识产权开发、利用和商业化的国际知识产权环境。国际知识产权合作有助于各国企业和投资者确定可以获得知识产权有效保护的国家和市场,以便更顺利地进行产品销售和知识产权转移。

（2）知识产权管理体系

美国1980年通过的《斯蒂文森—温德勒技术创新法案》和《拜—杜法案》,允许政府实验室和公立大学保留技术成果的知识产权,有权实施知识产权的商业化,并有义务按R&D投资比例建立相应的管理机构从事知识产权管理和技术转移以来,政府资助R&D的知识产权管理制度（拜杜制度）不断完善,促使政府、大学、政府实验室、企业在知识产权领域的合作关系日趋加强,有力地推动了美国创业型经济的全面发展。1998年,日本开始实施《技术许可办公室法》,为技术许可办公室提供资金,促进大学和私人企业间的技术转移。日本在2002年《知识产权战略大纲》中进一步明确要加快日本拜杜制度的建设。此外,加拿大、欧盟、韩国等都已逐渐建立了与国家科技创业体系相配套的知识产权管理制度。

2002年3月和2003年5月,中国颁布的《关于国家科研计划项目研究成果知识产权管理的若干规定》、《关于加强国家科技计划知识产权管理工作的规定》,明确了国家科技计划实施中的管理和承担单位对其研究成果享有知识产权,并规定了管理和承担单位的知识产权管理职责范围,标志着中国已经开始进行相关制度创新。

4. 支持创业企业的技术创新体系

创业企业在技术创新方面遇到的困难很大,因此发达国家的政府普遍对创业企业的技术创新予以扶持。政府扶持创业企业技术创新的方式与政府提供其他公共物品的方式相类似,既采取直接支持方式也采取间接支持方式,所不同的是,它需要符合技术创新的特点和要求,特别是创业企业技术创新的特点和要求。当然,作为发达国家,这些扶持方式都是建立在法律规范基础上的。

（1）法律规范

法律规范是市场经济国家经济活动的基础,也是创业企业技术创新活动的大环境。无论是以美国、英国为代表的英美法系国家,还是以德国、法国为代表的大陆法系国家,发达国家对以创业企业为主的技术创新活动都制定了特别的法律文件或条款,这种趋势在近二十年得到了进一步加强。这些国家有关创业企业技术创新的法律法规主要有以下一些内容:一是支持创业企业发展的一般性法律,在这些法律中明确规定了对创业企业技术创新负责的政府管理机构。二是规定对创业企业技术创新所采取的支持方式,如税收减免、经济资助等。三是确定一些具体的支持目标,如鼓励创业企业增加研究开发投入以增强自身的技术创新活动,促进科研成果和技术向创业企业转移,开展技术推广活动等。四是设立了一些具体的有关创业企业技术创新的行动计划,这些计划是政府支持目标和支持方式的有机结合,是落实创业企业技术创新政策的主要载体。这些法律法规确定了创业企业技术创新支持体系的基本框架,见表6-2。

表6-2 国外创业企业技术创新支持体系的基本框架

政策目标 / 支持方式	技术创新	技术转移	技术推广	技术贸易	……
直接支持					
政府机构					
公立机构	各项支持计划(详见第七章)				
间接支持					
税收					
财政					

美国有关创业企业技术创新方面的法律法规主要有:《创业企业技术创

新发展法》(1982 年) 和《加强小企业研究发展法》(1992 年),根据这两个法案,设立了"小企业创新发展研究(SBIR)计划"和"小企业技术转移研究(STTR)计划",要求部分联邦部门拿出一定比例的研究与开发经费,鼓励创业企业参与联邦的研究与开发,鼓励大学或研究开发机构的创新成果向创业企业转移,实现商业化。根据《联邦技术转移法》(1986 年) 和《国防授权法》(1991 年),对拥有大量军工技术的国家实验室的技术成果转让作了明确规定,鼓励科技信息传播;强调联邦研究机构与大学、工业企业之间合作的重要性,并赋予联邦机构在与企业进行合作时拥有更多的自主权;要求国家实验室在进行技术合作中发挥积极作用,促进技术的军转民,并开发军民两用技术;鼓励中小创业企业积极参与联邦政府资助的研究开发活动,加强与政府研究机构或大学进行合作研究。《小企业投资法案》(1958 年) 批准成立小企业投资公司,通过各种措施鼓励私人资本和长期贷款资金向中小创业企业流动,以解决长期资本的短缺。此外,美国还从保护知识产权等其他方面立法,促进技术创新活动。

(2)直接支持方式

所谓直接支持方式,是指由政府及政府设立的各种公立机构直接为创业企业提供有关技术创新方面的服务。

美国联邦政府设立的公立机构,主要包括以国防部为主成立的"联邦实验室技术转移联合体(FLC)",拥有联邦政府十几个部门的 600 多个实验室,其中相当一部分由大学和非营利机构管理。这些实验室的科学家和工程师占全美从事研究开发人员的 1/5,其重要职能之一就是为中小创业企业提供技术转移方面的咨询与协助。以国家科学基金会为主建立的"工业—大学合作研究中心计划",拥有 25 个以大学为基地的工程研究中心,主要是促进工业企业与大学的合作研究。以航空航天局等 17 个部门联合成立的"国家技术转移中心",向中小创业企业提供多种技术成果转让服务。由商业部国家标准技术研究院负责管理的 100 个左右的"制造技术推广中心",主要帮助创业企业尽快掌握先进制造技术等。

其他国家,如法国国家技术交流转让中心(ANVAR),德国联邦教育科学研究技术部资助创建的德国科研专利服务中心,日本政府全额出资的中小企业综合事业团以及在全国各地的 200 多个公立试验机构,也都是以各种不同方式促进创业企业技术创新的公立机构。它们或者为中小创业企业提供有关技术成果方面的信息,将技术成果介绍、转让给企业;或者为创业企业提供专利申报咨询及专利权保护服务;或者支持各种有关企业技术进步的合作计划;或者为创业企业聘用专家、工程技术人员担任顾问,就提高企业产品的技术水平进行可行性研究和试验,免费为其提供试验设备和技术人员等多项服务。

(3)间接支持方式

间接支持是指利用预算安排和政策安排形成经济刺激,引导中小企业进行技术创新。主要方式一是税收优惠,二是财政补贴,包括低息贷款、政府采购等。

为鼓励企业开展技术创新活动,各国政府普遍采取了税收优惠措施。税收优惠一般不是专门针对高技术创业企业的,但却涵盖了这些企业。具体措施主要包括:允许公司对新设备的投资直接冲抵其应纳所得税额;提高设备折旧率,推行加速折旧;企业用于科学研究和实验设计的费用,可从应税所得中扣除;企业每年用于新技术研究开发费用的新增部分,可冲抵部分应纳所得税额等。

用财政补贴的方式支持创业企业技术创新是世界各国更为通行的做法,这主要是由于财政补贴具有方法灵活、操作简便的优点,范围可大可小,又便于及时调整,特别适合于一些短期或定期的项目。财政补贴既可直接补贴给进行技术创新的创业企业,亦可补贴给非营利机构,由这些中介机构为创业企业提供有关技术培训、咨询和信息等方面的服务。

非营利组织在美国创业企业技术创新活动中发挥着重要的作用,按照联邦和州的税法,它们通常都享有减免所得税的待遇,同时还获得政府的大量资助。这些组织既有全国性的,也有地区性的,很多依托于大学和研究机构。它们多数为中小创业企业提供技术和管理方面的咨询、人才培训、信息交流等服务,而像全国企业孵化器联盟和发明人公证社等组织,则更侧重于促进中小创业企业的技术创新活动。在这些非营利组织中,美国大学和工业界的合作研究中心与中小创业企业的技术创新关系非常密切。

美国在200多所大学中建有1000多个各种类型的大学和工业界的合作研究中心,其中3/4是由大学发起的,工业界和政府发起的各占10%。研究中心的经费来源,联邦政府占34%,州政府占12%,两者合计占了近一半;其余经费来源工业界占大部分,大学只占小部分。在这些合作研究中心里,研究与开发的工作量约占 2/3,教育和培训约占 1/5。

此外,美国还有一大批专门向创业企业技术创新提供各种服务的非营利机构,它们有的向创业企业提供优惠的研究开发条件、咨询与培训服务;有的向创业企业的技术创新提供资助,以提高大学与公司的研究开发能力,促使实验室成果更好地向市场转移;也有的主要从事面向创业企业的技术转移,最普遍的方式是向企业直接出售专利技术或其他技术成果。例如,在加州的硅谷、波士顿 128 公路区、北卡罗来纳州的三角地区和德州的奥斯汀等著名的高技术园区内,就有许多这样的非营利机构。

5. 多层次的创业融资体系

从金融体系服务的对象和功能看,我们把有利于创新和创业,有利于产业自主创新的金融体系理解为创业金融体系,把为成熟产业提供金融服务的体系称做传统金融体系。如果把整个企业成长过程看做一个连续过程的话,它可以分为四个阶段:种子期、创建期、扩张期和成熟期。创业金融体系主要为企业的种子期和成长期服务,而传统金融体系主要为企业的扩张期和成熟期服务。两个金融体系各有分工,各有特点,一起形成了国家多层次的复合的金融市场体系。西方发达国家,比如美国、英国、瑞典、丹麦等国目前已经形成了比较发达的创业金融体系。创业金融体系框架包括:国家金融体制、多层次创业资本市场建设、影响要素、金融工具创新、优惠政策等方面。

(1)代表性国家的金融体制模式

美国创业资本市场发展的基础是一个专为新兴行业或新兴中小企业特别设置的股票市场——纳斯达克(NASDAQ)市场,创业资本循环中的资金筹集、投资和资本回收等环节,都围绕着创业资本最后能否顺利通过股票市场退出这个目的展开。而在德国模式下,银行是创业投资的主体,各主要银行以直接或间接的方式将资金投向创业企业,银行与企业关系密切,多数情况下投资的银行会成为创业企业的股东。如果从投资方式的角度来看,美国的创业资本市场更倾向于使用直接融资的方式,而德国的创业资本市场则多采用了间接融资的方式。

在资金筹集体制上,德、日等国采用的是"关系型融资体制"(Relationship-based System),在这种体制下,投资者通过在企业中持有大量的股份或以主要贷款人的角色在企业享有一定的控制权,并以此来确保自己的投资得到相应的回报。银行在这种体制中扮演了一个主要的贷款人角色。在众多的投资者(银行)当中,其中的一个将担负起"委托监控"(delegated monitor)的角色,代表其他的投资者行使事前对客户和项目的选择、投资项目监控以及企业运营干预等职责。这种体制类似于一种长期的隐性合约,建立在自我约束的基础上的,因此融资行为的双方必须先建立起一种长期稳定的关系,这样有助于减少获取公开信息的成本,减轻参与各方的信息不对称程度以及代理成本,并最终使社会存款转化为有效的社会投资行为。这种体制更适合于欧洲的传统型行业。

美国采用了"距离型融资体制"(Arm's Length System)。在这种体制中,证券市场为不同范畴的市场参与者提供了众多的金融工具,而投资过程中的监控功能(Monitoring)则由创业资本家、投资银行、商业银行或一些中介机构完成。在这种筹资体制下,投资者的权利保护只能依赖于白纸黑字的投资合约,投资者对于信息披露的要求显得更为迫切和必要。相对于德、日等国的创业资本市场结构而言,这种以股票市场作为基础的创业资本市场结构除了具有德、日两国的创业资本市场结构所具有的优点外,它还能更好地进行风险的管理与分散,为投资者提供一个股份转让与交易的场所,提高创业资本的流动性。

(2)多层次创业资本市场建设

目前国际上的创业板模式有三种:第一种是附属市场模式。创业板附属于主板市场,和主板市场拥有相同的交易系统,有的和主板市场有相同的监管标准和监察队伍。所不同的只是上市标准的差别,如中国香港地区的创业板和新加坡、马来西亚、泰国等国的二板。这种模式的创业板和主板之间不存在转换关系。第二种是独立运作模式。和主板市场相比,创业板市场有独立的交易管理系统和上市标准,完全是另外一个市场。中国拟采用这种模式。目前,世界上采用这种模式的有美国的 NASDAQ、日本的 JAS-DAQ、中国台湾的场外证券市场(ROSE)等。第三种是新市场模式。在现有证券交易所内设立一个独立的为中小企业服务的交易市场,上市标准低。上市公司除须有健全的会计制度及会计、法律、券商顾问和经纪人保荐外,并无其他限制性标准。如伦敦证券交易所的替代投资市场(AIM),加入 AIM 市场两年后若无大恙,即可申请在伦敦股票交易所挂牌。这种模式的创业板和主板之间是一种从低级到高级的提升关系。

美国 1971 年建立的纳斯达克（NASDAQ）是世界上发展最为成功的创业板市场，使得许多中小企业在其助推下成为企业巨头。据估算。2000 ~ 2006年，纳斯达克市场为美国高科技产业注入了近 8500 亿美元的资金，是美国私人创业资本总额的两倍多。美国创业投资协会曾委托一家机构就创业资本对经济的影响程度进行过测算，其公布的报告表明，以每 10 美元计算，创业资本扶持的企业在销售收入、联邦税收、出口以及 R&D 等方面均高于所有的上市公司。其中 2000 年，美国的创业企业缴纳 588 亿美元联邦税，出口的商品和服务总值为 217 亿美元，在 R&D 上的投入高达 1573 亿美元。到 2006 年创业资本支持的上市公司已高达 2018 家，市值 37030 亿美元，销售收入 5600 亿美元、利润 745 亿美元，吸纳就业 202 万人。

大部分创业板市场都将其定位为高成长型的创业企业和高科技型企业上市融资服务，这样可以为企业的成长提供资金支持，促进创业企业的发展。世界各国创业板市场定位见表 6 - 3。

表 6 - 3　各国创业板的市场定位

名称	市场定位
纳斯达克	高科技公司，包括新成立的公司
加拿大创业板交易所	初创企业
英国另类投资市场	各类小型及新兴公司，包括新成立公司
欧洲易斯达克市场	成长型高科技中小企业
欧洲新市场	成长型企业
德国新市场	成长型中小企业
韩国科斯达克市场	中小型、高科技企业
日本加斯达克市场	未达到交易所上市条件的公司
新加坡西斯达克市场	中小型企业
中国台湾证券柜台买卖中心	本土的中小型公司和新成立的企业
中国香港创业板	增长型公司，特别是高科技公司

（3）金融工具创新

第一，利用金融创新工具支持早期"瞪羚企业"。

美国建立了基于创业企业生命周期的创业融资体系,特别是为"瞪羚企业"提供了包括早期阶段和后续阶段大量的金融支持。早期阶段融资包括种子融资、创业融资、第一阶段融资以及一些第二阶段融资。后续阶段融资则包括:第二阶段融资、夹层融资、桥式融资以及扩张阶段融资。后续阶段融资有助于公开发行股票、出售企业或企业扩张。

● 种子融资:提供给企业用于验证某项方案或开发某项产品的资金,很少包括早期营销资本。

● 创业融资:提供给企业用于产品开发及开展早期营销的资金。对于正处于组建阶段或创建时间不到 1 年的企业,帮助其在市场上出售产品,配备核心领导团队,制定商业计划。

● 第一阶段融资:提供给初期资本业已支出,且急需资金用于开展商业生产和销售的企业的资金。

● 第二阶段融资:提供给应收账款和库存双双增长的企业,帮助其实施早期扩张的营运资金。尽管该类企业已经有所发展,但可能仍未赢利。

● 夹层融资:提供给企业,帮助其实施大规模扩张的资金。此时,企业的销售有所增长,企业经营保持不盈不亏。此种追加资本只对企业的进一步扩张以及改良产品的营销或开发提供资金支持。

● 桥式融资:融资对象为预计在未来 6 个月至 1 年的时间内上市的企业。

● 扩张阶段融资:为了应对不断增长的机遇,企业会对其生产、营销及其他能力实施扩张,包括新产品的设计以及生产工艺的更新。扩张阶段融资则是为这类企业提供资金的支持。

第二,利用新的金融工具支持新创企业技术创新。

● 创业者期权。对于科技型创业企业而言,创业者期权使新企业的成长性与创业者的报酬直接联系起来,良好的经营业绩使创业者从创业者期权的行权活动中获得丰厚的创业报酬,从而使所有者与经营者目标相一致,尽可能地降低委托—代理成本。美国大多数创业企业均采取了创业者期权的激励手段。

● 高技术债券。美国一些州政府发行过工业开发债券,并将所筹集资金以低息贷款形式贷给科技创业企业,然后将从科技型创业企业中获取的收益偿还债券本息,有的州政府还为科技型创业企业发行债券提供担保。

- 知识产权抵押担保。针对高科技中小企业有形资产少,无形资产比例高,可抵押物缺乏,导致银行惜贷的现象,世界各国针对支持中小企业发展的融资要求,开展了灵活的无形资产抵押方式——知识产权担保融资。知识产权担保始于1995年日本第三次创业高潮,信贷资金主要投向处于创业和发展阶段的创业企业。例如,美国硅谷银行对生物科技公司发放贷款就采取了以知识产权作为担保的办法。韩国业已建立一套完整的知识产权鉴别和定价制度,而且设立了信用担保基金,由该基金为所鉴定知识产权价值的一定比例提供担保。

(4)创业融资的优惠政策

第一,对创业企业创新的信贷和融资给予支持。

美国:通过补贴投融资于种子期所形成的风险代偿,鼓励投资机构、商业银行投向种子期的科技型企业;通过税收抵扣,鼓励富有经验的企业家——"商业天使",以个人方式投向种子期科技型企业。如在鼓励投资小企业的SBIC计划中,以国家信用发行债券,对每投入1美元到小企业的投资公司,配套投入2美元,而红利只取10%。2004财年,美国联邦政府为了支持SBIC计划发行了28.14亿美元的债券,吸引了大量投资公司和商业银行的资金,形成了近800亿美元规模,远远超过美国企业成长期年度风险投资250亿美元的规模,培育了一大批健康成长的科技型企业。

第二,为创业企业提供商业贷款担保。

美国:小企业管理局承担对中小企业的银行贷款担保;贷款在15.5万美元以下的,提供90%的担保,贷款在15.5万~25万美元的,提供85%的担保。1993年,美国国会通过法案规定,银行向风险企业贷款可占项目总投资的90%,如果风险企业破产,政府负责赔偿90%,并拍卖风险企业的资产。

日本:通产省于1975年设立了研发型企业培植中心,该中心的主要业务就是对于风险企业向民间金融机构贷款提供债务担保,担保比例为80%。此外,民间设有52个信贷担保公司,并在此基础上设立了全国性的"信贷担保协会",它们共同致力于为中小企业提供信贷担保服务。

英国:从1981年开始实施"信贷担保计划",银行向高技术企业提供贷款,如果高技术企业不偿还债务,贸工部将以2.5%的年息偿还债务的70%。

第三,对创业融资实施税收优惠。

美国:政府为了鼓励私人风险投资的发展,将风险企业的所得税率由1970年的49%降至1980年的20%。这一措施的实施,使美国风险投资在20世纪80年代初期以每年大约46%的速度激增。1981年制定的《股票选择权促进法》,准许把股票期权作为对投资者的报酬,并把纳税环节由行使选择权时推迟到出售股票时。

英国:法律规定,对高科技企业的投资额达到10万英镑的投资者,将给予20%的减税。

法国:在1985年颁布的85—695号法案中规定,风险投资公司从持有的非上市股票中获得的收益或资本净收益可以免交所得税,免税数额最高可达收益的1/3。

第四,建立创业投资母基金增加资本供给。

母基金,即"基金的基金",不直接对项目进行投资,而是参与发起创立新的专业性投资机构。

以色列:1991年政府启动了总值为1亿美元的"亚泽马(YOZMA)基金",作为创业投资的母基金,创立了10个2000万美元左右的可退出风险投资基金,吸引了机构投资者和私人资本2.5亿美元,由它运作及管理的资金达到50亿美元,极大地促进了以色列风险投资的发展,其风险投资规模仅次于美国。

美国:1998年由美国最大的政府雇员养老基金成立的加利福尼亚新型创业投资基金也是一种母基金,对早期阶段高新技术企业的投资已经超过20亿美元。

英国:2000年成立的英国高技术基金是支持早期阶段高技术企业发展的母基金。政府投入2000万英镑,带动的私人资本投资和机构投资者投资额达1亿英镑。

6. 各类创业孵化体系

自1956年美国约瑟夫·曼库索(Joseph Mancuso)创建世界上第一家企业孵化器"贝特维亚工业中心"(Batavia Industrial Center, BIC)以来,企业孵化器已遍及全世界。目前全球有3800多家孵化器,北美地区拥有700多家,中国拥有美国之外规模最大的孵化器集群,全国已有各类科技企业孵化器540多家(包括大学科技园、留学人员创业园、专业技术孵化器、软件园、"863 孵化器"、国际企业孵化器以及博士创业园、专利创业园等等),数量居世界第二。各国政府支持建立各类创业孵化器。孵化器将技术资源、人才资源、基础设施和金融资本结合在一起,孵化器作为创新源头与产业的连接载体,通过一个主动设计的、目标明确的、全面支持小企业成长的组织系统,为创业者提供降低创业风险的微观环境,其产业模式是不断把科技资源(包括科技项目和科技人才)和经济资源(包括资本和劳力等)进行有机组织、整合、管理和经营,使科技成果商品化,科技创业企业市场化、网络化和国际化。孵化器从广义来讲包括高技术园区(科技园、软件园)、企业孵化器、创业中心、生产力促进中心等。实践表明,创业孵化器在推动高新技术产业的发展,孵化和培育中小型科技企业的创业,以及振兴区域经济,培养新的经济增长点方面都有着极为重要的作用。

从孵化器在创业链过程中的功能分析,国际上孵化器可分为三种类型:

● 成果转化型:这类孵化器所处的地域充满研发活力,绝大部分依托拥有专业科研成果转化机构的高科技优势集群,能从上游实验室里直接发现项目。出自科研成果的项目数量大(60% 以上),这些项目大部分是孵化器成员或合作伙伴所推荐的。

● 区域发展型:这类孵化器所在地区缺乏科研成果转化机构,或科研成果转化办公室尚处于初始阶段,或不能发挥项目推荐人的作用。出自科研成果的项目数量有限(不足 40%),这类孵化器成为区域发展的工具。

● 混合型:这类孵化器受益于活跃的地区经济发展和有利于创建企业的环境。与前两种类型相比,功能上这类孵化器处于中间位置,约 50% 的项目出自科研成果,50% 的项目来自科研成果以外。

孵化网络已经在全球悄然兴起,企业孵化器除了与孵化企业保持密切联系外,还与律师事务所、会计师事务所、商业银行、投资机构、政府、研究机构等建立合作关系,这种关系构成了一个对加速创业企业的成长具有重要意义的资源网络,并逐步形成孵化体系的创业模式。势必会突破原有的不适应科技成果转化、不适应创业的旧体制。某一地区所形成的局部优化的创业条件和创业创新集聚效应将使一国或地区的创业环境得以改善。

例如美国的创业孵化集团就是孵化网络的一种。创业孵化集团的基本特色是它本身就是新创企业,而且通常是由成功的创业者主导孵化新创企业。在孵化功能上,创业孵化集团融合了创业投资、多元化控股集团和孵化器的功能,除向创业企业提供一般的管理之外,还提供企业发展和技术开发、竞争研究分析、品牌建设、管理咨询等增值服务,可见创业孵化集团提供了创业企业长远的发展战略和成长机制。

(四)国际创业型经济发展经验归纳与借鉴

各国经验表明,国家创业型经济的成功一方面取决于经济、科技政策的协调配合,对激励创业起到了至关重要的作用;另一方面也得益于创业要素的高效配置所产生的合力,得益于政府构建的宏观创业生态环境和制度设计。

1. 创业战略的导向性作用

面对全球化经济时代的新挑战,发达国家在发展创业型经济方面有着高度的共识,全国上下都把发展创业型经济作为在知识经济时代求生存、谋发展的重中之重。目前,创业战略最为完善发达的国家是美国、英国和荷兰。

美国新时期国家发展战略就定位于建设具有企业家精神特征的创业型国家和创业型社会。美国政府在经济、社会和调控性政策的范围内,将创业与创新作为一个长期的战略目标,提供制度、政策框架,着力打造一个有益于进行"灵活再循环"的创业生态体系。

英国《为小企业着想》(2000)便是一项全面的、全国性的创业发展战略,从培育创业文化到发展创业家,从简化创业程序到改进现存中小企业的绩效与生产力无所不包。

在增加新企业的数量或提高企业创建率方面,这些国家的目标都清晰可见。一些国家还提出了"创新与竞争"议题以鼓励产品研发和技术革新。

2000年瑞典政府也将"优秀创业实践"政策列为国家新工业政策四项主要内容之一。澳大利亚政府则支持创新和技术导向的企业。事实上,上述每个国家在不同程度上都对新企业创建与创新表示大力支持,并形成了以创业发展为核心的一系列内生经济增长战略。

2. 制度安排的基础性保障

完善的创业制度是创业型经济发展的加速器。良好的制度环境对创业型经济的影响是不可估量的。破除制度障碍,建立适于创业型经济发展的新体制和新机制,将是我们在较长时期内的首要任务,它将在战略导向上引导创业型经济的健康发展。

建立适应创业型经济发展需要的特殊制度安排。发达国家在创业型经济发展的制度建设上也存在差距,这也是为什么美国创业型经济总体上领先欧日、硅谷模式难以成功效仿的原因所在。这一特殊制度安排由高技术创业特征决定,包括"收益与风险相匹配"的人才激励制度、鼓励风险投资的金融体制,以及创业企业发展的制度安排等。近年来世界各国都在以美国为借鉴,加强有关制度建设。国际上创业型经济的发展态势也证明了这一点。

3. 政府干预的发展机制

政府宏观调控作用的发挥对于创业的发展具有十分重要的意义。由于创业型经济发展的高度不确定性和风险性,政府的介入是有必要的。政府对于创业型经济的管理模式,国际上有三种形式:一种是以美国、加拿大为代表的政府引导,市场主导型;一种是以日本、新加坡为代表的政府主导型;第三种是以欧洲为代表的混合治理型。

"成熟型国家"经济体制的主要特征可以概括如下:(1)以私人财产权为核心的自由企业制度;(2)以市场竞争为主导的资源配置方式;(3)以财政金融杠杆为主要手段的宏观调控;(4)以健全的法制为市场秩序的保障。以完整制度为保障的成熟市场经济国家的创业机制基本是构筑在以上特征基础上的。例如,美国政府在创业融资中的导向作用,体现在政府可以在税收、担保、利率、法律保障以及政府补贴等方面充分发挥作用,放宽创业资本的来源,制定鼓励融资的税收优惠政策,强化相关法制法规建设,建立发达的资本市场体系等等。政府还拿出一部分专项资金通过市场化运作的方式对创业早期的项目实施重点跟踪和融资,促进高技术创业企业的发展。

4. 创业与科技产业的一体化进程

包括美国、德国、日本、瑞典在内的发达国家政府采取了各种措施推进科技资源进入生产力系统,取得了很大的成效。通过探索多元化的科技资源整合与共享方式(包括以促进大学科技资源与产业结合的研究机构资源开发方式;由政府投资建立、市场运作的科技公共服务平台,针对产业领域的共性问题,且需求比较大的资源而形成的行业资源集聚共享方式;以及能够提供一个可通用的基础性技术平台将原先不可能互相连通的资源连接起来的专业孵化器整合资源方式),以全新的方式服务于高科技创业企业,使科技资源真正和市场需求对接起来,促进科技资源优势向产业竞争优势的转变;发展多层次的资本市场,为培育可商业化的技术和促进专利技术产业化提供融资渠道;可以借鉴日本对处于"休眠"状态的专利的做法,日本经济产业省、特许厅通过行政措施,要求大企业把"休眠"专利及周边专利无偿许可给中小创业企业使用,并结合产业振兴计划,对一些重点地区的新创企业实施特别援助,从而不仅提高了闲置技术的利用率,促进了技术的利用和扩散,更促进了创业型经济的发展。

5. 创业发展体系的系统支撑

国外深化创业服务的策略出现了新趋势:首先关注服务的动态性。总结国际先进经验,许多国家都形成了基于科研开发→企业孵化→风险投资→企业上市→市场拓展的高技术创业良性循环的服务体系。例如,法国的 OSED 集团的主要任务就是着眼于服务创业企业的发展全过程,包括企业的创立、成长、壮大,形成了对创业企业服务的完整链条,企业与项目的遴选、投资到上市的创业孵化和激励机制。

其次,发达国家的创业服务理念也发生了转变。从注重支持大企业内部技术中心转向支持面对创业企业的技术服务中心,从直接参与成长期风险投资转向培育技术和孵化企业,从直接对单个企业投资转向加强各类集群的基础设施建设。

6. 高成长创业的重点关注

创业的宏观效率体现在经济增长,而微观效率则体现在创业企业的高成长上,因此发达国家不仅关注经济发展的宏观层面,更关注高成长创业的微观层面。美国、欧洲、加拿大在这些方面各尽其能,做法各有特色,是它们发展高成长创业竞争战略的共同选择。这些国家拥有一大批处于高速发展的"瞪羚企业",为了促进这类企业的进一步发展、壮大,它们从打造具有竞争优势的高成长创业企业需要提升各要素、各环节的竞争优势入手,相继出台了一系列"瞪羚计划",对符合标准的企业给予相应的政策和资金支持。

从支持高成长"瞪羚企业"的创业政策重点来看,相对于一般创业企业,针对高成长型创业活动的政策尤其注意推动企业迈向国际化。同时由于涉及资源供给的措施会涉及利益权衡的问题,因此许多国家的做法是将高成长创业活动的支援措施纳入到创新政策的核心部分,使支持创业效果变得更为显著,创业资源得到了高效的配置。

二、中国创业型经济的成长路径

中国现阶段仍处于工业化过程之中,大力发展创业型经济是由工业经济向知识经济跨越式发展,迈向创新型国家的逻辑必然。

(一)制定创业发展战略和推进计划,实现以创业为核心的内生经济增长

全球竞争格局日益变化,创业所反映出的是一个国家(地区)扩展经济活动边界,调整生产结构满足消费者变化了的需求的能力,这种"创造性破坏"对一国(地区)内生经济增长是至关重要的。在这一经济背景下,以国家甚至以大洲为单位的全局性宏观创业探讨和行动计划日益增多,许多国家政府制定雄心勃勃的、全方位和多层次的长期发展战略,成立了专门的组织领导机构,并建立完善的创业管理体系,加强战略层面的统筹管理,制定国家创业政策体系和实施计划,指明创业型经济的发展方向,引导和扶植创业型经济的健康发展。

与发达国家和地区如欧盟发展创业型经济更多的是为解决经济停滞和创新能力建设的问题不同,中国发展创业型经济的着眼点在于培育创业企业主体、发展高技术产业。中国要依靠高科技资本和新兴科技型、知识型创业企业为主导的创业型经济的发展,进行全面的"社会创新"。通过创业/创新实现蛙跳式成长和大国崛起。一个复杂经济系统的发展轨迹与发展状况是由两大要素决定的,一是经济系统的初始条件,二是经济系统的演进路径。从这个意义上讲,发展战略的制定与实施就是判断系统初始条件,依据系统内在规律,探求最优(次优)发展路径的选择过程。发展创业型经济必须在战略层面给予引导。

当前中国要积极制定创业发展战略,实现以创业为核心的内生经济增长,支持并鼓励把创业作为一项基本国策,并采取一系列战略发展规划,努力推进中国各个层次、各种规模的创业活动,有效促进创业型经济的快速发展;要将创业发展战略和国家总体经济发展战略相结合,积极引导国家科技资源、创新

资源、产业资源向创业领域集聚,增强创业型经济的综合竞争优势,形成"创新集聚、知识产权贡献、创业企业发展、高新技术产业国际竞争力"四位一体的总体战略。

创业发展战略与国家宏观经济的总体战略部署的一体化还意味着在宏观层面,创业发展战略必须要与经济发展战略结合起来;在产业层面,创业战略必须要与培育企业的产业竞争优势结合起来,与产业发展战略结合起来。从国际经验来看,各国政府往往根据产业在经济和社会发展中的战略地位、要素禀赋和技术发展水平,对某些战略性产业给予明确定位。国家应该选择那些处于行业快速成长阶段的创业企业、处于有重大技术变革行业的创业企业、有一定的高技术壁垒的创业企业等给予大力扶持。特别是在"十一五"发展规划中,中国明确要在软件、通信设备、数字电子产品、生物产业、新材料产业等战略性新兴高技术产业领域,力争建立起具有国际水平、拥有自主发展能力的产业群体,实现跨越式发展,这些都为创业型经济的发展壮大提供了更为广阔的技术机会、市场机会和政策机会。因此,创业战略应该侧重产业指向。

(二)基于中国区域创业型经济水平和创业型经济发展阶段差异,选择有针对性的推进计划

中国经济的转型呈现出明显的非均衡性,有的地区经济发展水平高,有的地区经济发展水平低。通过本书第四章和第五章的分析,我们也发现,中国区域创业型经济发展水平和发展模式存在很大的地区差异,应因阶段、因地区采取有针对性的、差异化的创业战略推进计划。本书以高新创业园区为例,把创业型经济的发展阶段划分为要素投入驱动型创业发展阶段、价值链驱动型创业发展阶段、创新驱动型创业发展阶段三种。

1. 要素投入驱动型创业发展阶段及其策略

从中国目前各个科技创业企业聚集的高新创业园区发展情况来看,依靠单一政策优惠的"外力"强力驱动已经在很大程度上改变,生产要素在这些园区的集聚已经达到一定程度而不再成为高新创业园区首要关注的焦点。这些园区对入园区项目和企业开始提出技术含量、投资密度、产业发展领域等方面要求,主要靠招商引资吸引新的企业入园区作为高新创业园区经济总量的支撑的格局已经改变。这些说明,中国绝大多数高新创业园区已经渡过了要素

集聚阶段。

对于处于要素投入驱动型创业发展阶段的区域,一方面要以供给为导向,保障创业所需的关键生产要素的供给;另一方面更要通过不断优化创新创业环境,进一步推动区域自主创新能力的提高,实现由资源要素驱动向价值链驱动和创新要素驱动这一根本性的战略转变。

2. 价值链驱动型创业发展阶段及其策略

在这一发展阶段,高新创业园区的发展动力由政府政策和高科技企业市场竞争力双重驱动;高新创业园区内一些真正意义上的企业出现了,它们把各种生产要素重新进行整合,形成稳定的主导产业和具有上、中、下游结构特征的产业链;高新创业园区的增值手段主要是"价值链",园区由此具有较高的产出能力和较强的经济实力;研究与发展(R&D)主要依靠外部研究机构和研究型大学,高新创业园区内的 R&D 机构不多,园区内的企业 R&D 能力较弱,核心竞争力不强。

处于价值链驱动型创业发展阶段的创业园区虽然保证了创业企业在产业链条上的完整和系统关联,但缺乏大学、科研机构与创业企业的协作,技术创新成果的转移机制欠缺,缺乏持续创业能力,因此国家还要引导社会资本、研发机构以及各类中介服务组织形成完善的创业网络支撑体系,依靠知识资本、技术资本和人力资本的集聚,走内涵式发展之路。

3. 创新驱动型创业发展阶段及其策略

创新驱动型创业发展模式的基本特征是:创新是推动高新创业园区发展的决定力量,"创新链"是其主要增值手段,高新创业园区逐渐形成以技术创新为源头的核心竞争力;大量风险资本进入、原始性创新涌现、创新网络和创新文化形成、大量高附加价值的产品产生、高新创业园区向国际化方向发展。从这些基本特征可以看出,中国大多数高新创业园区尽管还未进入这一阶段,但是,某些高新区已经开始显现创新突破阶段的某些特征,其表现在:高新创业园区内企业的创新活动明显增加、风险资本开始涌入、创业/创新文化初步形成、涌现了不少具有自主知识产权的企业和产品、高新创业园区的国际化程度明显提高等。例如北京中关村科技园、上海和深圳高新区等。

未来中国高新创业园区的发展目标和战略重点要使新的高级要素有序而有机地结合,要使高新创业园区成为创业中心、研发与创新中心、孵化中心、金融资本中心等,在竞争上形成"高势能"的优势和"经济增长极"。

(三)全面围绕创业制度建设这一核心,营造友好的创业环境

创业企业是创新活动最为活跃的经济组织,而高技术产业所依赖的"知识资本化"和"创新个体化",正与创业企业的特点相适应。创业企业的发展需要一些特定的制度安排,如竞争性市场制度、研发转化制度、知识产权保护制度、信用制度等方面都要做出创新性的尝试,要用资本、产权、信用、人才等纽带把创业活动的各个环节衔接起来,在国家层次上整体设计、系统推进。

1. 重视促进技术利用和扩散的制度建设

进一步促进政府技术资源的利用和扩散;主要通过市场机制,鼓励新技术利用和扩散;建立以政府为引导,技术服务机构为桥梁,资本市场为支撑的有形和无形技术市场。仿效美国等发达国家在促进技术的转移和利用方面的经验,通过设立国家级的管理和促进机构,在大学及研究机构中建立推动成果转化的组织,从而建立起一套包括政府研究机构技术转移、大学和研究机构技术转移、中介机构主导型技术转移等多层次的国家技术转移和扩散体系。

2. 制定中国知识产权发展战略,健全知识产权保护和管理制度

完善的知识产权保护制度是发展创业型经济的必要条件。积极实施知识产权战略,鼓励知识产权的创造、转移、使用和保护,是推进创业型经济发展的基本前提。然而到目前为止,中国还没有真正意义上的国家知识产权发展战略。这一发展战略需要包括创造战略、保护战略、应用战略(商业化),使知识产权在源头上就为科技创业扫清障碍。

政府要健全知识产权保护和管理制度,要制定知识产权鼓励政策,利用专利事务所、技术交易市场等社会化服务机构,为高新技术创业企业的知识产权工作提供服务和支持。在自主创新成果产业化的各个阶段,政府对自主知识产权的保护都至关重要。在自主创新成果产业化初步发展阶段,政府对知识产权的保护尤为重要。要在实施创业企业研发税收减免计划、研发启动计划、创新投资基金计划、合作研究中心计划等一系列科技计划的过程中,都明确专利在内的知识产权保护目标,促使政府、大学、政府实验室、企业在知识产权领域的合作关系日趋加强。

3. 完善创业的信用制度建设

信用制度是市场经济的基础,没有信用将大大增加交易成本,降低效率。创业企业发展中的许多问题都与信用有关。例如,创业企业融资和担保难的一个主要原因是企业信用不足;创业企业进入市场难是因为缺乏信用记录;知识产权得不到保护、科研院所和大学向企业转移科技成果难、家族企业不愿意引入职业经理人等都与信用问题有关。因此,建立创业企业信用体系是建立创业型经济发展体系的一个重要内容,也是改进创业投资环境、促进创业型经济发展的重要保证。推动信用体系的建立是政府义不容辞的责任。

4. 通过有针对性的政府采购制度推动创业型经济发展

政府采购制度作为重要的政府支持创业活动的作用变量,在各主要工业国家被广泛采用。政府采购制度能降低新创企业技术创新及市场开发的风险,营造和培育市场需求,被认为比直接投资科研能更为有效地促进一国高科技创业企业的成长。美国联邦采购局专门设有小企业采购代表处,专门负责协调联邦政府向中小企业或创业企业的商品采购,并通过立法规定,以政府采购合同的形式来扶持创业企业的科技创新活动。

首先,在完善中国政府采购制度的过程中,要增加政府采购的额度。尽管中国政府采购规模 2005 年达到 2927.6 亿元,但和发达国家政府采购规模比较而言,中国政府采购规模仍然较小。发达国家政府采购规模一般占该国国民生产总值的 10% 的水平,而中国 2005 年政府采购规模虽然绝对数量比较大,但也仅占当年 GDP 的 1.6% ,至于针对高科技创业企业的政府采购更少。因此,参考国际惯例,中国应积极扩大政府采购的规模,尽量使其占 GDP 的份额达到 10% 左右,这样,政府采购才能创造出充足的需求,有效拉动高科技创业。

其次,保证政府采购适应创业与创新的有效性。一是政府采购促进高科技创业,应该有选择地、有针对性地扶持高成长的创业主体发展。作为宏观调控者的政府必须突出重点,挑选具有发展前景的企业加以支持。二是政府采购促进创业企业发展应具有连贯性。政府采购对某一创新项目的支持应当是对该技术创新项目的初期、中期及后期均给予科学合理的支持。三是政府要根据科技产品市场化的程度相应地调整政府采购政策。

最后,建立更为特殊的适应创业企业特点的政府采购制度。创业企业初期一般规模小,资金短缺,承受市场风险的能力较弱。因此,应当建立更为特殊的政府采购政策以鼓励、扶植和促进创业企业发展,提高其技术创新能力和整体竞争力。比如,应规定给予创业企业以特别优惠,建立创业企业参与政府采购的优惠政策以达到扶植创业企业发展的目的。再如,规定在一定条件下允许将大额采购合同分割成若干部分进行招标,使创业企业享有更多机会参与投标竞争。

　　5. 政府项目资助制度的特殊作用

　　政府亦可通过"政府对高科技企业创建的资助实行投标"的机制,直接支持创业人员开办新企业。实行招标机制可向最有发展前景的项目持有人提供实施项目必需的资助、支持和根据需要为创建后的公司开发提供经费。招标区分两种类型的项目:尚需培育成熟的"萌芽"项目和准备立即实施的"创建—开发"项目。应建立国家专家评审制度,每年评选出一定数目的"萌芽"项目和"创建—开发"项目,对每个"萌芽"项目的平均资助应达到该项目进入成熟过程所需经费的70%;对每个"创建—开发"项目的平均资助应占企业创建计划经费的50%。这些项目主要涉及信息与通信技术、生命科学、新材料以及与环境、质量和安全有关的新技术,并应符合国家高技术产业发展的长期规划。并且,"萌芽"项目成熟后,可以进一步申请国家"创建—开发"项目资助计划。政府直接的项目资助解决了创业企业的资金来源问题。

(四)以加速科技成果转化为依托,推动科技创业与科技产业一体化进程

　　1. 加强政府战略引导,推动科技成果向创业企业转化

　　由于中国正处于经济转型时期,市场机制有待进一步完善,因此,政府行为是推动成果转化的主要动力。政府应进一步转变职能,为促进科技成果快速转化做好各项宏观方面的工作,如制定重大的科技与产业政策以及促进创业型经济发展的优惠政策,开展战略性和前瞻性研究,以确定未来创业发展的重点产业、重点领域,使科技成果的转化及高科技企业得到迅猛发展。

　　2. 实施科技成果转化的"资本化"策略

　　在市场经济背景下,科技资源只有在作为资本运作时,才能产生极大的效能,迅速激活和聚合其他资本,把各种生产要素有效组合配置、高效运作。知识就是资本,知识就是财富的观念,已成为共识。对于高科技创业企业拥有的

无形资产,如知识和科研成果的鲜明特性也表明,它无法像一般的生产要素那样,直接通过市场的一次性交易来给予定价,它的价格形成以及所有者收益的最终实现,需要一个间接的、迂回的、多重博弈的、适合于不确定性状态的综合定价机制。这样的定价机制实质上就是市场中的企业定价机制。由创业知识所有者自身创办企业,拥有创业企业的所有权,就是创业报酬计量的市场性综合定价机制。

为了更便利地促进科技成果的商业化,只有将科技成果进行资本化才是根本的动力保证。科技成果商品化是一种间接转化方式,一般采取一次兑现方式。科技成果资本化是一种直接转化方式,一般采取收益提成方式。科技成果的价格,理论上主要包括研究开发成本、流通费用、税金、利润四个部分,其定价原则与一般物质商品相同,必须坚持按质论价、共担风险的原则。实际上科技成果的定价方式一般分为两种:一是供给方作价,主要考虑全部研究开发成本、转化过程的费用、预期利润等;二是需求方作价,主要考虑购买技术的总成本、购得技术的预期收益、技术、市场风险及供需状况等。

3. 发挥创业网络中各主体的积极性,增强技术成果转化的动力机制

通过各类创业园区、创业孵化器、生产力促进中心等的系统孵化能力,强化创业企业之间的联系,形成巨大的"集聚"效应和"规模"效应,帮助创业企业抵御市场风险。同时发挥这些创业支持网络的协同作用,加强产学研联合推动和促进高新技术产业化和中小企业高新技术化,特别是要进一步健全各研发主体的合作机制,促进高校与企业融合发展,建立起有效的知识创造、转移和扩散机制。创业网络最重要的特点就是不同主体之间的合作与竞争创造了高效的创新生态,为技术成果的顺利转化进入创业企业提供了持续的动力机制。

(五)培育创业型经济发展的高级生产要素,完善创业支撑体系建设

创业发展离不开高级生产要素。它包括基本的商业基础设施、作为创业主体的人力资源以及技术资源、知识资源等。因此,政府应注意对创业所需的专业性、高级生产要素的创造和培育,进而完善创业支撑体系建设。这里并不是泛泛地就一般创业要素而谈,而是针对制约中国创业型经济发展的关键要素(知识资本、创业资本、人力资本以及比起发达国家非常欠缺的创业服务体

系)而提出发展构想。

1. 中国多层次创业金融体系的构建

现在首要的任务是构建多层次的创业金融融体系。创业金融体系是主要为企业的种子期和成长期服务的融资体系。本节就中国当前创业融资的难点、创业资本市场框架建设、金融工具的选择给出了一些针对性的建议。

(1)当前首先要解决的难点问题:风险资本与知识资本的对接机制

风险资本注入高技术创业企业,也就是金融资本与知识资本的对接。知识资本应该在风险企业中占据多大份额,这在国外根本不是个问题,在中国则成为长期困扰企业注册的难点。究其原因,在于有关法律文件中出现扭曲,把"无形资产占资本金的比例"与"知识资本占股权的比例"这两个问题混为一谈,导致概念混淆。无论是创业者、风险投资家还是工商管理部门,对这个问题必须要有清醒的鉴别,要分两个层次来正确认识。

第一个层次,无形资产占资本金的比例不宜过高,而且这个比例必须由财政部门限定。这是因为无形资产占资本金的比例过高,将在财税、金融两方面产生负面影响。

第二个层次,技术成果占股权的比例不应有上限。新建企业中出资各方占有多大的产权份额,完全应该由出资者自己协商决定,他人(不管是政府还是资产评估机构)无权干预。这样,对于高技术企业的创立,只要技术提供方与资金提供方能够取得共识,完全可以不受限制地提高技术和知识产权的股份比例。

两个层次相结合,正确的处理方法应该是:技术拥有方在创业时,一是要和资金提供方约定好各自股权比例并且列入企业章程,二是在登记"注册资本"时根本不要提无形资产。遗憾的是,现在还没有一个法规是按这一原则来起草条文,资本与技术对接的困惑暂时还要持续下去。

(2)创业金融体系构建的初步构想

构建创业融资体系的时机已经到来。一是引导方针。最近一段时间国家出台了一系列文件,这些文件都非常重要,而且是以前所没有过的。二是多层次资本市场的发展。近来,资本市场加速发展的态势已呈现出来。主板的股权分置改革已经基本完成;创业板经过 10 年砥砺终于破茧成蝶,也基本准备就绪,就待择机推出;此外场外柜台交易现在的发展速度也出乎意料;当然还有中国企业红筹股的上市,这些动作都是令人鼓舞的。从主板到创业板,再到场外柜台交易,另外一个平台是境外的红筹上市,我们看到了非常重要的变化。三是国家的金融环境。最重要的是国家政策鼓励成立引导性基金,各级政府都非常积极支持。四是法律框架。主要是一系列的文件以及《公司法》、《证券法》的修改,特别是《创业投资基金暂行办法》为创投机构从事创业投资提供了良好的法律环境。五是税收方面的优惠政策已经出台。

①多层次创业资本市场体系建设。实践表明:适合创业企业成长规律的多层次创业资本市场体系建设是创业型经济发展的重要支撑力量。创业金融体系作为国家的战略投资体系,可通过运用政府财政投入、企业研发和产业化投入、创业风险投资、银行信贷投入、资本市场融资和科技基金等手段,发展面向创业企业的债券市场,设立各类专项发展基金,从创业投资、创新风险基金、政策性金融到上市融资,形成具有多样化的市场准入制度、项目孵育手段、资金来源渠道和退出机制的创业融资体系。

②构建创业资本市场的循环机制。构建以创业板为主导的创业资本市场循环机制。通过市场机制,有效评价创业资产价值,促进知识与资本的结合,推动创业型经济的发展。为创投提供"出口",促进高科技投资的良性循环,提高高科技投资资源的流动和使用效率,全方位地为创业型经济发展提供金融支持。

将原来的那种单向的"上市—退市"模式进行改变,最大限度地运用上市公司资源。通过闭环式的多层次资本市场设计,加快创业板的建设,充分利用代办股份转让系统,通过各市场间的升级转板机制,可实现科技创业企业、创新型创业企业和成长型创业企业的柔性连接。因此,随着创业板的推出,一个互相补充,满足企业不同成长阶段、不同资金需求的多层次资本市场将得以形成。

③建立科技发展银行或创业企业产业发展银行。中国现阶段可以尝试在某些区域由地方政府开办专门支持科技型创业企业的中小型银行,它们可以通过发展和应用现代风险管理技术和方法,探索开展多种贷款形式,有效降低对企业的信贷风险。例如,我们可以仿照美国的硅谷银行在中关村建立中关村科技发展银行,以专业服务推动科技创业企业发展。

④通过以政府主导的政策扶持,设立各类专项资金,支持具有特色的企业

快速发展。一是设立标准资金、专利资金,为企业申请国内外标准和专利提供补贴;二是设立创业企业创新专项资金,并积极争取科技部创新基金的支持;三是设立企业改制上市资助资金,促进更多的企业利用资本市场获得更快的发展。

⑤积极发展面向创业企业的债券市场,改变千军万马靠银行过"独木桥"的融资格局。在一些成熟市场经济国家,债券融资比例一般远远大于股票融资。2005 年美国债券发行规模大约是股票发行规模的 6.5 倍,而 2006 年中国发行的企业债和公司债仅相当于同期股票筹资额的 44%。可先考虑在高新区、创业园等发行企业债券,缓解中国创业企业的资金需求压力,再进一步探索多种形式的债券融资方式。鼓励具备条件的高技术创业企业发行融资债券。

⑥重新架构制度,促进投资主体多元化,形成社会资本对创业投资的良性引导。基于转变的政策视角,创业园、孵化器等行政服务机构需要走上市场化、专业化发展的轨道,逐步发展成为联结"天使"投资人的区域网络组织。政府资本在创业投资中的作用主要在于鼓励、扶持和引导,政府资本应在适当的时机逐渐退出,将其主体股份让位于其他性质的投资主体,尤其是民营资本,充分发挥包括个人、企业或者非银行金融机构等极具投资潜力的社会资本的作用。

⑦规范发展要素与产权交易市场,促进风险资本与知识资本对接。要打破当前地区内产权交易市场的分割态势,形成综合的、多功能的产权交易市场,制定统一的交易规则,实行统一监管;鼓励国内重点地区的产权交易市场联合,信息共享,建立全国交易网络,促进产权和资金跨地区流动;促进产权交易市场与金融机构协作,为创业企业发展提供后续融资支持。

2. 构建适合国情特色的创业人力资本激励体系

人力资本经营构成了创业企业成长的基础和支撑,与成熟企业相比,科技型创业企业的高技术、高风险、高投资、高成长和高收益更加明显,企业能否由创业期平稳过渡到成熟期并持续增长,关键在于能否实现人力资本的高效运营。人力资本经营是实现科技创业企业高技术开发的基础。对知识的价值、创业者的贡献,要有正常回报的激励机制来保证。

首先,应界定好企业存量资产的终极产权。创业企业的产权界定往往不仅仅依据注册资本即初始的实物资本投资为准,还应重新界定企业的产权问题。一方面,要利用各种原始契约、原始凭证、会计资料及企业经营过程中的法律合同等来确认企业初始物质资本的投资者;另一方面,要对企业技术专利价值及人力资本进行重新评定。由于对人力资本或无形资产目前中国还没有一个统一的标准,可参照国外及国内的一些有关规定,在企业创业者与投资者之间的利益协调基础上,做出一个合理的评定。

其次,应构建有利于人力资本发挥作用的"收益与风险相匹配"的人才激励机制,科学而规范地确认人力资本的价值。要激发科技人员的创新和创业精神,关键是要创造出"收益与风险相匹配"的政策环境。发达国家都建立了如技术入股制度、科技人员持股经营制度、技术开发奖励制度等符合高技术产业特点的、以保护知识产权为核心的分配制度和经营制度,使技术和成果真正成为生产力要素,并在参与企业的经营和分配中获得它的应有价值。

再次,应建立以鼓励创造为根本目的有效激励和保障机制。包括建立在健全的现代产权制度下的期权、股权等产权激励机制;依法保护知识产权;人才资本及科研成果有偿转移机制等。

3. 构筑多元化的公共 R&D 体系

在国际上私营部门内部也显现出 R&D 投资方式、手段多样化和资源重新配置的趋势。R8D 的管理不再是企业内部关起门来解决的事情,它已经成为社会资本计划与预算过程的一部分。R&D 和创新项目的选择与管理不再是政府计划的结果,而是以追求股东价值最大化为目的的市场行为。这是现代经济中微观经济水平上资源配置方式最重要的变化之一。

随着创新产业日益扩大,私营部门对创新项目的管理技术和程序也在不断创新,这与研究开发投资的"不可分割性和不可逆转性"特点相对应,因此,灵活性成为 R&D 管理最重要的原则。随着创新项目的投资需求不断扩大、风险利差(Risk-Premia)不断提高,科技风险投资中出现了越来越明显的专业化和阶段性,使 R&D 管理更加专业化、更具灵活性和针对性。

总之,私营研发部门能有效弥补政府失灵的部分,在中国现阶段可考虑建立由政府负责公共 R&D 体系中的基础研究投入和战略研究投入,而由私营部门负责应用开发研究投入的多元化公共 R&D 体系。

4. 构建以"政府、市场、中介"三位一体的创业服务体系

建立创业服务体系是创业支撑体系的一项重要内容,也是促进创业企业

成长发育必不可少的环节。与发达的市场经济国家相比,中国的创业企业服务体系比较薄弱,还处于发展的初期。目前,建立创业服务体系面临的一个重要问题是,创业服务体系采取什么模式?

创业所需的服务可以分为基本服务和增值服务。不同性质的服务项目应采取不同的服务方式,服务机构的性质也不同。基本服务属于支援性项目,通常是由非营利性中介组织提供。增值性服务主要针对个别企业的要求展开服务,应由商业性专业服务机构提供。根据发达市场经济国家的经验,创业企业服务体系应该采取政府和民间相结合。与政府所提供的信息不同,中介组织是通过提供更专业化的信息来促成市场交易主体之间的信用博弈。通过中介组织的中间层作用,可以有效地改善政府—市场的二元不稳定结构,形成政府—市场—中介的三元稳定结构。

创业服务体系可以分为三个层次:第一层次是政府。政府既是管理者也是服务体系的推动者,主要责任是落实创业政策,维护企业主体合法权益,并组织提供一部分公益性的基本服务。第二个层次是非营利性中介组织,包括中小企业协会、中小企业社会团体等非营利性机构,主要提供基本服务。第三个层次是商业性专业服务组织。一般来说,政府不直接提供服务,而是发挥中介机构的作用,对不同的服务采取不同的政策。增值服务则主要靠市场机制提供。

加快建立并完善创业型经济的市场中介组织服务体系,就是要通过中介组织的信用传递功能来完善市场信息,从而在最大程度上减少知识型要素的不确定性,最终促成市场交易主体之间的信用博弈。在市场经济的运行体系中,政府主要从事经济的宏观管理,微观管理主要是企业行为,二者的中间层次是市场中介组织。三者的相互联系和有机结合,构成市场经济体系中的社会经济管理系统。在创业型经济发展过程中政府也要完成从直接干预到提供服务与政策协调的转变。当然,由于中国各地区经济发展水平不同,创业型经济的成熟程度不同,政府的财力不同,在构建创业服务体系时,政府、市场、中介的作用会有很大差别。

(六)以扶植高成长创业企业为突破口,提高创业绩效与资源优化配置

国家应着力实施重点孵化"高成长创业战略"。高成长创业战略重点支持自主研发能力较强、技术战略明确、主要从事高新技术产品的研制开发、生产和

服务的高成长型创业企业及其具有原创性、自主知识产权的、具有产业化潜力以及经济实现价值的创业项目,力争用两三年时间孵化出一批具有持续创新能力、示范作用强、品牌优势明显、行业内市场占有率高、步入高速发展期的高成长型创业企业。力争通过高成长战略的实施提高整体创业型经济的绩效。

"高成长型创业战略"的内涵主要包括:以创业计划为引导,整合支持科技型创业企业的各方资源;针对创业企业发展不同阶段的特点,细化支持其发展的手段,共同推出包括产业引导、资助、投资、担保、创业培训等多方位、分阶段实施方案,形成"高成长型创业战略"的总体框架结构(见图6-2)。

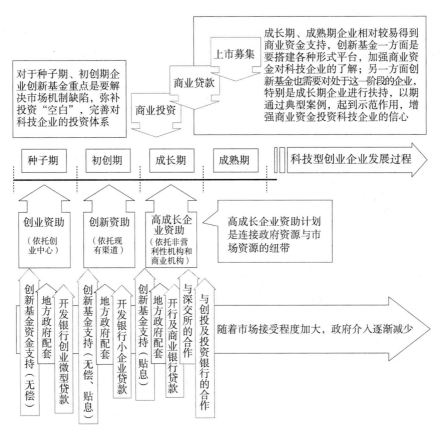

图6-2 高成长型创业总体战略结构图

从纵向来看,以培育高成长型创业企业为目标,应针对创业企业发展不同阶段的特点,细化支持手段,推出创业、创新、高成长企业资助方案:

创业资助:以提高种子期、初创期科技型小企业生存能力为主要目的,强化政府资金的扶持和培育功能,弥补对早期企业的"投资空白"。

创新资助:进一步加大支持种子期、初创期、成长期科技企业的技术创新,有效提高国家自主创新能力。

高成长型企业资助:充分发挥政府基金的引导、示范作用,吸引社会资源更多地参与高成长型科技企业发展,建立起政府资源与市场资源连接的纽带。

从横向来看,为了提高高成长型企业可持续的技术创新能力,还要形成一系列的全面启动各个层次的技术创新的发展规划;争取启动针对创业中心的专项资助;启动对高成长型创业企业的资助计划;尽快建立创业企业的社会统计监测体系。

第七章　中国创业政策的框架构想

　　创业是一个从设计开发、成果商业化到企业创立、规模生产等的资源组合的动态过程,需要一整套政策设计和制度支持。可以说,全球创业活动基本特征的改变在很大程度上取决于各国政府如何利用政策杠杆,调控各自国家的创业活动,了解创业所表现的差距是各国政府制定相关战略政策的第一步。

　　从20世纪90年代中期开始,OECD、欧洲委员会、APEC等开始认真研究各国发展创业型经济的途径,试图为提高本地区创业活动水平寻找解决方案。有许多学者还对一些发达经济体的创业政策进行了系统的理论与案例研究,但针对转型经济和落后地区的有关研究还相当匮乏。本章在深入阐述创业政策推动创业型经济发展有效性和合理性、系统梳理发达国家具有代表性的创业政策及其效果基础上,试图为构建中国创业政策体系提供一个有益的框架。

一、创业政策的演进及其阶段特征

　　所谓创业政策,是指一个国家或地区的政府为了促进创业活动的大规模涌现、创业效率的不断提高和创业能力的不断增强而采取的公共政策的总和,其最终目标是通过创业提高竞争力以实现持续的经济增长。设计有效和高质量的创业政策,一个十分重要的问题是获取政策设计的理念和目标。政策目标是政策的逻辑起点,即政策的目的性问题,即解决为什么要制定政策的问题,也是明确政策作用对象、机制、工具,从而解决如何制定出更具针对性政策的问题。创业政策不完全等同于中小企业政策。传统的中小企业政策的研究更关注的是现有中小企业,重点并不是新创小企业。由于各国创业企业的地位与作用不同,发展阶段各异,所面临的问题有别,因此各国创业企业政策类型、措施纷繁复杂。西方发达国家从20世纪中期开始实施中小企业政策,以扶持中小企业的成长。创业政策最早脱胎于中小企业政策,直到20世纪90年代科技革命后科技创业浪潮兴起,经济合作与发展组织、欧洲委员会、联合国国际发展组织及亚太经济合作组织等开始考察、研究创业活动对经济所做出的贡献,并试图探寻提高区域创业活动水平的解决方案,创业政策才真正从中小企业政策中分化出来,在传统的中小企业政策领域开始采用促进创业的政策工具,逐渐形成自己的政策体系。相对于中小企业政策而言,理论界对创业政策的研究起步较晚。

(一)中小企业政策的历史演进及框架内容

在全球12个国家或地区的组织的研究样本中,亚洲5个,包括日本、韩国、新加坡、中国香港和台湾地区;欧洲5个,包括英国、德国、法国、意大利和欧盟;美洲2个,包括美国、加拿大;大洋洲则仅包括澳大利亚。根据中小企业扶持政策的内容把这些样本分为八大类,即组织扶持政策、产业扶持政策、创新扶持政策、金融扶持政策、财税扶持政策、社会化服务政策、基础政策和其他扶持政策。

其中,组织扶持政策是指有关扶持中小企业的社会团体、企业联合组织、服务中介等政策与法规;产业扶持政策是旨在扶持产业结构调整和提升、产业集群区域经济发展、创业企业经营等的政策措施;创新扶持政策是指促进与扶持中小企业开展技术创新的政策和法规;金融扶持政策是指支持创业企业融资的有关政策法规,如有关政府专项基金、产业投资基金、风险投资基金、政策性银行、商业银行、中小企业金融机构、创业投资公司以及二板市场、产权交易、企业债券发行、创业融资体系和信用保证体系等的政策与法规;财税扶持政策是指有关中小型创业企业财政补贴、税收优惠、政府采购等的政策措施;社会化服务政策是指有关扶持初创出口、拓展市场和信息网络、培训辅导、社会化互助、简化行政手续等的政策与法规;基础扶持政策是指有关初创的基本法、市场公平竞争法、中小企业定义标准、扶持初创企业发展的重要计划及政策法规等;而其他扶持政策则包括商业秘密保护政策、环境保护政策、就业政策、扶持特殊企业的政策等。

对上述政策样本从时间、内容、对象、效果等维度进行统计和聚类分析,归纳出中小企业扶持政策演变的一般规律如下。

1. 中小企业扶持政策数量普遍呈增长趋势，类型从单一到系统

按照时间维度对各国或地区的创业政策进行归类的结果表明（见表7-1），各类中小企业政策数量呈上升趋势，这说明各国政府对中小企业的关注程度在提高。特别是第二次世界大战以后，政策数量呈大幅增长趋势。

表7-1　中小企业政策的数量和类型演变

类型 时间	组织扶持政策	产业扶持政策	金融扶持政策	创新促进扶持政策	财税扶持政策	社会化服务扶持政策	基础政策扶持政策	其他扶持政策	合计
1950～1960	4	5	0	0	0	0	1	0	10
1960～1970	12	8	18	1	0	1	12	0	52
1970～1980	22	27	39	6	10	8	13	5	150
1980～1990	31	39	64	29	38	36	28	8	298
1990～2005	52	64	120	40	39	60	34	22	386
合计	121	144	241	76	87	105	89	38	901

2. 中小企业企业政策与经济发展水平相适应

按照经济发展水平与时间两个维度分析创业企业政策出现的数量和顺序的结果表明，政策呈梯度发展态势，与经济发展过程正相关（见表7-2）。

表7-2　中小企业扶持政策数量的国家（或地区）分布

国家或地区 时间	欧盟	美洲	日本	亚洲 （除日本）	澳大利亚	合计
1950～1960	0	4	1	0	0	5
1960～1970	5	16	33	0	0	54
1970～1980	31	18	72	29	0	150
1980～1990	95	46	59	98	17	298
1990～2005	67	55	76	161	17	376
合计	201	139	241	288	87	856

第二次世界大战后，日本经济受到严重打击，由于物资严重匮乏，大企业难以迅速恢复生产。为了尽快恢复经济，日本政府出台了大量振兴中小型

企业的政策促其发展，并且制定了专门以中小型企业为对象的产业政策。20世纪70年代，以电子计算机为代表的新技术革命要求亚洲发展中国家和地区的工业化进程既要符合传统工业化对工业结构升级的要求，又要跟上现代化的步伐，发展高新技术产业。因此，它们出台了大量扶持中小型企业发展、促进产业结构调整和升级、活跃市场经济的政策。另外，20世纪70年代以后，在《波尔顿（Bolton）报告》的影响下，以英国为代表的欧盟国家仿效美国的做法，在风险资本、企业孵化器、融资等方面纷纷制定政策和法规以支持科技型中小企业的发展。

（二）创业政策演进与发展

在相当长的历史时期，传统的中小企业政策和创业政策两者间并不存在着明显的边界。20世纪80年代末，以美国的"朝阳产业"为代表的新技术和高科技产业的崛起，尤其是20世纪90年代末各国对企业的高科技创业行为给予国家支持，使得创业政策逐渐从传统中小企业政策分化出来，并逐步成形，并成为中小企业政策、创新政策、科技政策耦合发展的新形态。在这一历史过程中，创业理论的发展也对这样的政策探索给予了有力支持。

较早对创业政策进行探索的国家是加拿大、荷兰和英国。

除了第六章提到的加拿大、荷兰两国的创业政策比较典型外，英国的创业政策借鉴意义较大。英国前首相撒切尔夫人于1987年启动创业法案，此后6年，包括创业补助方案、企业创建计划等在内的几项法案陆续通过，通过鼓励新企业的创建来提高就业率。20世纪90年代中期，加拿大和英国联邦政府放弃了以支持中小企业成长为中心的企业促进模式。因为调查显示，仅有4%的中小企业呈快速成长态势，与此同时，这些企业对创造就业的贡献并不均衡。为使新政策更有成效，英国政府推出了企业联结计划，专门为成长导向的中小企业提供顾问咨询。加拿大政府也启动大量类似计划挖掘中小企业的增长潜力。随后是澳大利亚，该国1995年出版了卡尔平（Karpin）名为《创业的国家》的报告，倡导并论述了学校内的创业知识教育、小企业管理、领导素质培训及创业文化促进等。

其他OECD国家稍晚些时候也开始关注企业创建与创业情况的发展。

西班牙于1998年实施了诸项旨在促进创业政策推广的措施，具体包括：

创业奖励计划、自雇佣鼓励计划、针对创业精神的义务教育与培训、互为担保体系、激励增加育成资金和启动资本以及为创业开通"绿色通道"以减少行政审批方面的繁文缛节等。

芬兰的"两年创业计划"经主要国务大臣一致赞成通过,于2000年在工业及贸易大臣的主持下颁布实施,主要目的是促进创业及企业的成长和有序竞争,内容包括:减少企业进入的障碍、鼓励创业职业选择、将创业教育融入学校教育体系、为创业者提供融资支持和咨询服务、改革税收及社会保障体系等。

尽管美国并没有严格意义的创业政策,但提高新兴企业数量是其小企业管理局(SBA)的一项目标。国家创业委员会(NCOE)是当前倡导创业政策的主要力量。这个组织极力倡导创新型创业,呼吁为创业者争取更多的育成与风险投资及更完善的知识产权保护和员工认股权证的税收优化。

二、国际创业政策类型与管理组织体系

欧盟、美国、加拿大、英国是创业政策最完善的国家,它们将创业政策放在优先发展的高度,其丰富的创业政策为中国制定创业政策提供了有益的借鉴。

(一)国际创业政策类型

本节根据不同国家和地区的经济结构、发展阶段、创业发展动态以及自身的经济、政治和社会状况等一系列因素,并根据制定创业政策过程中遵循的政策结构和过程、目标策略和计划等要素组合,概括为四种类型的创业政策(见图7-1)。例如,美国由于中小企业政策体系完善,中小企业政策涵盖面较广,其创业政策基本上是在已有的中小企业政策项目和服务中增加一些"创业"元素,但内涵还需进一步扩展。加拿大等国较早关注并实施创业政策,经过不断的实践和探索,其创业政策内容有着较一般国家更为宽泛的内涵和外延,体系也较为成熟和完善。欧盟中的爱尔兰等国则集中关注某些特定创业群体,实施相关政策措施激励这些细分群体进行创业。西班牙等国政府制定和实施创业政策较晚,其目前实施的创业政策内容主要集中在各种促进并激励各类新企业创立的相关措施上。因此,我们可以从创业政策内容和关注焦

点的角度将各国实施的创业政策分为中小企业延伸政策、"利基"(Niche)创业政策、新企业创建政策和整体创业政策四种类型。

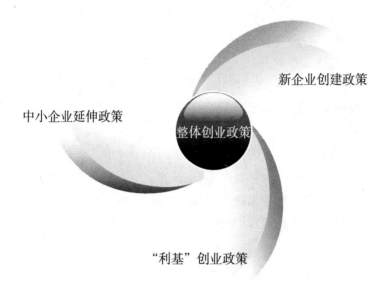

图7－1 国际创业政策分类

1. 中小企业延伸政策

实施中小企业延伸政策的国家有着完善的中小企业支持体系,其中小企业政策具有很大的社会影响力,且基本涉及中小企业创立、成长的各个方面。因此,这些国家的创业政策措施基本上是对已有中小企业政策的引申和补充。此类创业政策体系中也有专门负责创业政策的相关政府部门和组织机构,但其影响远不如负责制定和实施中小企业政策的组织机构,有时甚至附属于中小企业管理部门。其促进和激励创业的相关政策和措施主要涉及创业贷款、融资担保以及创业和中小企业管理培训等。较多采用这类政策的国家有美国、加拿大、瑞典和澳大利亚。

2. "利基(Niche)"创业政策

这种创业政策瞄准那些具有创建高成长型企业潜力的群体,主要旨在促进具有高科技性、高成长潜力的企业的创建和成长,并以此促进国家经济的增长和就业的增加。爱尔兰是目前采用这种"利基"创业政策最典型的国家,其次是瑞典和澳大利亚,中国台湾地区也采用类似做法。这些国家和地区的创业政策体系都非常重视研发资助、风险资本支持和基于科技园区的孵化器,并鼓励科研人员创立高科技公司。

3. 新企业创建政策

新企业创建政策主要通过法律和制度保障,以及支持性政策措施的实施来促进新企业的创立。其内容主要包括:简化企业创立程序、提供一站式创业服务、提供微型创业贷款和担保、创立企业的相关信息、创业培训及企业孵化器等。西班牙是实施这种创业政策的一个典型。

4. 整体创业政策

整体创业政策是一种综合性创业政策,它基本涵盖了前面概述的各种政策目标及措施,并且包括上述各种创业政策的内容。实施这种创业政策的国家一般都有较完善的创业政策体系,设立由主管部门领导、多部门合作的创业政策组织结构,同时制定并实施旨在建立创业促进机制和创业发展体系等的多方位政策措施。美国、加拿大、芬兰、英国和荷兰等国是实施整体创业政策最典型的国家,它们都有比较完善的创业政策体系,创业政策实施效果也比较好。

(二)国外典型创业政策管理组织体系

各国往往采取不同的组织结构来制定和实施创业政策,并设立专门负责创业的部门和事务性办公室。这些专门负责创业政策的政府部门和机构在名称、规模、所在地、权限、责任和影响方面不尽相同。表7-3对部分国家专门负责创业政策的机构进行了比较。这些国家的创业政策组织结构基本上可分为三种类型:

表7-3 部分国家创业政策与政府创业管理负责机构

国家	组织结构类型	负责机构
澳大利亚	垂直型	就业、工作关系和小企业部小企业办公室
加拿大	水平型	工业部小企业政策司
芬兰	水平型	贸易工业部企业政策司

国家	组织结构类型	负责机构
爱尔兰	垂直型	企业、贸易与就业部小企业和地方企业处
荷兰	水平型	经济事务部创新与创业办公室
西班牙	水平型	经济部中小企业总理事会
瑞典	垂直型	工业、就业与通信部企业发展理事会
英国	伞形	贸易工业部小企业服务组织
美国	伞形	小企业管理局

1. 垂直型组织模式

第一种创业政策组织模式可称为垂直型模式。在这种组织结构中,各部门负责自己所属的政策领域或目标,其政策措施的实施由其下属各级政府机关层层贯彻执行,各部门之间相互干涉或合作相对较少。澳大利亚、加拿大等国的创业政策组织结构都采用这种形式;从某种程度上说,瑞典也属于这种类型。在采用此种组织结构的国家中,很难识别中小企业或创业政策的所有元素。创业政策目标也分散在不同部门的政策文件中。每个部门都只关注自己所属部分的政策议程,很难实现对创业政策的连贯、完整的表述。另外,由于各部门实行垂直型领导,几乎所有的创业开发和促进活动都在地区层次进行,很少制定国家层次的统一框架来指导创业政策的实施。下述水平型和伞形组织结构都是为了克服这种传统垂直型组织结构的缺陷衍化而成的。

2. 水平型组织模式

第二种创业政策组织模式是荷兰、芬兰和西班牙等国采用的水平多部门联合的组织模式。在这种模式下,各级政府和多个政府部门在全国范围内共同致力于提高创业水平。例如,荷兰经济事务部负责协调创业政策的实施,但在制定和贯彻创业政策的过程中主动与其他部门和各级政府紧密合作。在芬兰,创业项目由贸易工业部领导,但具体由政府9个部委和地区创业协会通过协调委员会进行联合管理。在西班牙,各部门之间的协调合作是通过在金融、行政支持、劳动力市场和财税等各领域设立工作小组来实现的,所有的工作都是围绕减少新企业成立和中小企业发展的障碍来展开的。水平型组织结构的一个重要特点,就是注重创业政策和中小企业政策的相互依存性。这种组织模式通过相关文件来完整地表述创业政策的议程,因此创业政策的透明、连贯是这种组织模式的另一重要特点。这种组织模式所面临的最大挑战,就是有效地管理各部委及各政府层次之间的多层关系网络,以及监控财政部、教育部、劳动社会事务部和区域发展部等各相关部委的创业政策实施。

3. 伞形组织模式

第三种创业政策组织模式的特点是设立一个专门机构负责制定创业政策,通过其下属组织和相关机构来具体实施创业政策,并对创业活动进行指导和管理。这种创业政策组织结构形似雨伞,故名伞形组织结构。由一个专门机构统一监管创业政策的贯彻实施,其优点在于能够保证政策的连贯性和一致性。美国和英国就采用这种模式。美国对中小企业政策进行专门立法,设立了小企业管理局;英国也成立了类似的小企业服务机构,这些有着特殊授权的政府专门机构以制定、协调和实施中小企业政策和创业政策为目标,在扶持小企业发展的同时还管理和指导创业政策计划的制定。这些机构主要负责创业政策的制定和实施,但同时也与可能影响创业政策实施效果的其他相关部门进行合作。这种创业政策组织结构由于有专业而集权的部门统一领导,因此更容易进行资源调配和政策调整,创业政策的实施效果较好。

对这三种创业政策组织模式进行比较分析,可以发现其各有利弊,很难说哪种模式具有绝对的优势和劣势。由于创业政策受到许多因素的影响,因此水平型创业政策组织结构似乎更合理些。但事实上,如果组织体系中缺乏核心部门领导,创业政策实施起来会很困难。为此,OECD 等国际组织呼吁建立中央集权的中小企业局或相关创业管理机构。另外,创业政策组织模式和创业政策类型具有一定的联系,因此创业政策组织类型相似的国家,其创业政策内容也相似。

三、国际创业政策综述及借鉴

(一)国外相关创业政策体系概况

1. 欧盟创业政策体系概述

(1)欧盟总体创业政策发展状况

经济全球化进一步加剧了欧盟制造业的竞争压力,一方面导致其制造业不断向低成本国家转移,另一方面又使其必须依靠技术进步提升自身生产力水平。同时,信息通信技术(ICT)的迅猛发展创造了计算机、软件和相关服务等新的市场契机,带动了许多行业生产工艺的不断创新和服务行业的增长。欧盟统一市场也随着各种经济和贸易壁垒的取消以及各成员国的认同和相互协调而不断开放和发展,为拥有3.8亿人口的欧盟市场的贸易往来提供了极大的便利。以上变化造就了尤以服务业为甚的许多新的创业机会。欧盟也意识到顺应全球经济的变动必须提升自身竞争力,这对欧盟的未来发展至关重要。

创业型经济的发展需要依靠积极的创业政策来扶持和引导。为此,欧盟制定了促进经济持续稳定增长的宏观经济战略,从而为营造有利的创业氛围奠定了基础。2001年,欧盟理事会通过了可持续发展战略,就加大经济改革达成共识,力争到2010年创造1500万个就业机会。为实现上述目标,欧盟认为营造有利于企业创业的政策环境是核心所在,并相继出台了一些相关措施,以激励小企业借知识经济之优势投身于创业活动,其中包括建立和改善初创或新兴企业的税收和监管环境、改革破产法、提高金融市场效能以及建立创业型社会等举措,激励欧洲创业的全面发展。

(2)欧盟采取的创业举措

①排除创业道路上的障碍

尽管欧洲创业环境近年来有所改善,但欧盟中小企业委员会调查结果显示,69%的人认为现行的创业行政审批管理程序仍过于复杂,成为投身创业活动的主要障碍;而76%的人则表示难以获取创业起始阶段所需的启动资金。欧盟对此予以高度重视,要求各成员国在简化审批程序、信息咨询、营业许可发放及风险资金等方面继续加大支持力度。

②平衡风险与回报

创业的风险与回报往往难以保持平衡,风险常常大于回报,因此有必要对风险投资进行认真评估。根据欧盟调查,欧洲人普遍关注的是创业失败所面临的破产、个人财产损失等风险及其对个人社会声誉的负面影响。欧盟认为,创业失败是经济生活内在的一个部分,一些创业家破产并非因为欺诈行为所致,而是由于其失去市场竞争力。鉴于此,欧盟希望各成员国应对相关破产法重新审议,以减少妨碍,使得那些有良好信誉的创业失败者有机会重整旗鼓,进行二次创业。吉瑞吉利斯(Georgellis)和霍华德(Howard,1992)研究了税收政策与创业的关系,特别研究了破产免税率和边际所得税率对创业者数量的影响,他们发现这种关系是非线性关系。破产免税率与创业者数量呈 S 型关系,边际所得税率与创业者数量呈 U 型关系。库伦(Cullen)和高登(Gordon,2002)也研究了税收和创业之间的关系,研究认为,个人所得税税率高于公司所得税时,更多的人选择创业。布朗奇福勒尔(Blanchflower,2000)的研究也有同样的结论,作者研究了瑞典税收和创业者数量之间的关系,发现瑞典在1990～1991 年显著降低企业所得税率后,个人创业者的数量占总人口的比例大约翻了一番。

③提高公众的创业意识和创业技能

教育培训应当在造就创业精神方面充分发挥作用,通过教育和培训,可使人们树立正确的创业思想、走创业之路的职业意识,并提高它们的基本技能。创业伊始需要意志、创造力和毅力,而创业的不断持续发展和壮大过程则需要有更扎实的管理技能做保证,这也正是创业成功与否的关键所在。因此,欧盟提出对个人能力和技能的教育与培训要从早期抓起,大学阶段要注重个人管理能力的培养。此外,大学开设的创业教育和培训不应仅仅针对商业管理专业的学生,也应该向其他领域开放。事实上,欧盟大多数成员国现在都已不同程度地将创业教学纳入各自的教育系统。

欧盟鼓励大力发展创业孵化器,认为创业孵化器可向入孵创业者提供更加优质高效的服务和政策支持,从而使在孵企业获得更好的生存和发展机会。由于孵化器充当企业和政府之间的桥梁这一重要职能,且在政策信息引导方面有着得天独厚的优势,创业型孵化器市场近年来得到很快发展。目前,欧盟的创业企业孵化器已达 850 家之多。①

④为社会参与创业创造有利条件

鼓励欧洲全社会参与创业活动,重点是鼓励妇女和少数民族地区创业。根据全球创业观察监测,在欧洲,女创业者所占比例远远低于男创业家,在创业过程中所面临的实际困难也更多些。同时,她们也缺乏必要的创业信息和技能,这主要是由于择业局限、信息鸿沟、社会歧视、家庭和事业难以协调等诸多原因所致。为解决上述问题,欧盟建立了"女创业者网络",力推妇女创业

---

① OECD:Business in Incubation:International Case Studies,2007.

活动的开展。

⑤资金保证

资金是中小型创业企业发展不可或缺的重要保证。根据欧盟统计,欧盟大约2%的小企业曾遇到长期借贷问题,主要原因是由于风险投资市场发展尚不完善。为规避风险借贷,银行发放贷款往往基于对企业的资信评估,从而使得许多中小型创业企业陷入资金短缺的窘境。为此,欧盟强调要进一步发展和完善欧洲风险投资市场,各成员国政府应制定支持中小型创业企业发展的一系列计划,以鼓励私人对中小企业的投资。欧盟还为此设立了"创业型企业发展基金",要求各成员国在此基金计划框架下,给创业企业以风险资金优待。

(3)欧盟典型国家创业政策

目前,创业政策最为完善的欧洲国家是英国和芬兰。

①英国支持创业的相关政策

现代技术型企业是英国的"重要资源",促进创办新兴企业是英国政府的"核心业务",因而英国贸工部提出了促进创办新兴企业的"综合战略"。英国提出新创企业的综合战略涵盖了从培育创业文化到发展创业家,从简化创业程序到改进现存中小企业的绩效与生产力等各方面的创业政策。在增加新企业的数量或提高企业创建率方面,这些目标都清晰可见。

这个战略强调了政府的作用:一是营造有利于创业的环境,二是采取目的性很强的干预措施。在营造有利的环境方面,政府积极创造健全稳定的宏观经济环境,尽量减少中小企业的管理负担,创建鼓励创业、尊重企业、机会均等的文化。在采取有目的的干预方面,政府针对市场失效提供必需的服务,使纳税人负担最小化;方便企业融资;鼓励企业重视外部提出的建议;政府政策透明化,以确保所有企业都清楚政府对它们的要求。自20世纪80年代以来,英国贸工部相继出台了一系列便利创业企业融资、技术成果转化以及技术创新的政策,收到良好效果。

a. 创业资本供给政策

英国政府在风险资本市场体系的发育和运行中发挥的主要作用包括:构建公平、有序的市场环境;通过法律规范风险资本市场运作;通过制定相应的计划和政策来鼓励处于创业期的高新企业发展,从而增加对风险资本的需求等。英国支持中小企业创业的风险基金很多,如英格兰地区风险资本基金(English Regional Capital Funds),该基金是贸工部向具有高增长潜力但缺乏资金的小企业提供不超过 50 万英镑风险资本融资的基金,它在英格兰地区有 9 个基金分会,遍及英格兰地区。此外,英国还有诸如"英国高科技基金"、"SBS 商业孵化基金"、"早期成长基金"和"凤凰基金"等各种类型的风险基金,支持中小企业创业。

b. 技术成果转移政策

英国还广泛建立大学科研机构与创业企业的联系渠道,通过这些渠道,使创业企业能够接近大学机构,接受专业训练和职业培训,并促进技术转移和科技人员的流动。英国于 2003 年开始实行一个被称为"知识转移伙伴"(Knowledge Transfer Partnership,KTP)的计划,它实际上是一项政府支持中小创业企业创新活动的基金。KTP 计划主要由贸工部资助,它通过促进知识转移、加快新的技术和管理方法的传播、鼓励培训和研发方面的投资,以及为特定行业的专业人才提供实用商业培训等方式,来实现产业界和学术研究部门之间的沟通,从而刺激商业创新活动,促进知识的转移。

②法国支持创业的相关政策

法国政府支持创业的政策集中在以下 5 个领域:支持创新企业的创建、鼓励技术转让、发展公共/私营研发合作、促进中小企业创新、设立公共科研机构企业孵化器。

法国创业政策的特点是强调创业政策的一致性。在法国创业政策的支持下法国创建了大批技术型企业,截至 2006 年年底,科研创建的企业数目是 20 世纪 90 年代末的 5 倍。

③芬兰创业政策体系

芬兰、荷兰等国家将创业政策放在优先发展的高度,主要采取创业政策,并以中小企业政策作为补充。芬兰贸易与产业部门(Ministry of Trade and Industries,2004)颁布了 5 个领域的创业政策:一是创业教育、培训和咨询。创业教育主要围绕如何实施创业活动展开,通过创业教育与培训来提高创业者的创业技能,为了吸引更多人把创业当成职业选择,咨询服务业主要针对那些需要帮助的创业者进行展开;二是创业初期、成长阶段和全球化过程,这一政策主要是通过金融支持、促进女性创业、融资等项目增加小型和中型企业数量以及提高他们的国际竞争力;三是税收政策;四是地区创业,是指由于各国地区自身条件因素的不同,需要根据该地区的条件做出判断,进行合理的资源分配;五是法律制度,通过建立完善的法律体系为创业活动创造条件。

2. 美国创业政策体系与发展新趋势

到目前为止,美国创建针对创业企业的专门政策工具都是蕴涵在中小企业政策、创新政策之中,要对其进行系统梳理,才能勾勒出美国围绕发展高新技术创业企业构建的公共政策支持网络。公共政策在美国大量高成长型创业中扮演着主要角色。美国支持创业的成功经验是其有完备的立法框架和政策实施体系,在创业成长全过程的各个阶段,采取灵活多样的创业政策和支持方式,促进创业型经济健康发展。

(1)创业企业技术支持的相关政策

美国在 20 世纪 80 年代就提出创业企业创新研究计划和新企业技术转移计划,也是因为"美国新技术商业化步伐缓慢,导致对美国国家竞争力的忧虑。由于工业界不能把国家研究能力转化为科技创业能力和产业竞争优势,致使产业竞争力提升受阻"。①

虽然长期以来支持创业的外部技术资源(包括大学的研究)在美国提升创业企业技术竞争力中起着关键性的作用,但目前的环境使得研发承担者、技术使用者、技术供应者以及跨行业、跨国界之间的相互反馈的特征日益明显,美国的科技政策也使私人和联邦政府之间的技术转化与合作更加容易。美国政府对于创业企业的技术支持方式,一是直接投资,二是税收减免,三是政府自身通过公共实验室从事研发活动,四是投资于大学的公共研究。前两种的直接目的是在于促进生产技术的扩散,而后两种的目的在于产生"知识溢出效应"。

(2)创造新兴金融市场资助成长中的企业

美国的政策制定者已经对证券法、银行业务法、破产法、所得税法和退休金法做了重要修改,并且为改善新兴企业发展的创业期、早期和风险资本阶段的资本使用,创建了新的融资项目,直接地资助创业企业的发展。此外,还制

---

① Cohen, W. : *Innovation and Technological Change: An International Comparison*, University of Michigan Press, 1998: pp. 183 - 203.

定了增强市场流动性的相关政策。

（3）提供 R&D 和知识产权保护

改变一个社会的知识结构是高成长型创业的一个重要机遇来源。美国的许多主导产业，包括生物科技、计算机软件和航空航天，直接来源于政府的 R&D 资金。大学和研究实验室也被许可（Bayh-Dole、Stevenson-Wydler 和全国竞争技术法案）商业性利用联邦基金开发技术，专利和版权法的多项修改对提高新兴企业的知识产权保护大有帮助。

（4）投资于技术型人才

作为冷战的产物，长期以来，联邦政策刺激了科学和工程专门技术的扩展。自由移民政策加速了这一过程，它允许大量拥有技术的移民进入甚至创立企业。此外，为增加技术人才，创造灵活劳动力市场的政策也为高成长型创业提供了便利。

（5）开拓新市场便利新兴公司的市场进入

20 世纪 80 年代，政府解除了对航空业、邮政业、运输业以及电信产业这些主导产业的干预控制，对高成长型创业产生了巨大影响。

3. 日本创业政策及其面临的主要问题

（1）日本创业政策的主要内容及特征

日本创业政策是中小企业政策的延伸，只不过在成熟而完善的创业政策体系中加入了一些"创业"元素。日本创业政策的主要内容包括：第一，政府出资创办专门为中小企业创业提供贷款业务的金融机构，如日本的国民生活金融公库、中小企业金融公库、商工组合中央金库和投资育成公司。第二，为企业创业提供管理、信息咨询服务支持，如日本政府全额出资成立的专门为创业企业服务的创业型大学，各地方政府部门设置的创业企业综合指导所、防止破产（即稳定经营）特别咨询室、创业企业情报信息中心，还有民间的中小企业创业咨询机构、工商会和中小企业协会等。第三，为新创企业技术开发、技术创新服务。通过技术扩散项目向中小企业提供技术支持。日本 1963 年通过的《创业企业现代化助成法》专门为中小企业的技术改造提供政策性融资。日本还有 185 所专门为地方中小创业企业提供中试的官办工业试验所。第四，市场进入。促进市场进入的措施一方面集中在国际市场上，为中小创业企业开拓市场提供援助；另一方面集中在公共采购上。第五，产业支持。在日本,20 世纪 80 年代出台了一连串的区域产业振兴政策,为达成其目的,于全国各地设置产业支持机构及科学园区(见表 7－4)。

表 7－4　日本创业政策的历史演进及变化

时间	时期	政策
1945～1954 年	复兴期	◆完善中小企业的基本工具(金融、组织化、诊断和指导) ◆设置中小企业厅(1948 年)
1955～1962 年	高度成长前期	消除双重结构(中小企业与大企业的差别) ◆中小企业政策的体系化(金融、组织化、诊断和指导) ◆对应承包转包之分工结构
1963～1972 年	高度成长后期	中小企业的近代化:中小企业基本法设立(1963 年) ◆纠正不利因素对政策的加强 ◆小规模企业对策 ◆自己资本充实政策(中小企业投资育成株式会社) ◆中小企业近代化促进法
1973～1984 年	稳定增长期	◆知识集约化 ◆充实软件方面的经营资源;中小企业大学、中小企业信息中心、中小企业地域信息中心
1985～1999 年	转换期(一期)	◆结构转换、产业集群政策 ◆对新创业、风险企业支援政策;中小企业创造活动促进法
2000 年至今	转换期(二期)	修改中小企业基本法;促进独立的中小企业以多种形式生气勃勃地成长和发展 ◆对经营创新、创业的支援 ◆加强经营基础 ◆完善安全网

(2)创业政策难以解决的问题

总的来讲,日本与其他发达国家相比,创业活跃度并不高,这源于日本本身的创业制度与市场环境,其一是人力资源的流动性,其二是资本的流动性。在美国,创业企业和风险资本是科学技术进入市场的关键因素。美国人力资源的高流动性(科学家和工程师每 4～5 年更换一次工作)以及风险资本市场的相对完善,促使科研人员纷纷自己创业。斯坦福大学工程专业的研究生最早有5%、现在有20%的人有创业想法。建立创业企业和大学衍生企业是美国大学技术转移最常见的途径,据统计,1980年至1996年间,大学技术许可帮助创建了1881家新公司,1996年,64%的大学专利许可进入了小公司。从这个意义上讲,美国大学的技术转移极大地促进了其高新技术产业的发展。而在日本,管理制度中终生雇佣制和年功序列制根深蒂固。日本科研人员倘若想自己创业,其在研究机构中的职位将难以保住;加之不容易得到风险资本的资助,研究人员创业的风险很大。日本的风险资本市场与美国相比不甚发达,绝大部分风险资本公司为大企业及大金融机构的附属机构,通常缺乏评估新技术和帮助创业企业实施管理的专业技能,倾向于投资已经接近生产和销售的企业而不是新创企业。这些是涉及更深层次的制度和文化环境的问题,很难通过创业政策加以解决。

4. 新兴经济体国家的创业政策概况

(1)澳大利亚创业政策体系及其分类

澳大利亚的创业政策是新兴经济体国家中最为完备的。在政府的大力推动下,经过多年努力,澳大利亚已经基本形成了支持科技创业企业发展的政策体系,其全程式的支持体系值得我们借鉴。

①创业企业金融服务政策体系

主要解决企业创业和成长过程中所遇到的筹资、融资问题。主要服务手段包括提供直接资助、信贷扶持和建立风险资本市场。澳大利亚创业企业信贷扶持也比较有特色,除了差别利率之外,银行也提供创业企业信贷的基本条件。另外,联邦政府也通过一系列计划和行动来培育风险投资市场。

②创业企业信息、咨询及培训政策体系

主要解决创业企业成长过程中与政府沟通、获取信息、咨询服务及商业技能培训等方面的问题,关注小企业的成长导向。主要采取的手段包括各级政府建立信息平台、资助政府机构和非营利性组织为小企业提供相应的服务。代表性的计划和行动有:企业进入点计划、信息入口网络、资助链接,主要为小企业提供咨询和技能培训服务。

③创业企业市场化推进政策体系

主要解决创业企业在市场竞争中的公平地位,保护创业企业在对外贸易中的权益和劳工关系等问题。另外,政府也通过推行出口商发展计划和出口市场拓展资助计划来激励创业企业发展海外市场业务。

④创业企业税收优惠政策

税制改革和税收优惠是澳大利亚政府支持创业企业发展的重要手段。主要内容包括:引入新的税收制度、废除那些复杂并且无效的税收条款、简化商业活动报告发表和消费税(GST)支付所需的条件、改进并简化边际福利税(Fringe Benefits Tax)和资本利得税的内容、显著地削弱所得税率、削弱公司税率从36%到30%、给予企业研发活动税收优惠等。

⑤创业企业科技创新政策支持体系

创业企业科技创新政策是嵌入澳大利亚的国家创新计划体系之中的。主要手段有扶持创新风险投资——创新投资基金(IIF)、促进科技创新成果商业化——商业准备计划(CRP)和构建创新合作网络——合作研究中心计划等。

(2)新加坡科技创业资助政策

如果说澳大利亚是具有比较完备创业政策支持体系的新兴经济体国家,那么新加坡则是创业政策最具特色的新兴经济体国家。新加坡在促进中小科技型创业企业发展的资金支持政策方面的一系列计划,各有侧重,相互补充,形成了鼓励创新型、科技型创业企业发展的政策体系。

为了推动在新加坡的跨国公司和本地企业实施产业升级、扶持具有更高附加值的制造业和国际服务业,适应现代经济全球化和知识化发展的要求,新加坡从20世纪90年代以来推出了一系列资助科技型创业企业发展的政策。只要判断企业符合下列标准:产品或服务具有创新性、产品或服务具有全球拓展的潜力,新加坡政府就可通过一系列资助政策,协助新加坡本土化企业向全球化发展。新加坡经济发展局(Singapore Economic Development Board,EDB)负责策划和推行的政策有:

①科技型企业家投资激励方案

为培育具有新理念,创新型高增长的起步企业,在规定的条件下,对投资于初创期投资者的投资损失,可以从应纳税所得额中扣除。

②科技企业家投资资金

新加坡经济发展局于2001年4月成立的全资公司,主要投资于创业投资基金,使之投资于高科技、高增长或处于发展期的行业,并激励国内外的创业投资家在新加坡开展更多的创业投资活动。

③起步企业发展计划

是一种股权投资,在规定条件下,对规定领域的起步企业从第三方投资者处每筹集 1 新元投资,将获得经济发展局 1:1 的投资。

④发展融资方案

为了支持处于早期、有潜力成长为具有全球竞争力的创业型企业,公司从第三方投资者处每获得 2 新元投资,经济发展局就为之匹配 1 新元,也是一种股权融资。

⑤本地企业提升方案

撮合跨国公司和本地企业合作,以提升本地企业的竞争力。

⑥助新企业跃升政策

是协助起步公司跃进的计划,通过鼓励起步公司与增长倍加组织(被称为 LEAP 伙伴)合作,扩充和发展高增长的业务。

在这些方案中,促进企业创新及发展的政策主要是"科技型创业家投资激励方案"和"21 世纪科技企业家培养计划";在融资方面,主要是起步企业发展计划和发展融资方案。新加坡政府重点扶持的是科技型、有增长潜力的创业企业。扶持的目标是推动创业期的科技型企业的技术创新并积极开拓市场。这些支持计划的特点是有较明显的政府主导色彩,政府主要扮演企业发展"服务者"和"催化剂"的角色,致力于建设优良的创业生态系统。

(二)典型国家创业政策发展的新趋向

典型国家在支持创业发展的政策方面近年来有许多新的动向。

1. 便利创业的知识商业化的政策

(1)美国

在《拜—杜法案》的激励下,20 世纪 80 年代美国许多大学纷纷建立技术许可办公室(Technology License Office,简称 TLO),TLO 负责评估、选择进而保护特定的发明,以确保产业界等投资者愿意支持大学发明的开发和市场化。之所以 TLO 模式在 20 世纪 80 年代迅速为大多数美国研究型大学所认可、接收成为技术转移的标准模式,1980 年颁布的《拜—杜法案》功不可没。该法案为大学将联邦政府支持的基础研究成果转化为商业产出,并从中最终受益提供了大量的机会。

（2）英国

创业企业挑战计划（Entrepreneurial Enterprise Challenge）的挑战基金（Challenge Fund）创建于 1998 年，拥有种子资本 5000 万英镑，其中 2000 万英镑来自政府，1800 万英镑来自卫康基金，200 万英镑来自 Gastsby 基金会。在研究成果转化为产品的过程中，最初阶段最为困难和关键。挑战基金建立的目的就是在这一关键时刻给创业企业提供支持，以帮助创业企业家成功实现科技成果的商业化和产业化。

（3）加拿大

加拿大联邦特别支持大学研究成果的商业化，进入创业领域。目前，加拿大政府主要通过拨款委员会知识产权管理计划（Intellectual Property Management Program）、自然科学与工程研究理事会的概念—创新计划（Idea to Innovation Program）等直接支持科研成果的商业化。国家研究理事会进一步加强其对区域创新和商业化工作的支持，尤其是支持向中小科技创业企业转移技术，并改善其商业化活动。

（4）瑞士

瑞士技术创新委员会于 2005 年 2 月启动的"知识及技术转让"计划（KTIWTT）的目的是，在加强大学向企业转让知识及技术的同时，激励企业将大学科研成果迅速转化为产品。"知识及技术转让中心"是进一步加强联邦大学、州立大学、应用科学大学、科技创业企业之间技术转让的跨行业的区域性机构。瑞士技术创新委员会根据与"知识及技术转让中心"签订的合同，对大学的知识及技术转让进行资助。"知识及技术转让中心"根据定性、定量指标，实行自行管理。迄今为止，瑞士已经建立了 5 个"知识及技术转让中心"，其中 4 个区域性转让中心分别负责苏黎世、巴塞尔、日内瓦、圣加仑及附近地区的技术转让；另外还建立了 1 个专业性转让中心，负责整个瑞士环保及能源领域的技术转让。瑞士政府在 2005～2007 年 3 年中为该计划提供了 1000 万瑞士法郎的资助。

2. 扶植新创企业发展的政府支持政策

（1）政府采购政策的支持

为减少高技术企业的市场风险，保护高技术企业创业的积极性，许多国家政府实施阶段性政府采购政策，促进早期的高技术领域创业企业对关键技术、共性技术以及一些战略性技术进行创新。

政府采购政策是从需求方面激励技术创新活动,具有明显的政府导向作用,对高技术领域的创业企业显得尤为重要。美国等国均建立了更为特殊的政府采购政策以鼓励、扶植和促进新创企业发展,提高其技术创新能力和整体竞争力。

在美国,许多还没有形成大规模市场的高技术新产品,由政府先购买。政府每年向企业采购范围广泛的新产品,采购重点随国家经济发展和战备需要而变化。随着新产品市场的扩大,政府就减少和停止采购,让市场机制取代政策支持。除了在国内采取政府采购外,美国还努力扩大各国政府对美国科技产品的采购,美国政府在对外贸易谈判中极力消除各国政府对美产品采购的歧视,为美国商品开路。美国曾同日本签订政府采购合同,要求日本采购美国的超级电脑、新电脑、数字电脑、电信设备及医药设备等。此外还通过多边协定、关贸协定等,推行全球采购,消除歧视,为美国科技产品开路。美国还建立了政府与私人资本的联合采购合作制度,政府采购法规定,对有发展前景的科技型创业企业建立特别基金,每个合格创业型企业可获得高达 85 万美元的政府采购合同。

英国规定从 2004 年至 2005 年度开始实施一项新政策:政府研发经费总量 2.5% 的科研活动要从新兴企业"采购"。

韩国法律规定,对科技型创业企业的技术开发产品,政府要大力支持相关机构优先采购。通过综合评估认定,每年确定鼓励采购的高新技术产品的品种目录。公共机构要参考本部门预算和年度工作计划,制定采购科技型创业企业产品计划,报国会审议后予以公布。

(2)降低创业成本方面的政策

包括降低初始成本和规制成本:一是降低设立成本。德国新企业的设立成本高。政府对有关部门在办理小企业注册登记时的收费项目进行清理,除国家和市政府规定的收费外,属政府行政服务内容的,免收费用;属服务性收费项目,减半收取费用等。二是降低新企业进入市场门槛。对于致力于创新的中小企业创建初期市场打不开的情况,政府提供政府投资项目支持。三是对大部分战略产业放开市场准入限制。20 世纪 70 年代美国政府在航空航天、卫星通信、微电子等产业,大力资助高技术创业公司开发信息技术,将航空和军事领域的

R&D 资金用于创业,并且保护新兴市场,引发了声势浩大的创业浪潮。

(3)政府服务管理

政府除运用宏观财政政策、产业政策、金融政策、政府采购政策等干预政策刺激创业外,还通过目标管理、绩效管理、政府工作流程的再造等内部管理措施的实施,提高政府参与创业服务的效率。

3. 促进创业网络以及创业聚集的政策

政府在促进创业网络进化方面的政策设计重点:

(1)政府引导创业网络中的技术联盟,如欧洲的框架计划、OECD 的创业企业与网络计划、英国的 LINK 计划、日本促进中小企业合作的创新产业集群与知识集群计划(ICP);鼓励产学研合作,实现技术商业化,如英国的知识转移伙伴(KTP)计划、美国中小企业加护转移(STTR)计划、加拿大联邦技术转移伙伴(FPTT)计划。

(2)政府专项支持技术服务业企业为创业提供专门服务,如美国小企业投资公司(SBIC)计划。

(3)政府推动国际技术转移与合作,促进企业在全球价值链中的跃升,如欧盟的创新驿站(IRC)计划。

(4)科技型创业企业衍生和集聚能力高低直接决定着高新技术产业集群的竞争能力,所以各国政府在促进高新技术产业集群发展方面都是不遗余力的。政府促进创新集群跳跃升级,如通过引进、消化、再创新,实现集群中的链条升级。

同时,那种建立在共同基础科学之上的不同产业在同一地点的集聚所形成的交叉性产业集群是地方可持续发展和形成更强竞争优势的根本所在。所以,政府可以采取有效措施,引导和推动那些受益于互补资源的产业和创业企业在地理上集中布局,从而获取更高的创新生产率。而且,要加快创新型科技企业的孵化,提高其成活率。

4. 国外专门针对高成长型"瞪羚企业"的创业支持政策

(1)将"瞪羚企业"群体作为区域产业发展的重点支持对象。"瞪羚企业"从创业型小企业成长为快速扩张的企业以后,对外部环境也产生了新需求。另外,由于"瞪羚企业"的发展壮大会极大地刺激产业和区域经济的发展,因而发达国家政府充分重视"瞪羚企业",将"瞪羚企业"群体作为区域产业发展的重点支持对象。

（2）为"瞪羚企业"提供良好的政策环境。"瞪羚企业"具有一定的研发水平和技术实力，美国、芬兰等国建了一套完善的法律制度来保障知识产权，树立标准战略，确保实现科技转化为生产力。

（3）为"瞪羚企业"提供金融创新工具以及专门的投融资服务。"瞪羚企业"在融资服务需求方面具有自身的特性，通常以股权融资为主，其长期债务比例和现金红利支付率都非常低。企业不仅仅要考虑低成本的问题，而且要考虑如何与企业的经营现金流入风险匹配、保持财务灵活性和良好的资信等级，这就需要更大规模的融资，需要和社会资源结合的更多机会。美国等国家均建立了基于创业企业生命周期的创业融资体系，特别是为"瞪羚企业"提供了包括早期阶段和后续阶段大量的金融支持，例如，美国的 SBIC 计划、德国的 BJTU 计划都是专门针对高成长企业的。

（4）为"瞪羚企业"提供专业化研发服务。"瞪羚企业"对研发的要求也有其自身的特点，研发成果产业化速度快，研发工艺复制迅速，工艺管理又具有很强的灵活性。处在快速成长阶段的同一产业类型的企业，其研发具有相似性，研发投入对企业的发展至关重要，但是研发经费对"瞪羚企业"来说又是一笔不小的开支，因而，"瞪羚企业"对专业化的研发服务平台建设的需求是迫切的。

（5）为"瞪羚企业"提供市场网络服务。"瞪羚企业"对产品的市场信息把握不足将会对企业产生致命性的打击。处于扩张期的高速成长企业在人才、资金、研发等方面都具有其相应的特点，这类企业不可能有足够的时间和精力研究庞杂的市场信息以指导企业的发展方向，从而对企业的产品生命周期、市场份额、地区市场状况等方面做出准确的判断和把握。英国于 2003 年开始实行的"知识转移伙伴"（Knowledge Transfer Partnership，KTP）计划，它实际上是一项政府支持高成长型创业企业成果商业化活动的基金。

（三）国际代表性创业资助计划的主要特征与效果分析

在各种有关政策手段的应用中，研究和实践中一般提到较多的是政府发起的各类创业项目规划。创业项目规划是能直接体现政府意图的综合性手段，其作用在于：引导创业活动的领域和发展方向；提供创业激励和资助；有助于（通过项目及资助方式来）推动形成大规模创业活动。各类创业计划大多以项目形式出现，目的明确，易于操作和管理，并且能根据实施情况而及时调

整,具有较大的灵活性,因此受到了很多国家和地区的重视。目前各国政府对创业企业发展的支持政策或计划,可分为三种类型:

1. 政府专项创新行动计划直接支持创业企业

(1)欧盟创新行动计划

基于创业对欧盟经济发展的重要地位和战略意义,欧盟在企业发展的制度安排和相关资金投入方面对创业企业的创新活动给予很大的关注。

差不多从 20 世纪 90 年代开始,欧盟陆续出台了一系列包含指向创业企业的创新政策及措施,从而进一步推进了高新技术型创业企业的发展。

①创新绿皮书

欧盟 1995 年推出的《创新绿皮书》重点讨论了欧洲在新技术商业化方面相对落后的状况。它的目标重点是形成一系列以扩散为导向的政策,强调人力资源开发、劳动力流动、企业的管制环境以及金融等方面的问题。

《创新绿皮书》的 13 项行动路线中专门针对创业企业创新提出了一项行动计划。该计划从地区和国家层面以及共同体层面提出了鼓励企业特别是创业企业创新的目标。

②几个创新行动计划

欧盟 1996 年推出的"第一个创新行动计划"强调了形成创新文化以及有利于创新和更好地联结研究和创新的框架的重要性。行动计划号召为高新技术型创业企业通过欧洲投资银行、欧洲投资基金、各种风险基金等进行融资,从资金上帮助这些企业发展。

③研究与技术开发框架计划

这些政策中特别突出的当属第四个研究与技术开发框架计划及其后续的框架计划,这一系列计划中针对创业企业的部分算得上最接近专门的高新技术型创业企业政策。这些计划中专门制定了服务于创业企业的内容,通过这一网络性的支持体系,加上推进与创业企业有关的融资手段的简化,欧盟大大提高了分配给创业企业的资金预算。

(2)美国一系列创新支持计划

美国有关创业企业技术创新的具体行动计划是政府政策目标和政策手段(支持方式)的有机结合,因此也是落实创业企业技术创新政策的主要载体。这些计划通常都由某一法律确定一个制度框架,以决定不同的政策目标,如促进创业企业自身的技术创新、促进先进技术向创业企业转移、促进技术推广、促进技术贸易等;同时,这些计划也决定具体的支持方式,如由联邦哪个部门负责、哪些部门及公立机构参与,财政如何资助等。我们可以看到,联邦各部门在这些计划中发挥着重要的作用,是计划的最直接支持者。

①小企业创新研究(SBIR)计划

美国政府的这项计划旨在支持中小创业企业自身的技术创新。小企业创新研究计划共有 11 个政府部门参与,各部门确定自己的研究开发领域,如国防部负责军工领域的技术开发,能源部负责能源领域的技术开发,其他如卫生、教育、农业、商业、环保、运输、航空航天、国家科学基金等部门也都有自己的小企业创新研究计划,并分别接受企业的项目申请。小企业创新研究计划以国防部为主,其资助金额约占整个项目每年可动用资金 12 亿美元中的 50%。

②小企业技术转移研究(STTR)计划

国防技术一直是现代技术的制高点,冷战期间及冷战后形成的一大批国防技术"军转民"后,都能够带来极为丰厚的利润,并成为哺育下一代新技术的资金来源。因此,向创业企业转移军用技术就成为许多工业化国家支持中小创业企业技术创新的另一个重点。该计划鼓励中小创业企业与联邦实验室、大学之间的合作,以促进先进技术更好地向中小创业企业转移。此外还有一些其他的技术转移计划,如以国防部为主成立的联邦实验室技术转移联合体(FLC)计划;由国防部所属的先进研究项目局牵头,能源、航空航天、国家科学基金等 6 个部门组织实施的技术再投资计划(TRP);由商务部属下的国家标准与技术研究院负责管理和运作的先进技术计划(ATP);国家关键技术计划等。这些计划都积极鼓励和支持中小企业参与,促进军转民技术、促进开发军民两用技术,以加速向创业企业转移高新技术。

③小企业发展中心(SBDCS)计划

这是一个隶属于美国小企业管理局、由联邦—州共同实施的为中小创业企业提供各种支持和服务的计划。国会立法授权各州成立小企业发展中心,共建有 57 个州中心、900 多个分中心和地区办公室。联邦政府及州政府的拨款只到州中心,由州中心再下拨到分中心和地区办公室。大多数中心和办公室设在大学,主要依托商学院。小企业发展中心的任务是向中小创业企业提供各种咨询、培训和技术援助等全方位的服务,内容十分广泛。

(3)日本国家产业技术综合研究所——创新启动中心(AIST-INCS)计划

AIST-INCS 计划受到日本文部省的为促进科学和技术开发的特别协调基金的资助和科学技术省的相关资助,目标是在日本建立一种体系,通过这一体系加速高科技初创期公司的产生。AIST-INCS 如今正致力于确立一种制度体系,这一体系能够促使风险型公司的快速成长。这些新兴的风险型公司被期望去开拓新兴市场和新兴产业,开拓基础是大学和公共研究机构开发的科技种子。通过这一系统,研究者将被鼓励发挥其研究成果的实际应用效用并将成果在社会中商业化。这也将促使 AIST 成为日本缔造高科技初创期公司的主要平台。

2. 政府行为的创业投资计划

(1)政府资助计划

政府支持创业投资机构的发展,创业投资机构再向科技型创业企业投资或融资,帮助科技型创业企业发展。政府通过支持创业投资机构来间接支持科技型创业企业发展的有:美国的小企业投资公司(SBIC)计划、美国新市场创业投资(NMVC)计划、以色列 YOZMA 计划、澳大利亚创新投资基金(IIF)、新西兰创业投资基金(VIF)、欧洲投资基金(EIF)、新加坡科技企业家投资基金(TIF)、新加坡起步企业发展计划等等(见表 7-5)。其中历史最早、持续时间最长、影响最大的是美国的 SBIC 计划。

表 7-5　政府行为的风险投资支持计划

资助计划	组织实施资金来源	预期目标 支持对象	资金管理 使用方式
新加坡技术开发基金	技术开发基金管理公司管理,该公司为新加坡国家科技署设立的一个风险投资管理公司	为处于萌芽期和种子期的技术型中小企业提供风险资本;面向私人企业者和具有可观发展前景的技术型企业	由技术开发基金管理公司进行投资
德国联合投资计划(BJTU)	由政府银行下属技术投资公司(TBG)具体运作	直接作为风险投资进入创业企业,以吸引其他投资;面向创业企业	随着风险投资家进行匹配投资,最高为 100 万德国马克

资助计划	组织实施资金来源	预期目标 支持对象	资金管理 使用方式
法国种子基金	研技部投入 20% 基金资本,国内银行投入 25%,1/3 以上必须是私人资本	为创业企业提供启动资金;面向国家科技成果推广署认定的新兴企业	以招标方式资助在全国建立种子基金;投入的种子资金最长 12 年要退出,退出方式有卖给其他基金、上市、大集团收购等
新西兰风险投资基金计划	资金通过一系列独立投资基金进行投资;基金由政府的投资和私营部门的风险资本构成,并由私营部门的基金管理人管理	鼓励更多企业走上全球化发展道路,培养风险创业人才,促进创新成果的商业化;面向技术创业企业,种子期和初创期投资	三年中将 1 亿新西兰元通过投资基金投资于新西兰创业型企业
芬兰 SITRA 基金	根据议会法案,由中央政府安排预算设立;一般周期为 10 ~ 20 年	促进技术投资,增加就业机会;面向企业和风险投资基金,介于早期科研投入与后期商业投资之间	无偿资助、贷款和种子前期、种子期的风险投资

在学习了美国政府支持创业投资的做法后,其他国家也制定出各具特色的创业投资发展计划,这些计划分为两类:

一是出资成立政府独资的创业投资机构,将资金直接投资于创业企业,政府资金通过政府独资的创业投资公司直接投资于种子期到早期的科技型创业公司。这种支持方式的可控性好,可以很好地实现政府政策的支持意图。但也存在着与政府直接资助同样的弊病,而且政府直接进行的创业投资活动偏离了市场行为,还可能出现政府资本挤出私人资本的现象。二是政府资本与私人资本合作成立创业投资基金,由私营部门管理。在与私人资本合作的过程中,政府资本只收回本金和利息以及少许利润,创业投资活动收益大部分归私人部门所有,以此提高私人资本的收益率。

确定那种风险投资计划最适合的最主要决定因素是私营部门风险投资的规模和状况。政府所做的计划就是为了弥补私营部门的缺陷。因此,政府的风险投资计划将随风险投资资本供给情况的不同而不同,从美国发育良好的风险投资市场到欧洲和日本略欠成熟的市场再到中东欧国家的新兴市场,国家在填补市场空白时所扮演的角色受更大范围内的经济、社会和财政因素的制约。大多数创业投资发展计划的长远目标是要创造一个活跃的私营部门风险投资体系,从而减少对政府计划的需求。

（2）股权担保与税收激励计划

世界各国还利用股权担保和税收激励的方式对创业企业实施间接资助计划。如荷兰运行时间最长的股权担保计划是荷兰政府设立的私人投资担保计划（PPM）。该计划是针对向初创期企业投资的私人投资基金而设计的。到1994年年底,通过该计划的担保共有9.01亿荷兰盾的资金投入到990家企业中。奥地利也启动了一项技术股权担保计划（FGG）。主要是为技术型初创期企业提供融资担保。风险分担担保为基金提供5年售出期权,即可以其50%的折价卖给FGG。融资担保在范围上与风险分担担保相同,只是投资期为12年。

税收激励是市场成熟国家的惯用做法,不但方式灵活,而且激励效果明显（见表7-6）。世界主要发达国家的税收激励计划呈现出以下主要特点:第一,在税收激励环节上,国际上用于支持创业企业发展的税收优惠主要体现在企业创建以及研究开发环节的优惠;第二,在税收激励对象上,主要是对具体研究项目的优惠,而不是泛泛地对整个企业优惠;第三,在优惠方式上,采取了以投资抵免、纳税扣除、加速折旧等间接优惠为主,税收减免等直接优惠为辅的综合优惠方式,并且针对不同的政策目标实行不同的优惠方式,而且根据同一政策目标的不同阶段实施各异的优惠方式,以确保税收优惠政策的针对性和效果;第四,很多国家并不是无限制地使用税收优惠,而是注意构建科学、高效的税收激励运行机制,重视税收优惠的政策效应。

表7-6　世界各国典型创业税收激励计划比较

资助计划	预期目标	支持对象	税收激励措施
英国的 VCT 风险投资信托、EIS、CVS 计划	以税收为杠杆引导鼓励投资者向创业企业投资	私人投资者;EIS 鼓励个人投资活动,CVS 鼓励大企业投资于未上市创业企业	VCT 计划:投资当年减征相当于其投资额 20% 的所得税;免征 VCT 原始股红利所得税;EIS 计划:减征投资者当年投资额 20% 的所得税

资助计划	预期目标	支持对象	税收激励措施
澳大利亚研发投入税收鼓励	鼓励创业企业研发投入	中小型创业企业	除现有 R&D 投入可享受 125% 的税收减免外,对新增加的 R&D 投入部分将给予 157% 的奖励税收减免;还特别给予 37.5% 的 R&D 投入的税收回扣
法国技术创业投资激励计划	支持创业和技术型企业的建立	投资于技术型初创期企业的投资者	对投资于技术型初创期企业的投资者实行税收方面的优惠,投资损失可从应纳税所得额中扣除

3. 创业网络相关的支持计划

比较典型的有日本促进新兴企业合作创新的产业集群与知识集群计划(ICP)。该计划的措施主要有:

(1)在广泛的区域形成的资源网络

推进当地公司、大学和公共研究机构拥有的技术和其他有用信息的交换,主要手段通过使用数据库和共享的网站;在当地的工地、大学、公共研究机构、贸易公司以及其他支持性组织之间建立交换和合作关系。

(2)支持当地企业与大学之间、企业与企业之间在研发、新产品开发、市场研究等方面的合作

利用当地的资源推进区域研发的主动性;通过形成当地公司、大学和公共机构的联盟来支持应用技术的开发;支持区域内的公司的创新产品研发。

(3)企业孵化器的准备

提供企业孵化器设施以及支持区域集群中的创业企业;培育和派遣孵化器经理以为创业提供知识。

(4)其他的支持性措施

将贸易公司引入到当地的创业企业中来进行销售和营销合作;将管理专家分派到当地的创业企业中;引入金融机构为当地的创业企业提供投资、贷款服务。

总结各国创业资助计划的主要特征可以给我们一些有益的经验启示:

首先,强调支持方式与国家制度背景和需求目标有机结合;其次,强调根据政策目标功能的不同而采取不同的支持方式;再次,强调政府资金的杠杆作用,引导社会资源支持创新发展;最后,强调资金支持方式与行政引导和服务

的结合。

(四)国际创业政策的启示与借鉴

由于国情、文化和社会状况不同,各国支持创业政策的历史沿革、创业政策浮现的时间也不尽相同。目前,各国实施的创业政策在内容上还存在很大差异,但是发达国家和新兴经济体国家根据本国自身发展阶段和制度环境采取了颇具特色的政策,取得了明显的激励效果,大大促进了创业型经济的发展,为中国制定创业政策的体系框架提供了启发性的思路。

1. 以挖掘创业内生动力为导向的创业政策

创业政策包含两层含义:一是激励更多的人创建企业,提高初创企业的存活率;二是营造更好的创业环境,为新企业创造更好的成长机会等。创业政策能否成功,主要取决于其目标和手段能否成为真正挖掘创业企业内在动力的机制。

传统创业政策理论认为,创业企业尤其是高科技创业企业发展最需要的是资金、技术人员和知识(信息)。换言之,对高新技术创业企业发展限制最大的是资金、技术人员和知识。因此创业政策应侧重于投入端的政策,由此带来创业政策体系中创业机制的缺失,造成激励效果不佳。

就传统创业政策的作用而言,单纯靠构筑经济环境的方式和扩大供给、刺激需求的方式难以完全达到对创业企业的支持目的。事实证明绝大多数创业并不是"外部的需求"拉动,而是一种"内生的行为",因此传统的创业政策在支持的目标效果上就存在局限。现在很多国家都将支持的重点放在创业型经济内生经济增长的动力机制上面,国际上的功能性政策安排逐渐增多。比如发达国家出现了大量的促进知识研发、技术转移、产学研合作以及中介网络方面的政策。

2. 目标明确、突出重点的"利基"创业政策

所谓"利基"政策就是聚焦于某一领域或群体的政策。不同的国家宏观经济背景不同,其促进创业型经济增长的目标也不同。

例如,面对就业和增长的两大挑战,欧盟就以"里斯本战略"为指引,精心构建了相应的创业政策体系,以求在 10 年内成为世界上最富竞争力和活力的知识经济体。欧盟创业政策体系围绕企业高成长和创新两个主题,形成了完善的政策支持网络。而新加坡政府重点扶持的是初创期、科技型、有增长潜力

的创业企业,扶持的目标是推动初创期创业企业的技术创新并积极开拓国际市场,因此其促进计划主要是围绕科技企业家投资激励计划和21世纪科技企业家(T21)计划、起步企业发展计划等进行的。

3. 加强政府干预色彩是世界各国创业政策的新动向

许多创业政策有较明显的政府主导特色。政府主要扮演着企业发展"服务者"和"催化剂"的角色,致力于建设良好的企业生态环境,弥补市场失灵。

政府干预市场并不意味着破坏市场机制。高新技术创业活动存在着高风险,而收益与风险的对称是市场经济的基本原则。政府各项资助计划无非是让初创期带有一定程度公益性的高技术企业能增加一些收益,弥补外部效应带来的损失,并使之与风险相对称,从而恢复市场的正常调节功能。例如国际典型的创业资助计划已经明显带有政府计划的烙印。激励科技企业家投资政策,对符合条件的企业直接给予税收优惠;专利权申请基金优惠方案,对有关专利权申请费用直接给予补偿。以上两个计划在实施中不遵循商业原则,直接给予税收和专利权申请费的优惠。而科技企业家投资基金、起步企业发展计划和发展融资计划则强调商业化运作的原则,政府的股权投资要获取回报,和私人部门的投资是同股同权的。这给我们的启示是:对于创业型经济尚处于发展初期的国家,政府在引导创业型经济发展过程中的作用更大。

4. 宏观政策需要更加具体的政策工具加以配套

世界各国在推动创业方面的成功经验是:不仅有一个宏大的政策体系框架,还在调研的基础上,建立和及时更新关于创业企业的数据库,以备制定一系列政策实施的计划,并对宏观政策法规给予细化落实。例如,欧盟除了创业支持战略,还建立面向创业企业和技术创新的大规模框架计划,从财政、税收和金融各个方面加大对创业企业的支持,以形成推动创业企业发展的合力。再如,许多国家的中央政府都积极采取各种措施为创业企业提供创业融资和贷款便利。包括创立小企业银行,实施小企业贷款政府担保计划,设立小型贷款基金、风险资本基金和成长贷款基金,实施研发种子资本计划,建立天使投资网络,实施创业税收优惠计划等。

5. 构建完备的创业政策制定和实施组织管理体系

许多国家均有专门的组织机构来制定和实施创业政策。政府设立了专门负责创业或小企业的部门和事务性办公室。这些专门负责创业政策制定和实施的政府部门和机构尽管在名称、规模、所在地、权限、责任和影响方面不尽相同,但是多数国家的创业政策负责部门都能得到小企业主管部门的支持,并且通过中小企业咨询机构向负责解决中小企业问题的部门提出相关意见。支持创业的相关政策涵盖了技术创新、知识产权、税收、金融、服务等各个领域的政策,专门的管理机构有利于集中资源,对创业进行全程管理,大大提高了创业政策制定和实施的效果。这对中国在宏观层次上协调政策、基金、人才、技术、信息等资源,营造有利于创业企业发展的环境有重要的借鉴意义。

四、中国创业政策实践:评价与反思

(一)中国创业政策发展总体评价

中国政府自 20 世纪 80 年代中期以来出台的一系列鼓励创业(中小企业和高科技创业)政策,极大地促进了创业型经济的发展。90 年代后,创业型经济政策的重点也从以优惠政策为主,转向制度建设和优惠政策相结合,制度建设的步伐明显加快。总的来看,随着《中华人民共和国中小企业促进法》颁布后,政府对创业的积极引导,创业型经济的基本政策环境有了较大改善。例如,1999 年国家建立了"科技型中小企业创新基金",每年 10 亿元的财政拨款成为种子期中小企业科技创新的重要资金来源;90 年代以来诞生的一批风险投资公司,为早期成长阶段的高技术企业提供了重要的推动力,2003 年风险投资公司已达 300 多家,资金总量 500 多亿元;2009 年 3 月中国正式推出创业板 IPO。回顾创业板的十年发展历程,监管层的构想从开设高新技术板到第二交易系统、二板市场,再到创业板,可谓征途漫漫。相信,随着创业板的推出,通过其投融资功能、资本定价功能和创业企业资源的培育机制,定会产生出品牌效应、财富效应、公司治理效应以及创新激励效应等一系列乘数效应。

此外,自 20 世纪 80 年代中期以来,中国政府相继出台了一些与创业发展相关的政策,如科技投入政策、支持创新的金融政策以及新近的政府采购政策等,可以说对促进创业型经济的发展起到了积极作用。中国现有高技术产业政策基本分为三类:第一类属体制和机制创新性的政策,如产权制度改革、风险投资体系建设等。这类政策大多数仅进行了原则性规定。第二类是给予高技术产业或企业以优先权的原则性条款,如"优先支持"、"优先办理"等。第三类是一些辅助支持政策,包括:一是促进起步阶段小企业存活和成长的政策,如科技型中小企业技术创新基金;二是产业导向型政策,鼓励创业资源向高技术产业领域集中的特定政策。可以说这些创业政策对促进创业型经济的发展起到了重要作用。

(二)对中国创业政策实践过程中不足的认识

然而比起发达国家和成熟市场经济国家,中国在支持创业型经济发展的实践过程中,政策框架和工具选择上均存在很大不足,因此现阶段中国的一般中小企业政策还不能很好地满足创业企业的特点和发展需求。

1. 缺乏政策制定的系统性

发达国家大多建立了完善的创业政策体系。以美国、日本为例,创业政策体系形成了创业金融支持、管理资讯服务、创新技术开发以及市场开拓、政府采购等一站式政策支撑体系,而中国缺乏对支持创业企业发展的政策研究和系统的政策措施,政府对创业企业的宏观管理还不能适应经济发展的要求。

政府一贯大力扶持成熟大中型企业,形成了比较完善和系统的政策和措施,而对新企业重视不够。近些年来,有关创业企业的政策有所调整,政府也出台了一些促进创业企业发展的政策,但变动不大。新出台的一些促进创业企业发展的政策和措施还比较零散、不配套,缺乏与宏观经济政策、科技政策、创新政策、产业政策以及中小企业政策等的系统考量。

2. 创业政策缺乏协调性

在创业型经济发展的政策环境方面,中国与发达国家的主要差距并不在于优惠政策少和力度小,而在于鼓励政策缺乏系统性和协调性。创业型经济发展涉及产权、技术、税收、金融、市场、人才等方方面面,每个环节都需要有相应的政策扶持,只有政策相互配套才能实现政策目标。

一是法律法规与政策措施间的"纵向"配套不够。如《中华人民共和国中小企业促进法》出台后,并没有相应的政策措施要求相关的政府机构、金融机构、研究和教育组织以及社会团体等就落实《中华人民共和国中小企业促进法》提出责任义务,这与欧、美、日等发达市场经济国家和地区的法律、法规与配套政策跟进的推进模式大相径庭,并且在一定程度上也影响到中国立法的严肃性。

二是政府间"横向"衔接弱化。美国创业企业创新研究(SBIR)计划和小企业技术转移(STTR)计划等典型反映了科技政策与支持创业企业创新政策的衔接,但中国的科技政策很少关注这样的衔接。再如,美国、英国、澳大利亚等非常注重创新支持政策与政府采购以及税收等政府政策的衔接,我国在这方面也明显存在不足。

三是中国支持创业企业的功能衔接不够。中国往往采用通过单一政策实现对单一目标行为支持的政策方式,政策自身目标功能的协同性和互补性较弱,这与其他国家的政策设计也有差距。如英国有创业企业研究和技术转移奖励(SMART)计划,在企业成长到一定阶段后又有在新的阶段进行支持的SPUR、SPURplans 计划;加拿大产业研究支持计划(IRAP)支持的是研究阶段的创业项目,在该项目进入商业化阶段后可以与技术伙伴(TPC)计划衔接;美国小企业创新研究(SBIR)计划和小企业技术转移(STIR)计划也根据创新项目的进展,在不同的发展阶段给予不同政策支持,这种政策的协同和互补性作用,也有益于创新价值链的完整实现。

四是相关政策由于不协调,执行不利,缺乏落实。中国一些好的鼓励政策早就出台,但由于和其他政策不配套,或主管部门受掣肘难以落实。

3. 创业政策缺乏阶段细分与动态性考虑

中国支持创业企业的政策工具种类不多,并且创业政策自身目标功能的分类设计同样欠缺。就创业发展而言,其发展过程大致分为种子期、初创期、成长早期(或扩张早期)、成长期(扩张期)、发展期等不同阶段,每一阶段的发展目标所体现的需求各不相同,因此需要有不同着眼点和不同类型的政策设计。如种子期和初创期企业处在解决技术可行性的研发阶段,特别需要对开发的新项目的直接资金支持;成长早期的创业企业处在实现产业化或规模产业化的建设阶段,主要需要解决规模资本的投入问题。国外创业政策多表现为对上述不同阶段和不同需求行为制定有针对性的创业政策,但目前中国在类似政策设计方面往往缺乏对不同发展阶段政策需求的研究和区分,弱化了政策目标的动态性和政策实施效果。

4. 现有创业政策取向和关注点需要及时转变

中国创业政策缺乏对创业型经济增长机制的研究。创业型经济是靠知识、创新推动经济增长的。政策的核心是促进知识的产出和知识商业化,政策目标就是提供人力资本的技能水平,方便更多人员和知识的流动,并发挥能力去创新和创建新的企业。创业型经济中知识技术的生产、流动和资源配置的方式和内容，必然涉及相关的创业激励结构、制度安排及机制。

国际上创业水平较高的国家往往采取积极的干预和战略性引导措施支持创业发展。政府已不满足于一般性的环境改善，而是集中在促进知识产出和知识商业化、促进创业的报酬结构、打破市场进入的各种体制和机制壁垒、资本的可得性、创意的商业化、劳动力的可得性等方面。目前，中国在创业政策对创业型经济发展的激励作用以及创业政策之间的互动机制方面的研究还不够深入，导致创业政策的制定与实施缺乏可操作性的理论与实际依据，政策取向更多的是着眼于一般性的环境改善方面。

中国现有创业政策的特点是更多集中于普通创业，缺少对创业目标群体的细分，发展中国家或经济转型国家在鼓励创业型经济发展的过程中，存在许多特殊因素，特别是对于国家战略性发展的新兴产业，应将创业政策与国家宏观经济总体发展战略和产业政策结合起来，因此，当前如何激励和鼓励科技型、创新型、高成长型创业，应是关注重点，并扶之以特殊的政策安排。

5. 创业政策多采用传统政策工具，创业政策不灵活

现在支持创业的政策手段已日趋多样化。例如，美国政府对于创业企业的技术支持方式，一是直接投资，二是通过税收减免，三是政府自身通过公共实验室合作项目从事研发活动，四是运用投资资助计划鼓励大学公共研究成果商业化。前两种支持方式的直接目的在于生产技术，而后两种支持方式的目的在于产生"知识溢出效应"。中国支持创业企业的政策工具种类不多，往往集中于财政、税收、信贷支持等领域，还带有传统工业经济的烙印。需要政府以新的政策思维探索新的政策支持方式，如可探讨专项规划、政府项目合作、研发补贴等方式，这些政策措施往往以项目形式出现，目的明确，易于操作和管理，并且能根据实施情况及时调整，具有较大的灵活性。

五、中国创业政策的框架设计与政策工具选择

促进创业的政策是一个政策体系，需要从构建创业政策体系的角度来设计和实施创业政策，而不是单向推进。中国应借鉴发达国家经验，从完善市场制度和确立特殊制度与政策两方面入手，建立和完善适合中国创业型经济发

展的政策环境和支撑体系,要从中国经济转型时期的发展阶段和特点出发,重视创业政策制定的系统性,明确政策着力点和对象,把构筑灵活创业机制、促进宏观创业水平、推动经济增长作为创业政策的基本目标,进而运用多元化的政策工具,建立满足创业发展特殊需求的创业政策及其管理体系。本节将从政策目标、总体框架、工具选择等方面对发展创业型经济的政策体系进行初步探讨。

(一)主要政策目标

政策范围的拓宽和政策重心的转移反映了政策演变与社会经济、产业等热点问题变化的关联性。但是,一项政策不是孤立的,政策发展必须遵循由点到面、由专到宽、由单一到系统的过程。政策的关联性与渐进性要求政府在制定创业政策时注重政策的深化和实施,而不应追求政策的标新立异。

本研究认为中国的创业政策应该强调改变和消除影响创业增长的结构性障碍,总体目标是通过打造灵活的创业机制和良好的创业制度环境实现包括培育新兴创业企业、提升高技术产业竞争力、增强国家创新/创业能力,推动经济内生增长的多重目标,使创业政策成为宏观经济政策的重要组成部分。

(二)中国创业政策的设计原则与主要着眼点

创业政策通过综合运用多元化的政策工具旨在形成以产权为核心的激励制度;以市场竞争为主导的资源配置方式;以金融等杠杆为主要手段的宏观调控;以及以各类法律法规、专项计划为保障的秩序基础。

首先要从"微观"层面设计各种具体创业政策。虽然创业政策立足于宏观,但要从微观创业主体层面着眼,以更精致的制度设计、动态政策制定与评估方式,来促进关键目标群体(科技型、创新型和成长型创业企业)的发展。

其次要采"长期"导向的扶持与资助。技术创新和知识溢出政策,在目标上必须能达成知识的创造与扩散,在创业政策制定过程中采取"长期"导向的项目研发补助,确保创业机制的建立。

再次要积极构筑创业"网络"。创业企业技术创新需要知识的创造、流动与扩散;重视创业网络构建。

最后要以"整合"的观点运作创业发展体系。要重视创业支撑体系的整体绩效,政策要强调水平的衔接或相关配套设计;重视创业体系的发展;政策行动方案根植于对其本身创业发展体系特色、创业绩效表现与对优劣势的分析评估。

(三)中国创业政策框架及其支撑体系

结合对典型国家创业政策实践的分析比较,提出适合中国经济转型特征包括政府创业管理机构、国家创业监测体系、核心政策架构、专项发展计划的"燕形"框架。针对创业政策制定和实施的"燕形"框架体系,即一头一尾加两翼。一头指的是政府管理,一尾指的是创业型经济监测体系,这两部分是创业政策的支撑体系;两翼分别是核心政策架构和专项创业发展计划。"燕形"框架综合考虑到创业的政策源、政策作用主体、政策实施的协调机制,从中国创业型经济发展的实际需求出发,构筑了多层次多功能的创业政策及其支撑体系框架(见图7-2)。

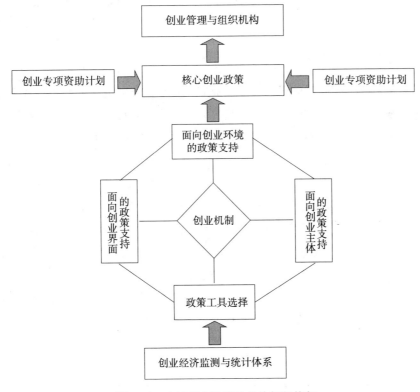

图7-2　中国创业政策的总体框架构想

1. 政府的创业政策管理机构

中国创业政策源比较分散,由此导致制定政策的机构比较分散,因此各部门在制定相应创业政策时尤其需要整合政府管理机构。支持创业的相关政策涵盖了技术创新、知识产权、税收、金融、服务等各个领域的政策,专门的管理机构有利于集中资源,对创业进行全程管理,大大提高了创业政策制定和实施的效果。这对中国在宏观层次上协调政策、基金、人才、技术、信息等资源,营造有利于创业企业发展的环境有重要意义。

虽然中国已经在商务部设立了中小企业司,但仍缺乏像美国小企业局那样的专业性中小企业中央行政主管部门,而专门负责创业政策的部门和机构无论在中央或地方都很少见。另外,创业政策零碎地存在于科技部、发改委、商务部等部委的政策措施之中,缺乏整体性。可以借鉴英美的伞形组织模式,这种创业政策组织结构设立了由主管部门领导、多部门合作的创业政策组织结构,同时制定并实施旨在建立创业促进机制和创业发展体系等的多方位政策措施。

2. 创业型经济发展监测与创业统计体系

为国与国之间的横向研究建立合适的、统计口径更统一的数据库是政府工作的努力方向(当前创业统计研究比较权威的机构是 World Bank、OECD、GEM、Eurobarometer、FORA 和 Kauffman foundation)。为了更好地理解创业,我们需要更多的有效措施,对创业活动进行科学的评估。现有统计体系和数据库对创业深度和广度的评估能力都是有限的。因此为更好地反映中国经济增长与创业的关系,必须结合中国现有统计基础,构建既全面、简明,又便于在不同时间及空间范围内相互比较,能充分反映创业活动信息与层次,既相互联系又具有相对独立性的创业监测体系。这样不仅可以相对准确地把握创业活动状况及其对社会、经济的作用和影响,通过监测变动情况及时发现问题,可为制定国家政策提供重要依据;同时,通过间接与他国创业型经济数据比较,也能够帮助我们更好地掌握中国创业型经济发展现状,从而准确制定创业发展战略。

3. 创业政策的核心框架(见表7-7)

就传统创业政策的作用而言,单纯靠构筑经济环境的方式和扩大供给刺激需求的方式难以完全达到对创业企业的支持目的。事实证明,绝大多数创业并不是因为"外部的需求"拉动,而是一种"内生的行为"。因此传统的创业政策在支持的目标效果上就存在局限。本书从创业型经济生成的外部环境和创业型经济主体本身需求出发,遵循创业型经济增长的内生机制,构筑了涵盖面向创业主体、面向创业界面、面向创业环境三个维度的创业政策框架。

表 7 - 7　中国创业政策框架的核心政策与内容要点

核心政策		内容要点
面向创业环境（国家创业发展体系）的政策支持	增进国家创业管理、政策制定和战略的协调	·发展具有挑战性和潜在性的中长期创业发展战略（产业、区域、国家层面）; ·创业的产业政策（高新技术产业、知识密集型服务业的相关引导）; ·创业的区域发展政策（落后地区、发达地区的区域协调与布局）; ·将创业政策与创新政策、产业政策、科技政策以及中小企业政策融合起来综合考虑; ·在发展创业型经济过程中,政府自身的变革是首要任务,政府应该加快转变职能,建设服务型政府,增强公共政策透明度,鼓励创业企业形成核心竞争力
	创造良好的创业环境	·金融支持、知识产权保护、研究开发转移、政府项目、科技园区、立法/法规的建设与改革、税收激励、市场开放度等都是营造良好创业环境的有力工具; ·体制性基础设施建设、商业基础设施的效能制度架构、知识技术基础等因素紧密相关; ·完善各类要素市场建设,大力发展创业孵化体系,并将其作为产业来发展; ·完善创业活动的立法,改善现有法律中不利于创业的条款,平衡风险和收益; ·政府产业发展规划项目、国家重点建设项目对有潜力的创业企业开放
		·降低创业企业在履行法律、财政、管理方面的行政、交易和管制成本; ·使创业企业负担得起市场进入成本,减少不公平的市场壁垒和行业壁垒; ·发展创业教育体系、营造创业文化、倡导创业精神,包括深度意义上的全民创业教育和创业文化构建等长远政策措施

核心政策		内容要点
面向创业界面的政策支持	鼓励技术和知识溢出到创业企业,发展创业集群	·重点支持国家高新区、孵化器、高新技术产业基地、大学科技园、生产力促进中心、技术转移机构、国际合作服务机构及海外科技园服务机构等的孵化能力建设; ·便利创业企业知识和技术的获取,使新知识和技术成果迅速从高校、研究机构向创业企业转移; ·增加促进创业企业知识交流以及产品/服务开发的商业基础设施的建设; ·促进形成知识中心及加强科技创业与产业发展互动; ·联合创业企业之间的技术创新活动与知识交流,协助创业企业和伙伴之间的发展,提高创业企业的研发转移效率; ·为了更好地推进产学研合作,成立专门部门或协调委员会进行管理和协调,提高产学研合作的效率; ·降低私人知识开发成本,提供知识开发及生产的风险补贴,产权保护及反垄断政策,直接向知识商业化领域进行投资,提高知识成果的利用率和生产率,推动创业型经济增长
面向创业主体的政策支持	促进培养创业企业的成长	·为了诱导创业企业投资高新技术的商品化,可以对投资税加以减免,对新创办的企业可以免100%的资本税; ·在知识研发阶段,加大政府对创业企业科研的资助,激励高技术创业技术人员; ·在技术成果的商品转化阶段,引导风险资本进入创业企业,并完善融资和退出机制; ·在创业企业规模化生产阶段,充分利用企业外部资源,进行社会化合作,建立动态联盟,通过市场化整合并购的运作,推动高技术产业成为国民经济的主导产业
	加强对创业企业的创新发展的支持	·科技企业前期的资金要求金额逐渐加大,单纯依靠国家投入不再现实,要鼓励商业资本积极参与创业企业的科研开发; ·扶持有利于各类新创企业的创新风险投资与创新投资基金; ·促进作为创新驱动力量的知识产权的商业化; ·构建创新合作网络,提高创新成果的利用效率

核心政策		内容要点
	重点关注"利基"创业群体创业,提升国家竞争力	·在全国范围内筛选优秀的科技型创业企业、创新型创业企业、高成长型创业企业,直接作为重点追踪和扶植的对象; ·以重点项目为引导,针对"利基"类创业企业发展不同阶段的特点,细化支持其发展的手段,共同推出包括合作、资助、投资、担保等多方位、分阶段实施战略; ·初创期的科技型小企业,尤其是科技企业孵化器内企业的创新项目; ·科技成果转化项目,引进吸收再创新的项目,利用高新技术改造传统产业的项目,在国际市场上有较强竞争力的项目; ·国家将重点领域的关键技术和共性技术的科研成果向"利基"类创业企业转移; ·需要针对特定的技术风险、资金风险、市场风险、开发风险和运营风险等提供风险担保; ·为高科技创业提供全面风险保障服务; ·以国际化视野促进中国本土创业型经济发展,支持"走出去"发展战略
政策工具	多元化、创新型创业政策工具的选择	·政府提供创业项目规划、政府项目合作、产权信用担保、创新基金、研发补贴以及中介支持服务的多元化、创新型政策工具对技术成果转化、知识产权保护以及创新激励方面提供时效性强的政策支撑

一是面向创业主体(包括供给类政策和需求类政策),重在激发创业主体的活动、提高创业能力的政策;二是面向创业界面(机制类政策),重在加强主体互动、促进知识溢出与技术成果扩散的政策;三是面向创业环境(环境类政策),重在为创业活动提供宏观环境和制度支撑的政策。这三类政策的设计是将微观与宏观、"总量"支持与"边际"支持结合起来,更加考虑政策实效性和具体性的框架。

(1)面向创业主体的政策支持——主体培育

目前,创业政策从宏观层面特别是政府角度着眼得比较多,从创业企业的视角考虑得比较少。因此相对来讲缺乏对创业主体的关注。

①工具选择

在针对某一政策对象如何有效地确定政策组合时,应考虑各种政策自身的特点,在政策组合中平衡提高需求方面的政策和改变供给方面的政策。这样的政策组合作用于政策对象时则比较容易达到政策目标的要求。

需求类的政策主要通过发展科技水平、促进经济发展,改善产业结构、市场需求结构以及政府采购创新产品、工艺和服务或签订购买合同等来影响创业活动,使其更有利于创业的发展。

供给类政策主要通过提供创业需要的各类资源要素,如知识、资本、技术、人力资源、商业基础设施以及增加资源和知识的可用性来促进创业。但从市场经济的角度分析,会发现"需求拉动"式的创业政策比较容易成功,即市场的作用是首要的,政策优惠式的"供给推动"作用是次要的。

②关注重点

由于创业企业类型多样化,统一的创业政策很难满足不同类型创业企业的发展需求。因此,很有必要针对不同类型创业企业制定和实施不同的创业政策。建议国家要把孵化、扶持有发展前途的科技型、创新型和高成长型创业企业作为国家创业政策支持的重点,特别是重视扶持处于生命周期早期阶段的这几类企业,努力挖掘它们的内生发展潜力,促进产业快速成长。

创业政策瞄准那些具有创建高成长型企业潜力的群体,主要旨在促进具有高科技性、高成长潜力的企业的创建和成长,并以此促进国家经济的增长。激励政策主要涉及:为使更多的创业企业朝向创新、研发等知识含量较高的地方延伸,主导规划创建区域研发园区,以期通过研发园区的建立,为科技型、创新型创业企业提供创新研发平台,并形成创新研发的集聚效应。风险管理和保险政策:由于科技型、创新型、高成长型创业企业比起一般创业企业有更大的技术风险、市场风险、开发风险和运营风险,需要针对特定的风险提供风险担保。

(2)面向创业界面的政策支持——机制建立

面向创业界面的政策支持主要是构筑灵活的创业机制,重点包括促进知识溢出(研发转移政策和技术成果商业化政策)、政府鼓励企业创新合作、人力资源流动、促进地区内资源和信息集聚和鼓励中介行业发展等方面的创业政策(见图7-3)。例如中关村就是培育创业界面的典型例证。

中关村的代表产业是软件业、信息服务以及信息制造业,并以电子信息产业为核心、光机电一体化产业、生命工程学及新医药产业、新材料产业、环境保护产业等五大领域为重点培养目标,积极培育支持高技术创业企业的发展,同

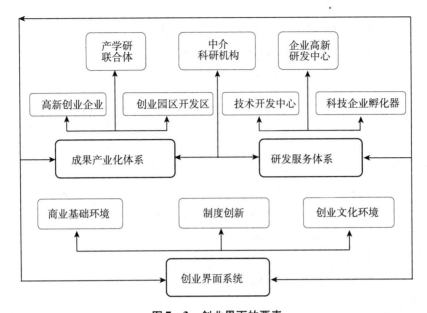

图7-3 创业界面的要素

时给予为高新创业企业服务的投资、运营、税务、会计等业务的知识密集型产业以各类税制上和政策上的扶持。

（3）面向创业环境的政策支持——体系构筑

面向创业环境的政策支持应该在系统评估中国总体创业环境基础上做出科学决策。首先,要有一个系统推进的总体布局:制定中长期创业发展战略(产业、区域、国家层面);创业的产业政策(高新技术产业、知识密集型服务业的相关引导);创业的区域发展政策(落后地区、发达地区的区域协调与布局);将创业政策与创新政策、产业政策、科技政策以及中小企业政策融合起来综合考虑。

此外,还要有针对环境中的"短板"有的放矢地制定一些应对策略。本书在第五章中的研究表明,中国创业环境的总体评价结果是创业环境中的优势较少,只有在有形基础设施和进入壁垒上比 GEM 的平均水平高,而在金融支持、研究开发转移(知识产权保护)、政府项目、创业教育体系与社会创业文化以及制度框架等方面均处于劣势。因此要在对中国创业环境进行 SWOT 分析基础上,制定有针对性的激励政策。这里重点探讨中国创业环境劣势和创业政策薄弱环节方面的具体政策建议。

世界各国政府为创业型经济发展采取的一般性政策工具包括:①金融政策。政府通过建立和完善各类金融服务市场,采取投资担保等措施扩大风险投资规模,引导风险投资流向,消除高技术创业企业发展的资金"瓶颈"。可采用的金融政策如高新技术特别贷款、风险投资担保、高技术创业企业贷款担保、降低创业板市场的门槛等。②财税政策。政府通过财政资源的分配,加大科研投入,完善高技术公共设施以提高国家对高技术产业化的供给能力,提高科技创业资源的配置效率;通过对高技术产业实施税收优惠扶持,减少高技术创业企业经营成本,降低其风险。可采取的财政税收手段如贷款、拨款、补贴、各种税种减免、优惠税率等。③知识产权政策。政府通过知识产权制度及司法体系的建立,最大限度地保护知识资产的所有权、转让权和收益权,保护创业型经济的良性循环。

①发展创业型经济的金融支持政策

促进创业的金融支持政策仍然是创业政策的重点。发展面向创业企业的权益融资机构,发展面向创业企业的债务融资机构和工具,有效推进创业资本市场的发展。如创立小企业银行,实施小企业贷款政府担保计划,设立小型贷款基金、风险资本基金和成长贷款基金,实施研发种子资本计划,建立天使投资网络,实施创业税收优惠计划等。具体包括以下政策:

a. 发展创业企业担保基金,探索建立健全政府资本为引导,以专业担保机构为主体,以商业银行网络为基础进一步完善多层次的信用担保体系,建立和完善符合科技创业企业特点的知识产权、"智慧财产权"担保的融资业务,推出绿色担保贷款通道,促进创业企业快速发展。

b. 阶段参股:创立创业投资基金,为创业企业间接股权融资拓宽渠道,政府通过多种方式支持创业投资;跟进投资:吸引更多的社会资金进入创业投资领域;风险补助:支持创业投资机构投资于初创期科技型企业,分散投资风险;投资保障:鼓励创业投资机构更多地投资于初创期科技型企业,弥补创业投资损失;鼓励创业辅导+投资的模式,培养项目源。

c. 加快建立和完善创业投融资体系,金融机构改进信贷服务,增加信贷创新工具和品种,增加信贷支持。

——继续发展科技类专业性商业银行。近年来一些商业银行尤其是地方性的城市商业银行,或依托原有的科技支行或依托先进的风险管理方法,在商业银行服务高技术企业,包括比较成熟的大中型企业和亟待支持的新兴小企业方面进行了积极而有益的探索,初步摸索了适合中国转轨时期特点的科技信贷管理模式,需要进一步发扬光大。

——尝试高技术创业投资公司的债券融资。中国目前的创业投资机构采取的公司制组织形式,在实行实收资本制的情况下,对创业投资企业行之有效的资本承诺制难以实行。而募集一次资本重新进行一次工商注册的方法成本太高,创业投资机构发展中必然面临后续融资问题。为了支持创业投资机构,尤其是为政策性创业投资机构提供长期的资金来源,促使其改变投资方式、发挥更加积极的作用,可以借鉴美国"参与证券计划"的成功经验,以政府信用为基础,由财政性担保机构为从事股权投资的政策性创业投资公司发行债券提供担保并代付定息,支持其通过债券方式进行融资。

d. 将资本市场作为整合多元化资本,打通各类要素市场促进产业发展的平台。创投活动所带动的是一个比较集约的、低资源消耗、较高产值的创新型的产业活动,政府对创投活动的参与,应置于较高的战略层面来考虑。

②发展创业型经济的税收支持政策

税种的设计将直接影响创业型经济的发展。税收政策是一国宏观经济政策的重要体现,它是一国对经济结构和产业政策进行调整的重要杠杆。针对科技创业的税种设计将直接影响其发展。如美国资本收益税的高低直接影响着美国风险投资资本的数量,实践证明,正是美国的风险投资资本成为创业型经济发展的源泉。中国税收体制和政策没有考虑创业企业高投入、高风险、高收益的特点。事实上创业型企业在科技创新过程中面临着巨大的市场风险、开发风险和技术流失风险等,而当前中国的税收政策只是对企业技术开发的新产品所带来的利润予以一定的税收减免,对企业用于科研开发的投资以及开发过程中可能的失败,在税收上没有给予更多的考虑。这在很大程度上阻碍了企业的技术创新。

当前中国应考虑建立鼓励创新、支持高新技术产业化的税收优惠体系。具体可考虑以下措施:

a. 对科研成果拥有者转让科研成果给予所得税等的优惠。具体地说,一是对技术转让及与技术转让有关的技术咨询、技术服务、技术培训收入免征营业税和企业所得税,对个人转让技术取得的收入给予个人所得税优惠。

b. 对科研成果的购买者给予税收优惠。对购买科研成果的费用允许增值税抵扣,对应用购买的科研成果取得的收益给予所得税优惠。

c. 从直接生产环节优惠向研究开发环节优惠转移,从生产贸易企业优惠向创新和产业化支持体系优惠转移。为此,一方面,要进一步建立健全对产业基础和产业应用研究开发的税收优惠政策,将商业性研究开发税收优惠作为高新技术发展政策的一个重要环节;另一方面,要研究制定对创新孵育体系的税收优惠政策。

d. 根据研究开发活动各个阶段的特点,全面系统地设计促进研究开发的税收政策。具体包括专门针对研究与开发各个阶段和环节,即实验室阶段、中试阶段和产业化阶段的税收政策;鼓励技术引进和消化吸收的税收政策等等。从税收优惠的形式上,应扩大税基式优惠的范围和幅度,只要企业进行了研究开发活动,满足税基优惠的前提条件就可以享受相应的税收优惠待遇,而不再考虑其研究开发活动是否取得了收入和利润。

③发展创业型经济的政府项目支持政策

提供项目支持是政府政策的具体化,是中国政府支持创业和创业者的基本形式。这种项目支持可以分为两类:一是资金和政策项目,二是组织项目。中国的政府项目集中于前者,后者很弱,创业企业取得政府项目的难度较大。前者是指政府通过直接提供资金和给予优惠政策的方式鼓励创业。组织项目是指政府建立的为创业提供战略引导和支持的组织。

例如,美国的早期政府项目将航空和军事领域的 R&D 资金用于支持硅谷的初创企业,或帮助国内民用电子行业获得研究和开发优势。即使在今天,强烈的反托拉斯传统仍然直接左右着美国中小企业管理局的政策,以保证小企业能够得到美国政府的合同,从而促成了一种比较平衡的产业组织体系,使新创企业能够直接从市场获得相应的资源迅速壮大。

当前中国要从单纯提供资金支持向为创业者提供帮助、支持创业环境项目和研究创业政策转变。在建立组织类的政府项目上,我们可以根据创业企业的特点和需要,积极引导国家重要项目和战略项目与企业创业项目相结合,政府应该放宽政府项目的准入限制,为创业企业参与政府项目提供更多的支持。

目前主要应在以下的创业项目上给予支持：

a. 必须是以生产、销售、技术服务和营利为目的，产品或服务有明确的市场需求和较强的市场竞争力，可以产生较好的经济效益和社会效益，并有望形成新兴产业。

b. 相关高新技术领域中自主创新性强、技术含量高、市场前景好、能够在经济结构调整中发挥重要作用的项目，具有显著节能降耗效果的资源节约型、环境友好型项目。

c. 科研院所、行业研发机构、大学以及国际技术向科技型中小企业转移的技术转移项目。

d. 采用现代管理经营理念和商业模式，运用信息手段和高新技术，为生产和市场发展提供专业化服务的高技术服务业项目。

e. 初创期的科技型小企业，尤其是科技企业孵化器内企业的创新项目。

f. 科技成果转化项目；引进吸收再创新的项目；利用高新技术改造传统产业的项目；在国际市场上有较强竞争力、以出口为导向的项目；为创业企业提供公益性技术服务的机构的补贴资金项目。

g. 为吸引社会资金共同支持科技型创业企业技术创新的创业投资引导资金项目。

④发展创业型经济的产权政策

支持创业型经济发展的产权政策包括企业分配权、经营权以及知识产权等。

a. 建立与国际惯例接轨的、符合创业企业特点、以保护知识产权为核心的分配制度和经营制度。要鼓励科技人员依靠科技入股的形式参与企业生产经营活动，鼓励科技人员利用自己的科研成果创办高新技术企业，促进高新技术科技成果的产业化。为重点保护和落实科技人员的技术权益，可以实行技术入股、科技人员持股经营、技术开发奖励制度等，使技术和成果真正成为生产力要素，并在参与企业的经营和分配中获得其应有价值。为此，要尊重创业者之间的协议，放宽技术入股比例；制定法规，允许采用期股、期权等激励方式，从而在分配制度上保证知识产权拥有者、企业经营者和高层企管人员能够获得相应报酬或相应权益。

b. 建立完善的国家科技成果知识产权管理制度，促进知识产权的有序转移和进一步商业化。参考美国的《斯蒂文森—温德勒技术创新法案》和《拜—杜法案》的有关规定,进一步完善中国《关于国家科研计划项目研究成果知识产权管理的若干规定》、《关于加强国家科技计划知识产权管理工作的规定》,明确国家科技计划实施中的管理和承担单位对其研究成果享有知识产权,允许政府实验室和公立大学保留技术成果的知识产权,有权实施知识产权的商业化,并有义务按 R&D 投资比例建立相应的管理机构,从事知识产权管理和技术转移。促使创业企业、政府、大学、政府实验室在知识产权领域的合作关系日趋加强,有力地推动创业支撑体系的全面发展。

⑤发展创业型经济的规制政策

进入壁垒主要涉及国内市场开放程度,体现在创业企业在进入市场时是否存在行业准入壁垒,是否有一个公平竞争的环境,并且把市场的变化作为反映进入壁垒的一个重要方面。在市场变化大的创业环境中,行业的进入壁垒就难以维系。中国的市场正处于双高时期:一是市场的增长率高,每年的市场都在不断扩大;二是市场变化率高,产品更新速度快,产业成长快和衰退快。这实际上给创业提供了大量的机会,但是中国的市场进入门槛很高也是制约创业企业不敢涉足某些领域的主要原因。

要淡化新创企业的"政府规制门槛"对于转轨经济中创业活动的影响。首先,降低企业设立成本。要降低不同法律形式企业注册资本的限制。其次,降低新企业进入市场门槛。对于致力于创新的中小企业创建初期市场打不开的情况,政府可提供政府投资项目支持。再次,对大部分战略产业放开市场准入限制。就像 20 世纪 70 年代美国政府在航空航天、卫星通信、微电子等产业大力资助高技术创业公司开发信息技术,将航空和军事领域的 R&D 资金用于创业,并且保护新兴市场,中国也应考虑积极通过放开一些战略产业领域,积极培育具有竞争力的新兴民族企业。同时还可以通过核心的采购政策来解决创业企业的市场进入问题。

⑥发展创业型经济的法律支持政策

当前中国还需要进一步改善创业的法律环境。国外一般都有专门针对创业的法律,如日本的《日本小型企业投资法》、美国的《小企业投资法案》,而中国目前还没有。且中国现行的法律法规仍然存在许多与创业不相适应的地方,比如,设立创业投资机构程序繁琐、条件苛刻,民间资本难以进入;创业资本的来源和退出渠道存在不少法律障碍,保险基金不能用于创业投资;无形资产的出资不能超过公司注册资本的20%;等等。当前亟待加快《小企业投资法》的制定实施,改善现有法律如《公司法》、《证券法》和《合伙企业法》中不适应创业发展特点的条款。创业活动的成果应该得到保护,而且应该使得创业者流向创新活跃地地方,在这个意义上,创业政策应该通过相关法律体现对创业自由、财产和合约的保护,科学界定创业企业利润的分配与留成。国外许多高技术创业企业实行股权配予制度,中国也应在明确产权的基础上,使高技术创业企业的智力资本占总股本的比例达到35%～50%,形成创业的激励机制。

⑦发展创业型经济的文化激励政策

创业教育是培育创业人才,增强创业意愿、提高创业能力、促发创业活动的催化剂,也是构建国家创业发展体系的重要组成部分。事实上,美国、欧盟大多数国家现在都已不同程度地将创业教学纳入各自的国家教育系统。但是中国的创业教育才刚刚起步,创业教育不足也是中国创业环境中非常突出的薄弱环节。

当前中国应大力发展创业教育体系,营造创业文化、倡导创业精神包括深度意义上的全民创业教育和创业文化构建等长远政策措施,注重创业实践并有效地开发和利用全社会创业资源。包括高校创业中心、创业教育研究会等的建立,不仅在校园内营造浓厚的创业文化氛围,还通过创业中心与社会建立广泛的外部联系网络,包括各种孵化器和科技园、风险投资机构、创业培训机构、创业资质评定机构、小企业开发中心、创业者校友联合会、创业者协会等等,形成一个高校、社区、企业良性互动式发展的创业教育生态系统,有效地开发和整合了社会各类创业资源,使创业教育逐步形成一个完整的体系。

4. 各类创业专项计划的确定

创业专项计划是创业政策的配套措施,能起到立竿见影的功效,因此也要重视创业计划的实施与创业政策的协调。要把各项创业计划以及创业政策紧密结合起来,以保证创业计划和创业政策在国家、区域、企业等层面上的协调和实施。从具体创业过程和政策目标上看,具体计划主要有以下不同侧重的功能定位:

(1)促进新创建企业顺利跨越死亡谷和成长最艰难时期。扶持的目标是推动创业期的科技型企业的技术创新并积极开拓市场。在融资方面,主要是新创企业起步发展计划和发展融资计划。

(2)促进创业企业竞争能力和创新能力持续提高。该类计划旨在为科技创业企业提供一个科研创新平台,企业可以获得、利用该平台提供的高质量科研条件及各种技术支持,减少企业的研发成本,缩短企业开发新产品的周期,从而提升企业的科技创新能力和核心竞争力。如瑞典的能力中心计划、法国的竞争力热点计划。

(3)促进研究机构研发能力和研究成果向创业企业的转移。可考虑建立类似于如美国小企业技术转移(STTR)计划和加拿大联邦技术转移伙伴(FPTT)计划的促进中国创业的技术转移计划。

(4)促进科技创业和科技成果的快速商业化。通过建立新兴高科技创业公司来支持各类个人创业和企业技术创新项目,旨在推动科技人员和创业者的技术商业化和知识溢出,并为新兴高科技创业企业迅速走向市场提供支持和保障。

(5)促进高科技企业间的技术合作,特别是研发联盟和技术联盟的形成。该计划的目标是制定战略产业发展规划,建立或共享技术创新平台以及创新资源共享服务平台等。

(6)提升产业集群的整体创业、创新能力。如建立类似于日本着眼于促进创业企业的合作创新的知识集群计划(ICP),把培植区域创新/创业网络,提高区域内各种组织间的相互合作程度作为区域创新最为重要的因素。

(7)运用各类政府资助和优惠计划,通过政府资金、税收杠杆作用,引导社会资源支持创业企业发展。包括政府直接资助、支持创业投资的直接计划以及通过股权担保和税收激励的间接计划。新成立和高成长型的公司可以通过单一的代理机构获得广泛的政府项目支持。政府给予资金上的支持。例如,企业研究和技术奖励投入计划;政府通过股权激励或补贴,促进银行机构对处于种子期的创业型企业进行投入;政府通过专项补贴,促进银行机构对种子期创业企业的信贷;等等。

(8)建立高技术创业企业的产业投资伙伴计划。在某种意义上来说,提高技术和融资便利是创业企业发展中的准公共产品。为了帮助高技术创业企业解决发展中面临的技术和资金困难,可以借鉴加拿大的中小企业技术伙伴计划、企业资助计划和投资伙伴计划,建立国家和地方的高技术产业投资伙伴计划。中国可以借鉴加拿大的先进经验,发展国家和地方两级的高技术产业投资伙伴计划。为高技术产业尤其是处于创业阶段的技术性企业提供技术合作、融资和投资合作方面的支持。

5. 创业政策工具的选择

现在支持创业的政策手段已日趋多样化,大致可分成四种类型:信息支持、基础条件平台等技术手段;财政金融支持或资助、信贷支持、各类优惠激励措施等财政资源手段;集群、网络、人员流动、中介组织与支持服务等产业和社会的组织管理手段;多种形式和内容的科技及产业发展战略规划、科技创业项目推广计划等综合性、直接性支持手段。中国支持创业企业的政策工具种类不多,往往集中于财政、税收、信贷支持等领域,还带有传统工业经济的烙印。当前需要政府提供创业项目规划、政府项目合作、产权信用担保、创新基金、研发补贴以及中介支持服务(提供技术支持、市场开发等服务)等多元化、创新型政策工具对技术成果转化、知识产权保护以及创新激励方面提供时效性强的政策支撑。

续:后危机时代创业型经济
引领中国经济新一轮增长

《创业型经济论》初稿完成于 2008 年 2 月,当时美国次贷危机尚未恶化升级。然而令世人始料不及的是,2008 年全球经济跌宕起伏,金融危机导致实体经济全面恶化,世界经济增长由盛转衰,遭遇了经济全球化以来第一次真正意义上的全球性危机。

根据国际货币基金组织发布的《世界经济展望》的最新预测,2009 年全球经济增长率将降至 0.5%,比该组织 2008 年 11 月份的预测低 1.7 个百分点,为第二次世界大战以来的最低增速(见图续-1)。2009 年发达经济体的经济将出现第二次世界大战以来的首次全年负增长,降幅将达 2%。此外,今年新兴和发展中经济体的经济增速也将从 2008 年的 6.3% 猛降至 3.3%。危机使周期调整难度加大,衰退程度加深,萧条时间延长,危机已将世界经济拖入全面衰退的泥沼,人们似乎看不到未来的曙光。在全球经济的严冬中,中国能否成为全球经济的报春者? 能否成为抵御全球经济危机的"中流砥柱"? 此时此刻,全世界不约而同地把目光投向中国! 对于中国而言,所做的不仅仅是应对今天的危机,更重要的是,为中国的未来经济负责! 笔者坚信创业型经济的发展会让中国迈出关键一步,创业型经济这一新的经济模式将为破解危机难题,启动新一轮经济增长找到新的实践路径与答案。

(一)破解经济转型难题

眼下中国经济发展面临的最大问题,不是来自外部的冲击而是自身结构不合理的影响。转变经济增长方式和经济结构是中国的根本利益所在。事实上,多年来中国经济在高速发展的背后,为了追求经济增长指标,以资源的大量消耗和牺牲环境为代价,靠出口拉动与投资激励的外延式循环,早已出现了

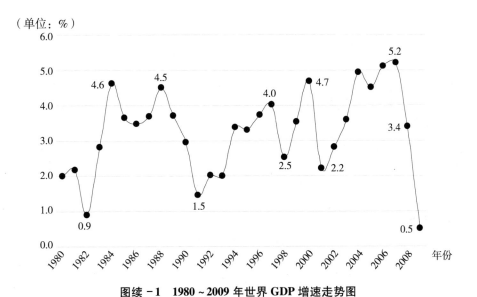

图续－1　1980～2009年世界GDP增速走势图

资料来源:国际货币基金组织(IMF)。

亚健康经济状态,陷入结构转型与发展之困。而今天的全球危机使这种循环被打破,"倒逼"机制让中国必须重新修正经济增长的引擎,推动战略发展路径的转换。

危机孕育机遇,而机遇恰恰来自于中国经济生态的重建之中。从经济周期的动力机制与发展规律看,真正决定经济周期的是新兴技术、产业结构、需求结构特征、投入要素结构特征等根本性因素。从中国经济发展的历史看,每一次危机都是中国加速改革、培育基础、酝酿动力、提升能力、养精蓄锐的蛰伏期。通过产业结构升级、加速人力资本形成、技术进步以及制度化改革对经济增长的溢出作用,由粗放型的斯密增长向熊彼特式的内涵增长转变。平衡实体经济与虚拟经济创造财富的结构,着力推进自主创新,切实形成以技术、知识驱动的经济发展方式。

(二)破解产业结构升级难题

每次危机都孕育着新的产业革命,经济危机也往往催生新的经济增长点。众所周知,至今我们已经历了四次大的科技革命,每一次都极大地推动了产业的发展,创造了经济的繁荣。熊彼特在对资本主义经济的周期与三次产业革命中的技术创新之间进行比较研究后,总结提出:创新/创业是决定资本主义经济实现繁荣、衰退、萧条和复苏周期过程的主要因素。例如第三次产业革命,就发生于20世纪70年代后的石油经济危机。为抵御经济危机,新科技革命正在酝酿新的重大突破,信息高科技技术作为一个关联度、感应度、催化度极强的产业,其快速崛起带动了相关产业的发展,也催生出一批新创企业和新兴产业(计算机、微电子、半导体、激光、通信等相关产业及其相关生产服务和知识服务业)。大多数西方国家自主创业率上升,许多行业的技术创新型创业企业走在了技术变革和市场创新的前列,从而促进了以美国为代表的新经济的发展。

用产业结构转型的角度衡量,创业型经济是新一轮经济增长的发动机,创业是企业价值创造和产业发展的起点,更是产业内生式增长的永恒动力。大力发展以科技型、知识型、服务创新型、创意型新兴创业企业为主导的创业型经济可以从源头上遏制对资本等的大量投入,必然推动生产率的大幅提高,实现经济的可持续发展,特别是重点服务于成长性创业企业、重点支持自主创新企业,包括"五新、三高企业"("五新"即"新经济"、"新技术"、"新材料"、"新能源"、"新服务";"三高"即"高技术"、"高成长"、"高增值"),必将为产业结构升级打开巨大空间。

(三)破解就业危机难题

时下,随着全球金融危机向实体经济蔓延,全球就业前景迅速恶化,失业潮、裁员潮一浪高过一浪。据相关统计,2008年全球失业总数剧增2000万人,全球失业总人口将从1.9亿增加到2.1亿,而根据国际劳工组织(ILO)最新数据,2009年年底,全世界可能会失去5100万个工作机会。全球失业率将升至6.1%。这表明全球就业危机正在来临。中国人保部的最新统计数据也表明,尽管2008年全年城镇新增就业为1113万人,全国城镇失业率为4.2%,但是由于中国失业统计制度的设计,大量的农民工未被纳入统计口径。2009年存在2500万农民工就业压力,以及2009年的610万大学毕业生面临择业,中国原本脆弱的就业平衡局面将被打破,面临30年来最严峻的局势。

毫无疑问,中国应该把解决就业问题当做一个长期性的战略问题来加以考虑,而不能仅仅当做经济发展的一个从属问题。中国以世界上9.6%的自然资源、9.4%的资本资源、1.85%的知识技术资源以及1.83%的国际资源等,要为占世界人口26%的劳动力提供就业机会,这本身就是一种巨大的挑战。

对于中国而言,所遭遇的是经济周期和结构转型的双重冲击。中国处在工业化深入发展过程中,大工业的就业能力也呈下降趋势,"高增长低就业"开始显现,经济增长对就业的拉动作用呈逐年下降趋势。近年来,由于经济结构和产业结构的升级、技术进步带来资本有机构成的提高,中国经济增长吸纳劳动力的作用有所减弱,再加上中国劳动力供给长期大于需求,经济增长对资本、技术的弹性更高,而对劳动力的弹性更小。以近几年为例,2003~2007年中国GDP年增长率均在10%左右,而就业人口年增长率均在0.8%左右,即GDP每增长一个百分点仅能带动80万个就业。中国经济高速增长并没有对就业产生多大拉动力,反而在一定程度上对就业增长产生了挤出作用,体现了经济增长与就业增长的非一致性。

当前的就业危机表明,中国与人力资源相关的一切领域,都会发生重大调整,特别是在劳动分工、就业结构、产业结构以及相关人力资源开发政策、教育培训政策、就业保障政策等方面都需要做出深刻变革。只靠输血的就业扶持政策难以缓解就业压力,依靠发展创业型经济,打造自主创业的造血机制才是反就业危机的根本所在。

全球经济正处于新一轮的调整和重新排序之中,中国应化"危"为"机",在结构性调整与周期性调整中寻求突破点,全方位思考经济发展模式变革的总架构,探索适合中国国情的创业型经济发展之路,后危机时代创业型经济必将引领中国经济新一轮的增长,成为下一轮全球经济中的"中流砥柱"。

参考文献

1. 王元、梁桂：《2006 中国创业投资发展报告》，北京经济管理出版社 2007 年版。

2. 巴罗主编：《现代经济周期理论》，商务印书馆 1997 年版。

3. 巴曙松：《中国高新技术产业发展中的金融支持》，《城市金融论坛》2007 年第 9 期。

4. 戴维·罗默：《高级宏观经济学》，商务印书馆 1999 年版。

5. 高铁梅：《计量经济分析方法与建模》，清华大学出版社 2006 年版。

6. 张晓强编：《中国高技术产业发展年鉴（2006）》，北京理工大学出版社 2007 年版。

7. 国家发展计划委员会高技术产业发展司 PPOP 项目课题组：《中国高技术产业发展政策研究》〔R〕（研究报告）2004 年第 12 期。

8. 赫尔曼·E. 达利：《稳态经济：治疗增长癖的后现代良方》，王成兵译，中央编译出版社 1998 年版。

9. 胡勇：《重塑银企格局——中小企业发展与金融深化》，中国水利水电出版社 2006 年版。

10. 贾康：《中国的科技投入及其管理模式》，《安徽科技》2006 年第 2 期。

11. 姜红志等：《创业与高新技术》，中国青年出版社 2004 年版。

12. 姜彦福等：《全球创业观察中国及全球报告（2005）》，清华出版社 2006 年版。

13. 科技发展战略小组：《2005 中国科技发展战略研究报告——中国制造与科技创新》，经济管理出版社 2006 年版。

14. 科斯等：《财产权利与制度变迁——产权学派与新制度学派译文集》，上海人民出版社 1994 年版。

15. 中小企业发展问题研究课题组:《2003 年中国非公经济成长型中小企业发展报告》,《中国经济时报》2006 第 24 期。

16. 李新春等:《高科技创业的地区差异》,《中国社会科学》2004 年第 3 期。

17. 理查德·R. 纳尔森著,汤光华等译:《经济增长的源泉》,中国经济出版社 1998 年版。

18. 刘志彪等:《经济结构优化论》,人民出版社 2003 年版。

19. 吕薇主编:《高新技术产业政策与实践》,中国发展出版社 2006 年版。

20. 马国庆:《高技术产业与企业发展规律及政策研究》,万国学术出版社、世界图书出版公司 2004 年版。

21. 莫燕,刘朝马:《科技投入的结构分析及比较研究》,《科学学与科学技术管理》2003 年第 4 期。

22. 沈佳斌:《现代经济增长理论与发展经济学》,中国财政经济出版社 2004 年版。

23. 时鹏程、许磊:《试论创业学研究的三个层次》,《外国经济与管理》2006 年第 28 期。

24. 汤敏等主编:《现代经济学前沿专题》,商务印书馆 1996 年版。

25. 吴敬琏:《中国增长模式抉择》,上海远东出版社 2005 年版。

26. 杨小凯、张永生:《新兴古典发展经济学导论》,《经济研究》2007 年第 3 期。

27. 约翰·N. 德勒巴克,约翰·V. C. 奈:《新制度经济学前沿》,经济科学出版社 2003 年版。

28. 张超:《提升产业国际竞争力的理论与对策探微》,《宏观经济研究》2002 年第 5 期。

29. 张东生、刘健钧:《创业投资基金运作机制的制度经济学分析》,《经济研究》2007 年第 4 期。

30. 张缨:《世界研发大国 R&D 投入主体不同比例关系的形成及借鉴》,《中国科技论坛》2004 年第 6 期。

31. 中国科技发展战略研究小组:《中国科技发展研究报告(2006 ~ 2007)》,知识产权出版社 2008 年版。

32. 中国企业联合会、中国企业家协会:《2006 中国企业发展报告》,企业管理出版社 2007 年版。

33. 国家统计局、国家发展和改革委员会、科技部编:《中国高技术产业统计年鉴》,中国统计出版社 2006 年版。

34. 张厚义等主编:《中国私营企业发展报告》,社会文献出版社 2005 年版。

35. 钟惠波等:《知识的经济学分析:一个文献综述——基于范式演进的视点》,清华大学经济研究中心,http://www. ncer. tsinghua. edu. cn。

36. 庄子银:《新增长理论的兴起与知识经济的出现》,《经济评论》1999 年第 6 期。

37. ABS: Business Entries and Exits, A Conceptual Framework, paper produced by the Australian Bureau of Statistics, October 2004.

38. Acs, Z. J. , Audrestch, D. B. , Braunerhjelm, P. and B. Carlsson: The Knowledge Filter and Entrepreneurship in Endogenous Growth. CEPR, London. 2005.

39. Aghion P, Howitt P. : "A Model of Growth Through Creative Destructive", *Econometrics*. 1992, 60(2): pp. 33 − 39.

40. Ahmad, Nadim: "A Proposed Framework For Business Demography Statistics". Internal Working Paper, Statistics Directorate, OECD, 2006.

41. Akira Takayama: *Mathematical Economics*, Cambridge University Press. 1996.

42. Arlington, VA: National Science Foundation, 2006

43. Audretsch, D. B. : Entrepreneurship: A Survey of the Literature Prepared for the European Commission, Enterprise Directorate, 2002.

44. Audretsch, D. B. and M. Keilbach: Entrepreneurship, Growth and restructuring, Discussion Papers on Entrepreneurship, Growth and Public Policy Jena: *Max Planck Institute for Research into Economic Systems*. 2006: pp. 1306 −1412.

45. Audretsch, D. B. , A. R. Thurik, I. Verheul and A. R. M. Wennekers (eds.): Entrepreneurship: Determinants and Policy in a European-US Comparison,

Boston/Dordrecht: Kluwer Academic Publishers, 2004: pp. 35-76.

46. Audretsch, David and Roy Thurik: "A Model of the Entrepreneurial Economy", *International Journal of Entrepreneurship Education*, 2004, 2 (2).

47. Audretsch, DB, Santarelli E and Vivarelli, M.: Start-Up Size And Industrial Dynamics: Some Evidence From Italian Manufacturing. *International Journal of Industrial Organization* 1999, 17 (7): pp. 965 – 983.

48. Audretsch, DB, Santarelli E and Vivarelli, M.: "Start-Up Size And Industrial Dynamics: Some Evidence From Italian Manufacturing", *International Journal of Industrial Organization*, 1999, pp. 965 – 983.

49. Autio E.: GEM 2005 Report on High-Expectation Entrepreneurship, *Global Entrepreneurship Monitor:* London, 2005.

50. Autio, E.: Report on High-Expectation Entrepreneurship. Global Entrepreneurship Monitor, Babson College, and London Business School 2005.

51. Bartelsman, E. J., S. Scarpetta and F. Schivardi: Comparative Analysis of Firm Demographics and Survival: Micro-Level Evidence For The OECD Countries, *OECD Economics Dept Working Paper*, 2002.

52. Baum, J., Locke, E. & Smith, K.: "A Multidimensional Model of Venture Growth", *Academy of Management Journal*, 2001, 44(2): pp. 292 – 303.

53. Birley, S.: "The Role of Networks in the Entrepreneurial Process", *Journal of Business Venturing*, 1985, 1(1): pp. 107 – 117.

54. Birley, S.: The Role of Networks in the Entrepreneurial Process. In: Storey, D. J., Editor. *Small Business Critical Perspectives on Business and Management*, London, 2000: pp. 1495 – 1508.

55. Boettke, P., and C. Coyne: Entrepreneurship and Institutions, The Entrepreneurial Process, Minniti. Praeger Press, Westport, CT. 2006.

56. Bosma, Niels, Stephen Hunt, Sander Wennekers and Jolanda Hessels: Early Stage Entrepreneurial Activity in the European Union: Some Issues and Challenges, 2005.

57. Brusco, S.: Small Firms and Industrial Districts: The Experience of Italy, In D. Keeble and E. Wever, New Firms And Regional Development In Europe,

London, Kroom Helm, 1986: pp. 184 – 202.

58. Busenitz, L. W. , C. Gómez, and J. W. Spencer: "Country Institutional Profiles: Unlocking Entrepreneurial Phenomena", *Academy of Management Journal*, 2004, 43(5): pp. 994 – 1003.

59. Bygrave, W. : "The Entrepreneurship Paradigm (II): Chaos and Catastrophes Among Quantum Jumps", *Entrepreneurship, Theory And Practice*, 2005, 14 (2): pp. 2 – 30.

60. Bygrave, W. : "The Entrepreneurship Paradigm: Chaos and Catastrophes Among Quantum Jumps", *Entrepreneurship, Theory And Practice* 2002, 14 (2): pp. 2 – 30.

61. Cass, D. : "Optimum Economic Growth in an Aggregative Model of Capital Accumulation", *Review of Economic Studies*, 2001: pp. 79 – 96.

62. Casson, M. : *The Entrepreneur-an Economic Theory*, Edward Elgar Press, 2003.

63. Casson, M. : Entrepreneurship, International Library of Critical Writings in Economics, 1990, (13).

64. Chen, Y. , Zhu, J. : "DEA Models for Identifying Critical Performance Measures", *Annals of Operations Research*, 2003, (124): pp. 225 – 244.

65. Cipolla, C. M. : *Before the Industrial Revolution: European Society and Economy*, Second edition, Cambridge, UK: Cambridge University Press, 2001.

66. Cohen, W. M. and Klepper, S. : *Innovation and Technological Change: An International Comparison*, Ann Arbor, University of Michigan Press, 1998: pp. 183 – 203

67. Cooper, W. W. , Li, S. , Seiford, L. M. , Tone, K. , Thrall, R. M. , Zhu, J. : "Sensitivity and Stability Analysis in DEA: Some Recent Developments", *Journal of Productivity Analysis*, 2001, (15): pp. 217 – 246.

68. EDB: EDB Annual Report, Singapore: Economic Development Board. 2001.

69. ERC: Report of the Entrepreneurship and Internationalization Subcommittee, Singapore: Economic Review Committee. 2002.

70. European Commission, Green Paper, Entrepreneurship in Europe. Brussels. 2003.

71. European Commission, Action Plan: The European Agenda for Entrepreneurship. Brussels. 2004.

72. European Commission: "The Public Debate Following the Green Paper on Entrepreneurship in Europe", *The Summary Report, Brussels*. 2003.

73. Eurostat. Business Demography In Europe- Results For 10 Member States And Norway, European Commission, Luxembourg. 2004.

74. Floyd, S.: "Knowledge Creation and Entrepreneurship: The Renewal of Organizational Capability", *Entrepreneurship Theory and Practice*, 1999, 23(3): pp. 123 - 143.

75. Foss, N. & Mahnke, V.: *Competence, Governance, and Entrepreneurship*, Oxford University Press, 2000.

76. Foster, Richard N.: Innovation: The Attacker's Advantage, New York: Summit books, 2000.

77. Freeman, C. and C. Perez: *Structural Crises of Adjustment: Business Cycles and Investment Behavior*, Technical Change and Economic Theory, London: Pinter Publishers, 2003.

78. GEM (2004) Global Entrepreneurship Monitor 2003 Executive Report Babson College, London Business School, Ewing Marion Kauffman Foundation Grossman, J. H., Morgan, 2004.

79. GEM. Global Entrepreneurship Monitor 2003 Executive Report Babson College, London Business School, Ewing Marion Kauffman Foundation Grossman, J. H., Morgan, 2003.

80. Griliches, Z.: R&D and Productivity. University of Chicago Press, Chicago and London, 1998.

81. Griliches, Z.: *R&D, Patents, and Productivity*, University of Chicago Press, Chicago and London, 1984.

82. Guan, J., Liu, S.: "Comparing Regional Innovative Capacities of PR China-based on Data Analysis of the National Patents", *International Journal of*

Technology Management, 2005, (32): pp. 225 – 245.

83. Guan, J. C., Wang, J. X. : Evaluation and Interpretation of Knowledge Production Efficiency, Scientometrics, 2004, (59): pp. 131 – 155.

84. Harrison, A. : "The Role of Multinationals in Economics Development: The Benefit of FDI", *Columbia Journal of World Business,* 1994, 29 (4): pp. 6 – 11.

85. Jones, C. : "Time Series Test of Endogenous Growth Models", *Quarterly Journal of Economics,* 2000(11): pp. 495 – 525.

86. Karlsson, C., Friis, C., Paulsson, T. : Relating Entrepreneurship To Economic Growth, CESIS/JIBS, . 2004.

87. Klomp L, Thurik. : *Entrepreneurship, Small and Medium-sized Enterprises and the Macro-economy*, Cambridge University Press, 1998.

88. Lucas, R. E. : "On the Mechanics of Economic Development", *Journal of Monetary Economics,* 1998.

89. Lucas. R, E. : "On the Mechanism of Development Planning", *Journal of Monetary Economics.* 1988, 22(1): pp. 3 – 22.

90. Mata: "Firm Growth During Infancy", *Small Business Economics,* 2005, 6 (1): pp. 27 – 40.

91. Michelsen, V. N. & Hoffman, A. : A General Policy Framework for Entrepreneurship, Ministry of Economic and Business Affairs-Division for Research and Analysis (FORA). 2005.

92. Moyes, A. & Westhead, P. : "Environments for New Firm Formation in Great Britain", *Regional Studies,* 2004, 24(1): pp. 34 – 56.

93. N. N. Langowitz: 2004 GEM Special Report on Entrepreneurship, 2005.

94. OECD: Business in Incubation: International Case Studies, OECD, Paris, 2002.

95. OECD: Drivers of Growth. 2004.

96. OECD: Globalization and SMEs. , Paris. 1997.

97. OECD: International Trade Statistics and Science Technology & Industry Scoreboard. http://sourceoecd. org. 2005.

98. OECD: Main Science and Technology Indicators. 2005.

http://sourceoecd.org

99. Oviatt, B. M. and P. P McDougall: "Toward a Theory of International New Ventures", *Journal of International Business Studies.* 1994, (25): pp. 45 – 64.

100. Peterson, R.: "Understanding and Encouraging Entrepreneurship Internationally", *Journal of Small Business Management,* 1998, 26(2): pp. 1 – 7.

101. Peterson, R: "Understanding and Encouraging Entrepreneurship Internationally", *Journal of Small Business Management.* 2005, 26(2): pp. 1 – 7.

102. Pilat, D.: Factors of Success and Entrepreneurship-Strategies for Statistical Development, Paper for SWIC, OECD, Paris, 2002.

103. Pilat, D.: Factors of Success and Entrepreneurship-Strategies for Statistical Development, Paper for SWIC, OECD, Paris. 2001.

104. R. Barro & Xavier Sala-I-Martin: *Economic Growth,* McGraw-Hill Inc. 1995.

105. Recommendations on Government in Business, Singapore: Entrepreneurship &Internationalization Subcommittee Economic Review Committee, 2005.

106. Reiss, P. J. and Weinert, L.: "Entrepreneurs, Moral Hazard and Endogenous Growth", *Journal of Macroeconomics,* 2002: pp. 27 – 39.

107. Reynolds, P., N. Bosma: "Global Entrepreneurship Monitor: Data Collection Design and Implementation", *Small Business Economics.* 2005, 24(3): pp. 205 – 231.

108. Romer P M.: "Increasing Return and Long Run Growth", *Journal of Political Economy,* 1986, 94(5): pp. 1002 – 10371.

109. Romer, M.: "Endogenous Technological Change", *Journal of Political Economy,* 1990, 98(5): pp. 71 – 102.

110. Romer, P. M.: "Increasing Returns and Long-Run Growth", *Journal of Political Economy,* 1998.

111. Romer, P. M.: "Endogenous Technical Change", *Journal of Political Economy,* 1990.

112. Shane, S., & Venkataraman, S.: "The Promise of Entrepreneurship as

a Field of Eesearch", *Academy of Management Review*, 2000, 25 (1), pp. 217 -226.

113. Simon C Parker: he Economics of Entrepreneurship: What We Know and What We Don't, Foundation and Trends TM in Technology, *Information and Operations Management.* 2007, 1 (1): pp. 1 - 54.

114. SPRING: Singapore Annual Report Singapore: SPRING Singapore. 2003.

115. Sternberg and Wennekers: Determinants And Effects Of New Business Creation Using Global Entrepreneurship Monitor Data in Small Business Economics, 2005, 24 (3): pp. 193 - 203.

116. Stevenson, L.: Innovation and Entrepreneurship: Dutch Policy in an International Context in Entrepreneurship, New Policy Challenges EIM Business and Policy Research and Ministry of Economic Affairs, 2002.

117. Storey, D. J.: Entrepreneurship, Small and Medium Sized Enterprises and Public Policies, *Handbook of Entrepreneurship Research.* London: Kluwer Academic Publishers, 2003: 473 - 511.

118. Suzuki K, Kim S H, Ba Z T. : "Entrepreneurship in Japan and Silicon valley: A Comparative Study", *Technovation*, 2002, 22 (10): pp. 595 - 606.

119. The House Democrats. H. R. : The 21st Century Competitiveness Act of http://www. govtrack. us/congress/bill. xpd? bill = h110 - 2272. 2007.

120. Timmons, J. A.: *New Venture Creation-Entrepreneurship for the 21th Century*, 5*th edition, Irwin Mcgram-Hill*, 2001.

121. Uzawa, H. . : "Optimum Technical Change in an Aggregative Model of Economic Growth", *International Economic Review*, 1965, (6).

122. Vale, Stephen: International Comparison of Start-up Rates, Internal Working Paper, Statistics Directorate, OECD, January 2006.

123. Van Stel, A. and Stunnenberg, V.: Linking Business Ownership And Perceived Administrative Complexity—An Empirical Analysis Of 18 OECD Countries. 2003.

124. Venkataraman. S.: The Distinctive Domain of Entrepreneurship Research, In J. A. Katz(Ed.), *Advances in Entrepreneurship, Firm Emergence and*

Growth, Greenwich, *CT: JAI Press.* 2005: pp. 139 – 202.

125. Verheul and A. R. M. Wennekers: *Entrepreneurship: Determinants and Policy in a European-US Comparison*, Boston/Dordrecht: Kluwer Academic Publishers, 2002: pp. 35 – 47.

126. Wennekers, A. R. M.: The Revival of Entrepreneurship in the Netherlands, Welfens and C. Graack (eds.), Technologieorientierte Unternehmensgründungen Mittelstandspolitik in Europa. Heidelberg: Physica-Verlag. 2006.

127. Wennekers, A. R. M. and Thurik, A. R.: "Linking Entrepreneurship and Economic Growth", *Small Business Economics,* 2003, (13): pp. 27 – 55.

128. Willie Golden, Eoin Higgins , and Soo Hee: National Innovation System and Entrepreneurship, Centre for Innovation & Structural Change, 2003: pp. 12 – 65.

129. "Youth entrepreneurship: Scoping Paper", *Eureka Strategic Research,* 2003: pp. 1 – 171.

后 记

预见未来的最好方法,就是去创造未来。我们正处于人类经济社会大的变革时期,全球经济正处于新一轮的调整和重新排序之中,这无疑为中国提供了一个超常规、跨越式发展的机会。创业型经济的理论与政策研究是我近年来密切关注的论题。在国家信息中心博士后科研工作站期间,经过两年多的潜心学习、调研,以"中国创业型经济发展战略与政策选择"为核心的研究项目入选国家社会科学基金。呈现在读者面前的这本书,是我从宏观经济的视角,系统性地对全球创业型经济发展历程、中国创业型经济的战略规划、模式选择、发展路径以及宏观政策框架等问题进行的创新性研究尝试。在本书付梓之际,衷心感谢项目资助机构的大力支持和信任!

2005年9月,我有幸成为国家信息中心博士后科研工作站博士后中的一员,更为荣幸的是,师从于我国著名的宏观经济问题与政策研究专家、学者型领导人、国务院研究室主任魏礼群研究员。导师厚德博学、睿智严谨的学术风范以及为国家殚精竭虑、无私奉献的精神,不仅对于成长中的我来说弥足珍贵,也必将成为我终生受用的宝贵财富。导师教导我要理论联系实际,学以致用,不仅在课题研究上给予悉心指导,还时常在百忙之中邮寄相关资料给我,使我感动万分。师恩浩荡,感念于怀。在此之际,请接受学生最诚挚的谢意!衷心感谢师母周贵芹女士(原国家信息中心党委副书记)对我人生的谆谆教诲与无微不至的关怀,师母宽广的爱心一直深深感染和激励着我;感谢师兄姜秀谦博士在我调研、资料收集过程中提供的大力支持以及多方面的无私帮助与鼓励。

衷心感谢国家信息中心主任王长胜教授对我在国家信息中心博士后科研工作站期间的工作和生活方面给予的鼓励和关爱,感谢他在我报告开题和撰写过程中的宝贵指导及严格要求。王主任忘我的工作热情、严谨的治学风范、谦和的为人使我受益匪浅。由衷感谢国家信息中心博士后站王宪磊导师，感谢他引领我迈上一个高起点的平台，提供了一个和谐、宽松的工作环境，创造了一个激励我不断创新进取的学术氛围，感谢他在我报告撰写全过程中的悉心指导。

感谢国务院研究室副主任宁吉喆研究员在百忙中亲临主持本研究报告开题与答辩，并给予的悉心指导；感谢全国哲学社会科学规划办主任张国祚教授对我选题高屋建瓴的指点与鼓励；感谢著名经济学家乌家培教授、管理学家于景元研究员、中国人民大学邓荣霖教授、中国社会科学院学部委员谷源洋研究员、国家发展和改革委员会宏观经济研究院黄振奇教授、《中国工业经济》杂志主编李海舰研究员、社科院世界经济与政治研究所谈世中研究员对本书给予的宝贵指导与首肯；更要感谢人民出版社经济编辑室副主任郑海燕女士，以及多位匿名评审的专家学者对本书的肯定，在此一并表示衷心的感谢！

最后，也是最应感谢的是自己的父母与家人。在我苦苦探索的日日夜夜，是父母给予我最强大的心灵支撑。对于他们默默的支持与情感的呵护，我一直愧疚于心，希望通过自己不懈的努力和一些成绩的取得，让他们感到由衷的欣慰！

张茉楠

2009 年 3 月